문화콘텐츠 트렌드워치

경계 해체부터 AI까지, 5가지 이슈로 보는 미래사회

문화콘텐츠 트렌드워치

경계 해체부터 AI까지, 5가지 이슈로 보는 미래사회

2024년 2월 25일 초판 인쇄
2024년 2월 29일 초판 발행

지은이 | 이동미 · 김수민 · 바란 로나히 · 송주연 · 심정애 · 정상민 · 종근유 · 최재인 · 하정민 · 한수연
교정교열 | 정난진
펴낸이 | 이찬규
펴낸곳 | 북코리아
등록번호 | 제03-01240호
주소 | 13209 경기도 성남시 중원구 사기막골로 45번길 14 우림2차 A동 1007호
전화 | 02-704-7840
팩스 | 02-704-7848
이메일 | ibookorea@naver.com
홈페이지 | www.북코리아.kr
ISBN | 978-89-6324-311-5 (03300)

값 20,000원

CULTURAL CONTENT TREND WATCH

2024

문화 콘텐츠 트렌드 워치

경계 해체부터 AI까지,
5가지 이슈로 보는 미래사회

이동미 · 김수민 · 바란 로나히 · 송주연 · 심정애 ·
정상민 · 종근유 · 최재인 · 하정민 · 한수연

북코리아

추천사

한국과의 첫 인연은 사회학 석사과정을 밟던 1984년에 시작되었습니다. 그리고 저는 당시 세 가지 사실에서 충격을 받았습니다. 첫 번째는 전쟁으로 인한 극심한 가난에서 한국이 얼마나 빠르게 회복했는가입니다. 두 번째는 교육의 중요성에 대한 한국인의 인식, 그리고 얼마나 많은 시간과 에너지를 교육에 할애하고 있는가입니다. 이는 한국의 교육이 국가적 차원에서 상당히 노력하고 있다는 뜻입니다. 마지막으로 매혹스럽고 독특한 한국의 문화입니다. 이후 20여 년의 시간 동안 저는 한국의 발전을 주의 깊게 지켜보았습니다. 특히 2010년 무렵 제 모든 관심은 동쪽 끝 한국에 초집중되었습니다. 이곳 미국뿐만 아니라 전 세계가 한국 문화와 조우하고 있었기 때문입니다. 사회학자로서 저는 분명히 한국에서 매혹적인 일들이 일어나고 있음을 직감했고, 학자로서 그 속으로 뛰어들 필요가 있었습니다.

이후 몇 년 동안 저는 한국에 관해 많은 글을 쓰고 강연을 해왔습니다. 그래도 여전히 하고 싶은 말이 무척 많습니다. 그중에서도 인상적이며 제가 주목하는 것은 한국이 세계적인 문화 흐름의 연결 포인트가 되는 문화적 결절점(結節點), 즉 '문화 노드(cultural nodes)' 중 하나가 되었다는 것입니다. 인구 5천만 명의 나라에서 발생하고 있는 엄청난 양의 문화적 에너지와 문화콘텐츠의 생성, 폭발적인 참여로 인해 말입니다.

비교적 짧은 기간에 한국인은 전 세계로 문화콘텐츠를 보내 지구촌 구석구석에까지 '팬(fans)'을 만들어내며 다른 어떤 나라도 하지 못한 일을 해내고 있습니다. 그래서 저는 한국과 한국 문화를 이해하기 위해 노력하고 공부하며 열렬히 연구하고 있습니다. '어떻게(how)' 한국인이 단기간에 세계의 문화 무대와 스크린에 진출하고 장악할 수 있었는지, 다른 나라가 한국의 길을 따라갈 것인지, 한국이 먼 미래에도 문화콘텐츠 리더로서 계속해서 성공할 수 있을지에 관한 연구입니다.

여기, 한국의 서울에 자리한 건국대학교 문화콘텐츠학과의 젊은 학자들과 이동미 교수가 모여 만든 신간《문화콘텐츠 트렌드워치》가 있습니다. 이 책은 한 학기 동안 교수와 학생들이 문화콘텐츠를 두고 상호 간에 던진 교육학적 질문과 끝없는 의문에서 탄생했습니다. "문화콘텐츠의 다양한 측면을 이해하기 위해 우리가 다루어야 할 필수적인 영역과 주제는 무엇인가?"에 관한 것들입니다. 특히 한국에서 생산되고 소비되는 문화콘텐츠를 중심으로 말입니다.

이 질문을 '어떻게' 판독하고 사유해야 하는지를 아홉 명의 학생과 지도교수가 각 장에서 다루고 있습니다. 이 책이 문화콘텐츠와 관련된 모든 이슈를 다룰 수는 없지만, 문화적이고 사회적인 분야의 매혹적인 흐름과 변화에 관심 있는 사람들에게 입문을 돕는 필독서로서 추천할 만합니다. 한국이라는 국지적 영역에서뿐만 아니라 거대한 글로벌 지형이라는 부분에서도 말입니다.

이 귀중한 학문적 시도와 출판물을 추천할 기회를 얻게 되어 매우 기쁘게 생각합니다. 저자들이 수집하고 분석한 주제들은 우리의 시대적 사회상과 흐름을 이해하는 데 필수이며, 지난 50년간 한국 사회 성공사를 연구함에서도 반드시 이해해야 할 주제들입니다. 이를 위해 집단적 통찰력을 발휘한 저자들의 노고에 찬사를 보냅니다.

2024년 2월

샘 리처드(Sam Richards)

펜실베이니아주립대학교 사회학과 교수
건국대학교 문화콘텐츠학과 석좌교수

서문

"안녕하세요? 여러분 반갑습니다."

2023년 3월 2일 오전 10시. 한국, 중국, 튀르키예 학생이 모인 '콘텐츠 용어개념 연구'의 첫 강의 시간입니다. 문화콘텐츠에 관심 있는 석 · 박사과정 학생들이 모인 대학원 과정으로, 국적도 나이도 다른 열한 명의 눈동자가 서로 부딪치며 인연이 시작되었습니다. 문화란 무엇인지, 콘텐츠는 어떻게 정의할 것인지, 원초적인 개념 정리부터 문화콘텐츠의 영역 구분과 문화산업의 속성, 마케팅까지 다루다 보니 그 범위는 끝이 없었지만, 각자의 관심은 더욱 선명해졌습니다.

우리 주변에서는 매일 수많은 용어와 단어가 태어나고 또 잊힙니다. 그런데 거기에는 무언가에 대한 개념이 생겨야 만들어진다는 흥미로운 속성이 있습니다. 면밀히 들여다보면 그 속에 시대상이 반영되었고, 추구하는 개념과 세계가 촘촘하게 담겨 있습니다. 그렇기에 특정 용어의 탄생과 당시의 사회적 분위기, 현재의 쓰임새를 살펴보는 것은 확대경을 들고 미지의 세계를 탐험하듯 흥미롭습니다. 한 발 더 나아가 용어를 둘러싼 문화콘텐츠의 발생과 흐름을 통해 미래 예측도 시도해보았습니다. 과거와 현재, 미래는 늘 연결되어 있고 서로 영향을 미치니까요. 문화콘텐츠가 어떠한 모양으로 어떻게 변화하고 있는지 연구하기 위해 모인 수업에서 각자의 관심 분야를 나누어 정리하다가 책을 만드는 작업에까지 이르렀습니다. 이 책은 강의실 밖에 있는 사람과도 생각을 나누고 싶어 탄생했습니다.

문화콘텐츠학과 석 · 박사과정 학생들은 미래의 문화콘텐츠 학계를 책임지고 이끌어나갈 신진학자들입니다. 그들이 분석하고 진단하고 예측한 19가지 콘텐츠는 크게 다섯 가지 갈래입니다. 첫 번째는 경계 해체입니다. 이 책의 모든 콘텐츠를 관통하며 문화콘텐츠란 무엇인지, 어디로 흘러가는지를 거시적으로 생각하게 합니다. 하이퍼소사이어티-능동적 수용자는 AI와 연계되고, 지속가능한 문화사업은 로컬과, 탈중앙적 게임은 경험 비즈니스와, 시네마트래블그램은 넥스트 커뮤니케이션과 연계됩니다. 이 외에도 경계 해체는 교차적으로 다른 분야의 개괄이 됩니다. 두 번째는 문화콘텐츠의 화두인 AI를 어떻게 바라보아야 할 것인지 고민해보는 장입니다. 창의성 문제를 중심으로 인공지능과 인간이 만들어내는 새로운 소통의 시대, 비언어적 커뮤니케이션과 인간을 연결해봅니다. 세 번째는 과거의 공간이자 현재의 공간인 로컬을 미래적 공간으로 바라봅니다. 시간성과 역사성을 가진 로컬에 창의성과 미래성을 더해 로컬의 가치를 재발견하며 브랜드화를 통해 재발굴되고 있음을 이야기합니다. 로컬은 단지 지방을 의미하는 것이 아니라 로컬아우라와 감정이 공유되는 개념입니다. 네 번째는 '경험'을 중시하는 문화콘텐츠 시장을 주목합니다. 일방적 제공의 문화콘텐츠가 아닌 소비 경험, 한정판 경험 등 가치중심적 경험에 열광하고 있음을 살펴봅니다. 마지막으로 현재를 지나 미래에 팽배할 커뮤니케이션을 살펴봅니다. 텍스트는 인간에게 중요한 의사소통 수단이지만, 그 방식이 변화하고 있음에 주목해 패스트 무비, 읽는 동영상, 축약문화 등을 분석해봅니다.

과거의 데이터와 현재적 현상, 경향 파악을 통해 나름의 분석과 논지를 펼치는 문화콘텐츠 전공 학생들이자 미래의 학자들에게 응원과 격려를 부탁드립니다. 집필 작업에 참여한 아홉 명의 학생과, 사정상 함께하지는 못했지만 열심으로 마음을 보태준 두 명의 신진학자에게도 고마움을 전합니다. 혹 미흡한 부분이 있더라도 따뜻한 눈길과 가르침으로 문화콘텐츠학을 이끌 신진학자들로 강건하게 키워주십시오.

저자들의 학문적 열정에 힘을 보태주신 북코리아 출판사에도 감사드립니다. 여러 의견을 수렴하고 조율하며 무더운 여름부터 찬바람 부는 겨울까지 자체 편집 업무에 참여한 송주연, 종근유, 하정민, 한수연 편집부원에도 감사 인사를 전합니다. 더불어 멀리 미국에서 우리 학생들에게 용기를 북돋고 응원을 보내주신 펜실베이니아주립대학 사회학과 샘 리처드 교수께도 감사드리며, 추천사를 정리한 정상민, 지형도를 제작한 하정민에게도 고마운 마음을 전합니다.

이 책은 문화콘텐츠를 전공하려는 학사과정 또는 대학원 과정에 교재로 활용되거나 문화콘텐츠에 관심 있는 분들에게 마중물이 되기를 바라는 마음으로 만들었습니다. 문화콘텐츠를 다루고 연구하는 모든 분의 행복과 문화콘텐츠 분야의 무궁한 발전을 기원합니다.

2024년 새날에

대표저자 이동미

CONTENTS

CONTENTS

CONTENTS

CONTENTS

5가지 이슈로 보는 미래사회

Cultural Content Trend Watch

지형도 제작 하정민

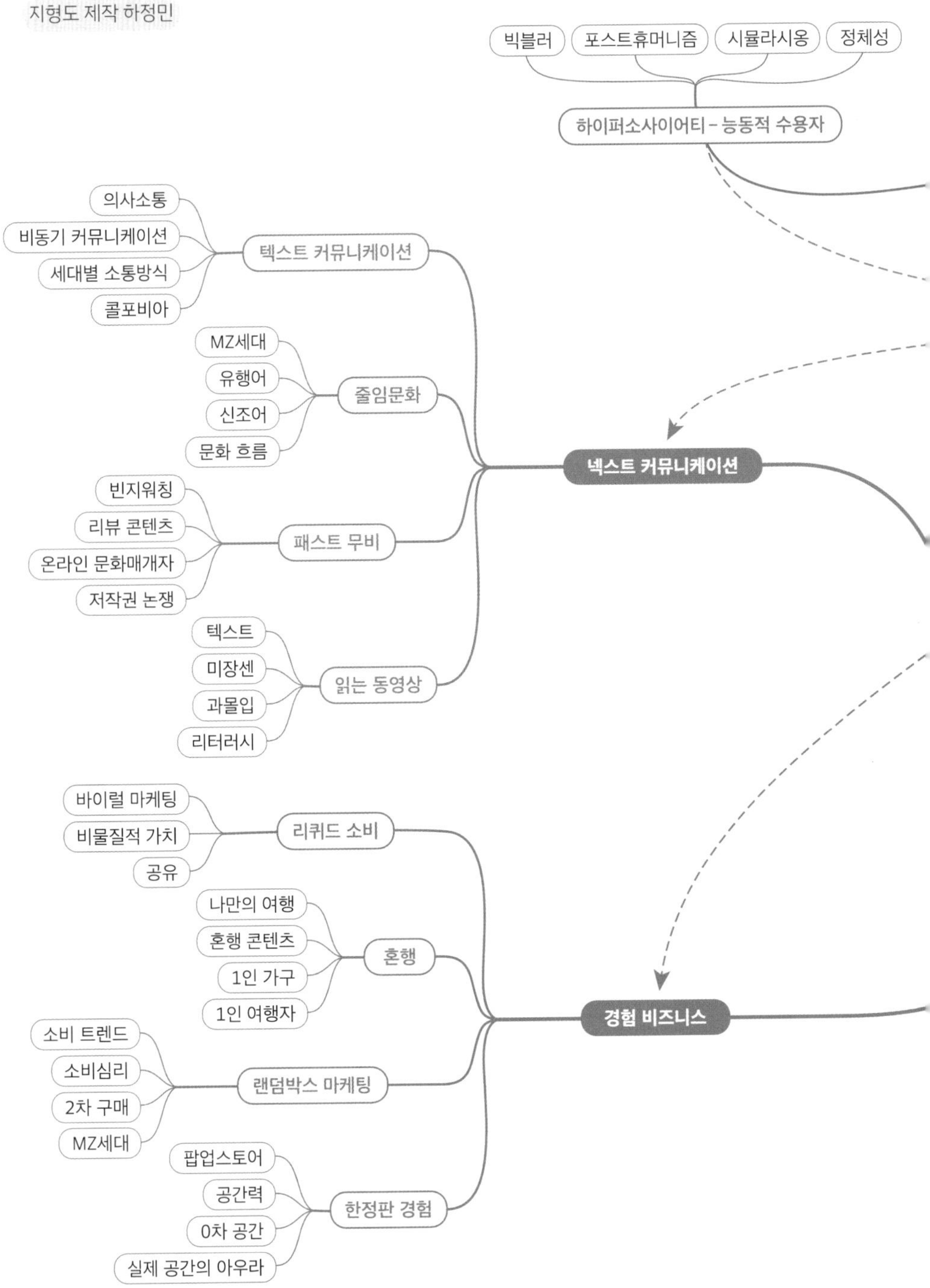

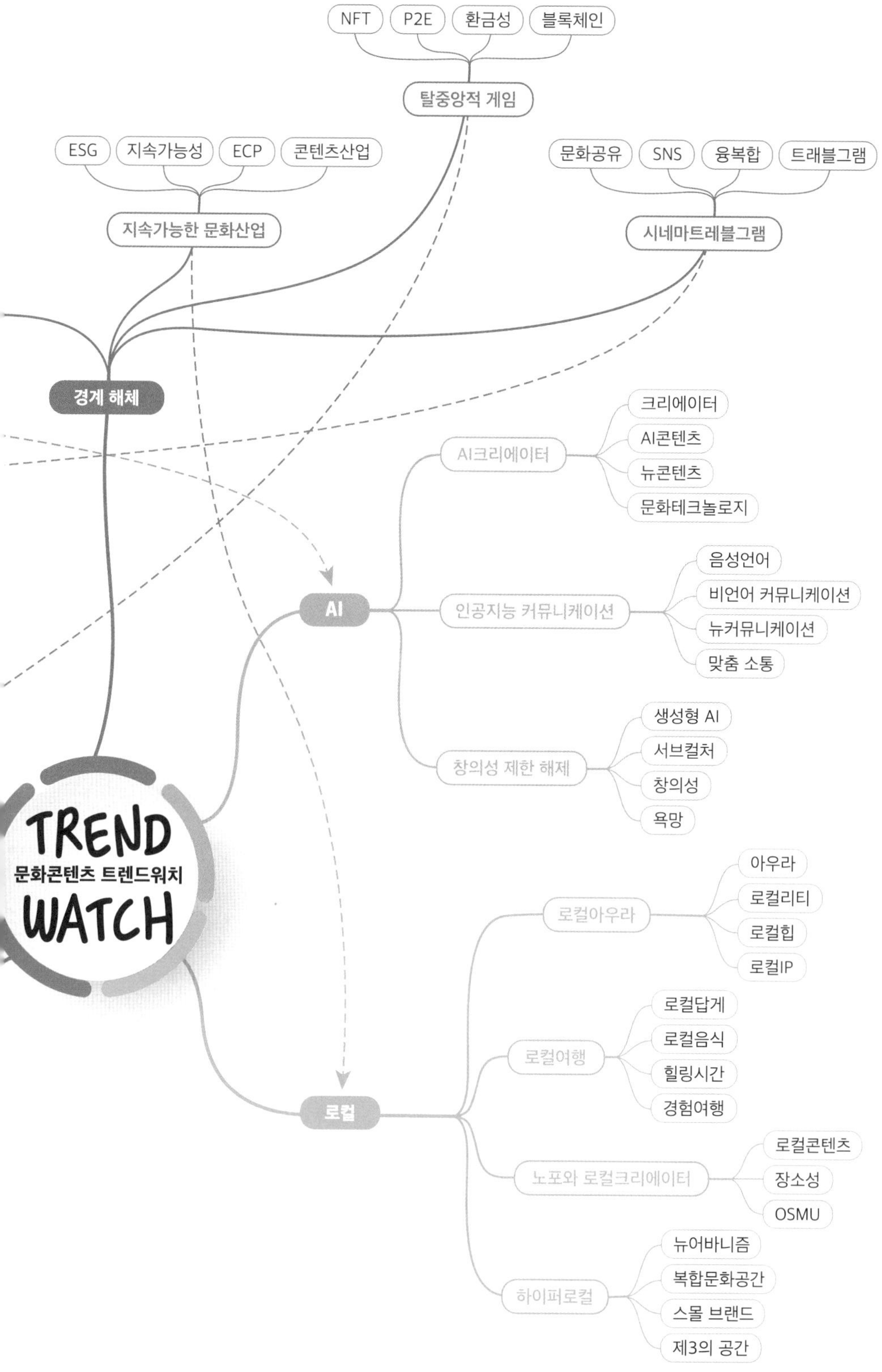
NFT
P2E
환금성
블록체인
탈중앙적 게임
ESG
지속가능성
ECP
콘텐츠산업
지속가능한 문화산업
문화공유
SNS
융복합
트래블그램
시네마트레블그램
경계 해체
크리에이터
AI콘텐츠
뉴콘텐츠
문화테크놀로지
AI크리에이터
음성언어
비언어 커뮤니케이션
뉴커뮤니케이션
맞춤 소통
인공지능 커뮤니케이션
AI
생성형 AI
서브컬처
창의성
욕망
창의성 제한 해제
TREND
문화콘텐츠 트렌드워치
WATCH
아우라
로컬리티
로컬힙
로컬IP
로컬아우라
로컬답게
로컬음식
힐링시간
경험여행
로컬여행
로컬
로컬콘텐츠
장소성
OSMU
노포와 로컬크리에이터
뉴어바니즘
복합문화공간
스몰 브랜드
제3의 공간
하이퍼로컬

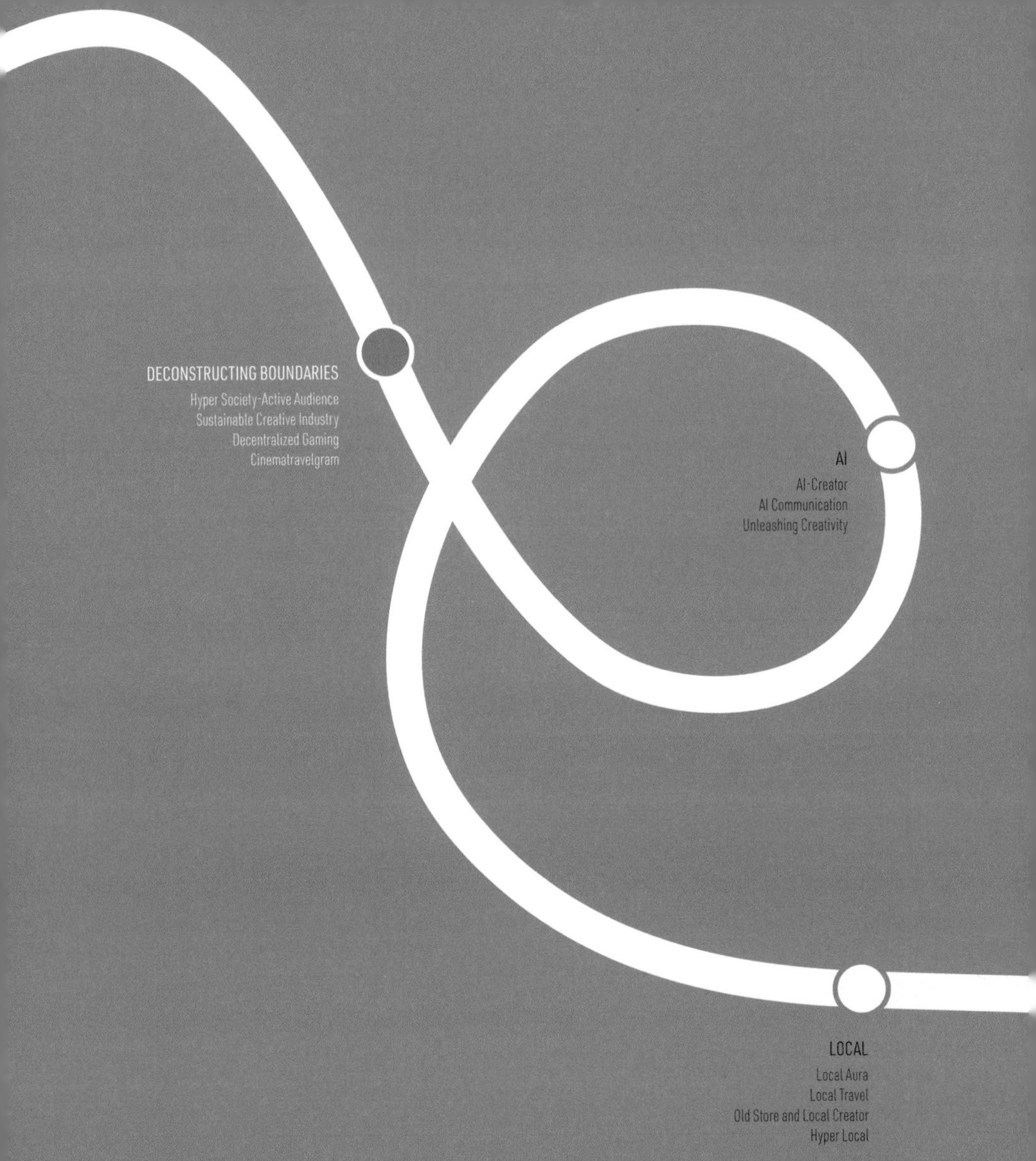

Cultural Content Trend Watch

Future society viewed through 5 issues,
from deconstructing boundaries to AI

경계 해체

NEXT COMMUNICATION

Text Communication
Abbreviated Culture
Fast Movie
Over the Screen

EXPERIENCE BUSINESS

Liquid Consumption
Solo Travel
Random Box Marketing
Limited Edition Experience

1. 하이퍼소사이어티-능동적 수용자 하정민
2. 지속가능한 문화산업 최재인
3. 탈중앙적 게임 정상민
4. 시네마트래블그램 이동미

1
하이퍼소사이어티-능동적 수용자
Hyper Society-Active Audience

하정민

#빅블러 #포스트휴머니즘 #시뮬라시옹 #정체성 #수용자

기술 발전과 환경의 다변화로 많은 형태의 경계가 무너지고, 다중적 경계의 소멸은 초월된 사회를 만들었다. 모호한 경계라는 현상은 실존 문제에서 파생된 정체성의 정치부터 포스트휴먼 담론까지 인간의 존재론적 고찰로 이어지기도 한다. 산업적 측면에서 보면, 검색창에서 시작한 네이버의 금융 진출이 있으며, 문화적 측면에서 보면 영화와 드라마의 모호한 경계에 주목할 수 있다. 초연결시대 속 다양한 것이 혼재되면서 하나가 여러 가지 일을 할 수도, 새로운 장르를 구축할 수도 있다. 이러한 현상은 원본과 복제물의 경계가 무너진 점을 시사하기도 한다. 결국 복제물이 원본을 대체할 수 있는 경지까지 가며, 심지어 복제가 원본의 위상을 지우기도 한다. 필자는 이러한 현상을 초월된 사회, '하이퍼소사이어티'로 명명한다. 하이퍼소사이어티는 콘텐츠를 향유하는 능동적 수용자의 진화와 함께한다.

하이퍼시대: '빅블러(big blur)'

디지털시대로의 전환이 급속하게 이루어졌다. 산업 간 경계가 모호해지는 것을 시작으로 많은 분야에서 범위가 흐릿해지는 현상이 나타나고 있다. 카카오그룹은 다양한 산업체를 소유하여 우리의 일상에 지대한 영향을 끼치고 있다고 보아도 무방하다. 한 그룹의 트리형 구조로 이루어진 산업 형태가 거시적 관점에서 볼 수 있는 '빅블러'*라면, 그 내부의 가지가 여러 산업을 다시 점유하는 것이 미시적 관점에서의 빅블러라고 할 수 있다. 미시적 관점의 빅블러는 디지털 발전으로 인해 추동한다. 산업의 경계가 무너지면서 인수 또는 합병되는 기업들이 다수 발생했다. 2022년 한국콘텐츠진흥원은 이와 같은 현상을 KOCCA포커스 연구보고서 〈콘텐츠 기업 Mergers and Acquisition 동향 분석을 통한 산업 전망〉에서 자세히 분석한다. 기업의 증식 측면에서 보면 서비스의 단일기업화로 산업의 독점적 측면이 부각된다. 그러나 이러한 현상은 일부일 뿐, 이로 인해 더욱 다변화된 문화현상이 발생한다.

산업에서 벗어난 콘텐츠의 경우 2023년 2월 20일 언론중재위원회가 발표한 보도자료에 미디어 시장의 판도 변화를 잘 보여주는 이슈가 있다. 언론중재위원회에 의하면, 언론조정신청 3,175건 중 유튜브 콘텐츠와 관련된 사건이 약 352건으로 나타났다. 유튜브 채널만을 대상으로 하는 사례는 일부이지만, 언론사의 동일한 보도가 유튜

---

* 빅블러(big blur): 과학기술 및 사회의 급변으로 기존에 존재하던 것들의 경계가 희미해지는 것을 말한다. 심지어 경계가 뒤섞여 자유롭게 넘나들 수 있다.

브에도 게재되면서 나타난 현상이다. 더 이상 종이신문, TV 뉴스만의 언론 시장이 아니다. 유튜브가 저널리즘에 미치는 영향력은 점차 증가하고 있다. 이러한 저널리즘의 영향력은 유튜브에서 끝나지 않는다. OTT를 비롯한 다양한 미디어 콘텐츠의 사회적 파장은 이전과 다르다. OTT에서 선보이는 다큐멘터리들은 지상파방송, 종이신문 등 기존 언론과 달리 어떠한 거름망 없이 적나라하게 실체를 밝힌다. 따라서 소위 '포르노 다큐' 시대가 열렸다는 염려도 크다.

하이퍼콘텐츠: 시뮬라크르와 시뮬라시옹

플라톤(Plato)에게 모방은 경멸적인 의미다. 이데아를 모방하는 문학은 관념을 보여주는 대신 이데아로부터 멀어지게 만들기 때문이다. 그러나 근대에 들어서면서 모방은 새로운 의미를 부여받았다. 보드리야르(Jean Baudrillad)와 들뢰즈(Gilles Deleuze)를 중심으로 전개된 시뮬라시옹(simulation) 이론은 원본과 모방물의 구분이 더 이상 의미 없음을 시사하며, 더 나아가 원본의 상실을 주장한다. 파생실재로의 전환(시뮬라시옹)으로 생성된 표상(시뮬라크르, simulacre)은 재현된 실재(réalité)다. 이러한 표상은 실재에 접근하는 매개이자 통로로 작용한다. 그런데 이 모방 사이에서 발생하는 모호성과 재현 주체의 인식에서 발생하는 모호성으로 인해 표상은 이중적 모호함을 갖는다. 시뮬라크르를 수용하는 것은 원본을 부정하는 것이 아니라 오히려 원본을 더욱 풍요롭게 만든다. 즉, 표상의 이중적 모호함은 시뮬라시옹을 통해 다른 것을 수용하여 실재를 더욱 윤택하게 한다. 이를 정리하면

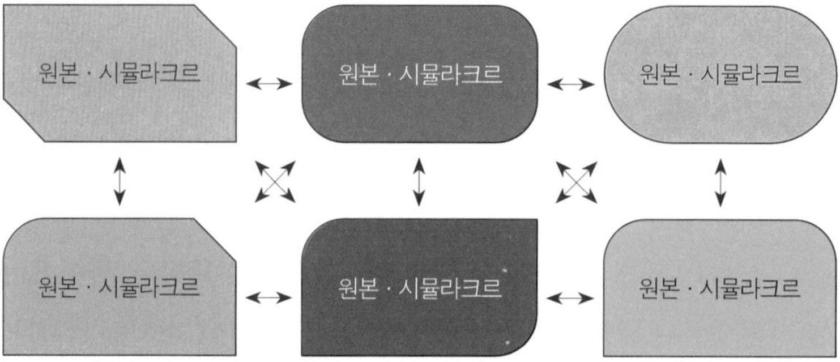

그림 1.1 시뮬라시옹과 재생산 · 재맥락화 이해도

〈그림 1.1〉과 같다. 보라색 모형(둥근 사각형)은 노란색 모형(타원형)의 시뮬라크르가 되기도 하고, 파란색 모형(한 곳은 접혀 있고 두 곳은 뾰족한 모형)의 원본이 되기도 한다. 마찬가지로 다른 모형들도 서로 원본이자 시뮬라크르로 표상된다.

현재 많은 콘텐츠가 서로 다른 영역을 초월하기도 하고, 하나의 콘텐츠에서 다른 콘텐츠로 파생되는 경우가 증가하고 있다. 〈코미디 빅리그〉의 '진호야 놀자'(tvN, 2023) 코너를 하나의 예시로 볼 수 있다. 〈그림 1.2〉에서 볼 수 있듯이 출연자들은 이진호 회장에게 즐거움을 선보이기 위해 각각 다른 목소리로 진호를 부른다. 자신이 잘하는 톤을 구사하기도 하고, 분장을 통해 하나의 표상으로 등장하기도 한다. 이들을 나누어 살펴보면, 다른 캐릭터들의 모임이 된다. 더욱이 새로 만들어내는 것이 아니라 원래 있던 요소들을 자신만의 색으로 변형시켜 시뮬라크르를 생성해낸다. 개그맨 문세윤은 〈미소녀 전사 세일러문(美少女戦士セーラームーン)〉*을 표상하는 교복을 입고, 〈아스테릭

* 1992년 일본 만화가 다케우치 나오코가 창작한 만화다.

그림 1.2 〈코미디빅리그〉 '진호야 놀자'

스(Astérix le Gaulois)〉*를 상징하는 머리 모양을 꾸며 자신만의 캐릭터를 구축한다. 이러한 시뮬라크르는 '진호야 놀자'로 개그 실체가 묶여 있지만, 다른 원본에서 파생된 것들을 재생산과 재맥락화하여 관객을 즐겁게 만든다.

포스트휴머니즘과 정체성의 정치

사회의 변화와 함께 인간의 위상도 흔들리기 시작했다. 인간은 더 이상 이 세상의 최상위 포식자가 아니며, 그러한 인본주의적 관점으로는 급변하는 세상을 살아갈 수 없다. 휴머니즘의 안티테제(antithese)인 포스트휴머니즘은 '인간다움'에서 벗어나 인류의 한계

---

* 1959년 프랑스 만화가 르네 고시니와 알베르토 우데르조가 창작한 만화다.

를 넘어서야 한다는 경향이다. 인간중심이 아닌 동물과 사물, 그리고 기계 등 인간 외의 것들도 평등하게 바라본다. 이러한 포스트휴머니즘은 포스트모던에서부터 추동한다. 포스트모더니즘은 자율성과 다양성을 중시하며, '해체'와 '해방'을 통해 탈중심화를 이루고자 한다. 결국 포스트휴머니즘은 인간 내부의 문제에서 출발했다. 세상은 항상 테제(these)와 안티테제의 연쇄로 변화한다. 새로운 것이 탄생하면 그에 따른 차이가 생성되고, 차이를 기반으로 변증법적인 움직임이 일어난다. 포스트휴머니즘은 새로운 인간과 인간 외의 것들을 안티테제로 치환하여 현상을 바라보는 관점이다. 이러한 시각은 정체성 담론에도 영향을 준다.

인간의 정체성이 규정 불가능하다는 것은 데리다(Jacques Derrida)의 유령론(hantologie)* 으로 분석할 수 있다. 유령론이란 인간은 자신이 상상하는 혹은 사라진 무언가가 다시 돌아올까 하는 두려움과 불안에 이미 죽은 미지의 존재인 유령을 소환하는 것을 의미한다. 눈앞에서 사라진 것에 대한 두려움은 그것을 상상하게 만들고, 이러한 흐름 속 어긋나 있는 지점에서 두려움에 대응하는 유령이 출몰한다. 유령은 본래 재출현하는 데서 출발한다. 죽은 자가 산 자 앞에 돌아오는 현상이다. 주체의 정체성은 규정 불가능하므로 항상 탐색의 출발점으로 다시 돌아온다. 이는 인간이 진리를 욕망하는 존재라는 근원적 문제에서 기인한다. 따라서 주체는 유한한 사고(정체성)에 머무르지 않고 무한한 탈주를 한다. 즉, 정체성이란 본래 다중적이다. 주체는 타자와의 관계 속에서 '차이'를 탐색하고, 이러한 차이를 인정하는

---

* 자크 데리다는 《마르크스의 유령들(*Spectres de Marx*)》(1993)에서 유령론을 제안한다.

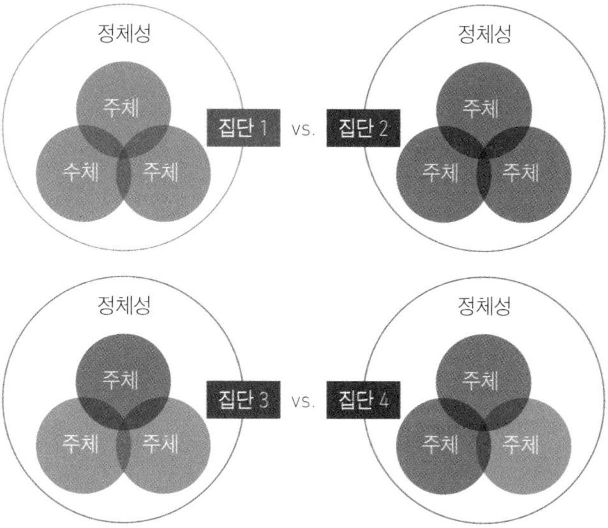

그림 1.3 정체성의 규정 불가능성과 재조정된 정체성의 모습

것에서 자신의 정체성을 끊임없이 재조정한다. 이렇게 끊임없이 조정되는 정체성은 다시 '소속감'으로 치환될 수 있다. 어딘가에 소속된 주체의 정체성은 집단적 특성을 가진다. 따라서 이러한 집단성을 내포하는 정체성은 주류집단으로부터 차별받는 사회집단이 그들의 정체성을 인정받기 위해 벌이는 다양한 정치적 활동으로 이어진다. 정체성의 규정 불가능과 재조정된 정체성의 모습은 〈그림 1.3〉과 같이 정리할 수 있다. 자신과 유사한 정체성을 가진 주체의 모임은 하나의 집단을 형성한다. 집단 1과 집단 2로 분류된 정체성은 또 다른 차이가 발생하게 되고, 다시 집단 3과 집단 4의 모습으로 재조정된 정체성의 모습을 보인다. 다시 말해, 정체성은 규정 불가능하며, 끊임없이 재조정된다.

초연결사회와 포스트휴먼의 제의

인간은 본래 공동체적 사회 안에서 연결돼있다. 이러한 전제는 인간이 연결된 사회 안에서 소통하는 것을 가능하게 했다. 그런데 인종, 국가, 종교, 가족 등 표면적으로 이루어진 연결은 기술의 발전으로 그 경계가 허물어졌다. 초연결사회에서 미디어를 통해 소통하는 인간은 관점에 따라 그 방식이 다르게 서술된다. 다양한 것과 소통한다는 의미에서 능동성을 보여주기도 하고, 연결의 관점에서 가상세계에 종속되기 때문에 수동성을 나타내기도 한다. 종속된 커뮤니케이션은 정보의 전달보다는 의례적인/제의적인(ritual) 측면에 속한다. 공동체에 참여한다는 것은 서로의 생각을 지속적으로 의식하면서 나와 타인 또는 집단의 생각을 조율하는 과정이다. 이러한 관점들은 인간을 미디어에 '접속'하는 이용자로 상정하고 분석한다.

그러나 초연결사회에서 주체는 미디어의 정보를 이용하는 것뿐만 아니라 능동적으로 이용방식을 선택하고, 거꾸로 의견을 제시하기도 하는 자주적 · 능동적 수용자다. 따라서 능동적 수용자의 관점에서 재논의될 경우 '종속'을 중심으로 분석되지 않는다. 능동적 수용자의 커뮤니케이션 행위가 어떻게 공동체를 만드는가에 관한 연구는 제의의 관점에서 하나의 종속과정이 아니라 인간이 정보를 향유하는 '놀이'의 측면에 초점을 맞춘다.

‘구경’하는 사람과 ‘관람’하는 사람

‘예술작품을 이해하여 즐기고 평가하다’라는 뜻을 가진 ‘감상-하다’와 ‘흥미나 관심을 가지고 보다’라는 뜻을 지닌 ‘구경-하다’는 무언가를 본다는 비슷한 뜻을 내포한다. 음미하는 것에 더욱 치중된 ‘감상’과 달리 ‘구경’은 단순히 보는 것에 더욱 중점을 둔다.

세계대전 이후 유럽에서 발발한 실존에 대한 논의는 20세기 문학에서 대두되는 정체성의 정치로 이어진다. 그리고 이는 부호화 해독(encoding/decoding) 차원에서 ‘열린 텍스트와 자주적 수용자’라는 의미를 확립한다. 자주적 · 능동적 수용자의 등장으로 인해 작가로 대두되는 제작자와 독자인 수용자의 경계는 점차 사라져간다. 영상매체의 경우, 이제 영화에서 중요한 것은 관람의 장소성이 아닌 관객의 수용성이다. 관객의 수용이 없다면 영화의 존재가치는 사라진다. 영화의 관람방식은 현대사회에 들어서면서 더욱 논란이 되었다. 극장에서의 상영만이 영화인가에 대한 의문은 관람방식의 중요성을 더욱 부각시킨다. OTT 세계의 활발한 발전으로 사람들은 더 이상 ‘극장에서만’ 관람하지 않는다. 오직 OTT에서 감상이 가능한 콘텐츠도 있으며, 더 나아가 유튜브나 SNS 등 관객의 2차 창작으로 영화를 보기도 한다. 인터넷에서의 활발한 정보교환으로 일반관객도 전문가처럼 자신만의 영화분석을 창조한다. 즉, 능동적 관객의 콘텐츠 해독은 표상의 이중적 모호함을 해체한다. 그리고 원본에서 벗어나 재생산과 재맥락화된 표상은 호모루덴스(homo ludens)적 모습을 표방한다.

콘텐츠는 유령과도 같다. 매체에 송출되지 않으면 그 누구도 볼 수 없다. 콘텐츠를 수용하지 않으면 무의 형태에 존재한다. 누군가 응시하여 그 존재가치를 밝혀내면 정체성 회복 선상에 놓인다. 반면, 그저 보는 것에 그치게 되면 상실 선상에 정착한다. 이 유령은 다시 수용자의 콘텐츠 활용에 따라 상실과 회복 선상이 전복되기도 한다. 우리는 지금 단순히 콘텐츠를 보는 것이 아니라 해독하는 세상에 도달해있다. 콘텐츠를 향유하는 수용자는 점차 수동적이지 않고, 자주적이자 능동적이며, 그 역할이 확대되고 있다.

ICT(Information and Commucications Technoligies) 환경 속 콘텐츠와 소비자는 유기체처럼 연결되어있다. 이는 〈그림 1.4〉와 같이 제시될 수 있다. 소비자는 콘텐츠 이용자이자 가치창출자로 하나의 콘텐츠를 생산하는 사람이다. 또한 ICT 환경 내 콘텐츠, 플랫폼, 네트워크, 기기의 중간 매개자로 수용자의 역할이 확장되었다.

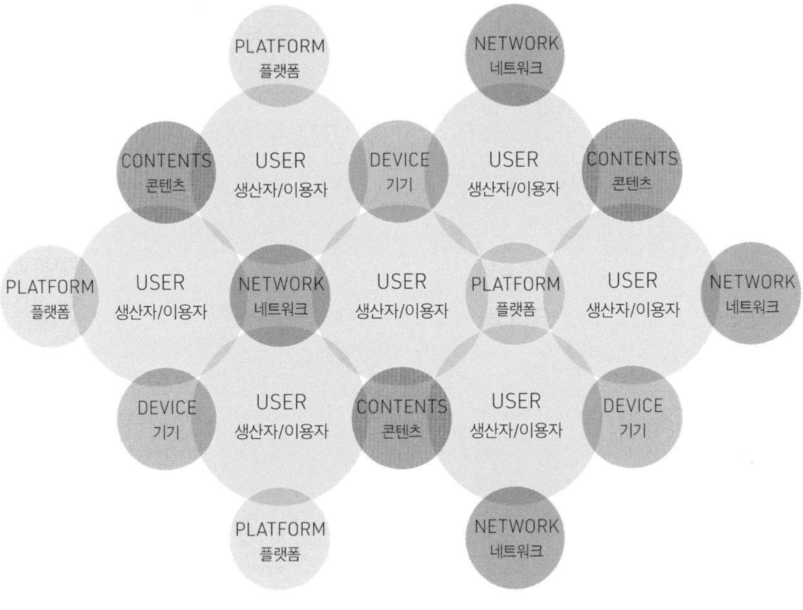

그림 1.4 유저와 초연결사회의 모습 예시

현대사회에서는 콘텐츠 수용이 일방향성에 그치는 것이 아니라 상호작용하고 있음을 강조하는 시각이 보편화되었다. 롤랑 바르트(Roland Barthes)가 《사랑의 단상(*Fragments d'un discours amoureux*)》에서 말하는 사랑 담론은 '나' 혹은 '그 사람'이 흘려보내는 것들을 잡아내는 소유의 담론이다. 다시 말해, 수용자 혹은 창조자가 생성한 콘텐츠를 또 다른 수용자가 포착해낸다. 능동적 수용자의 포착은 이미지 뒤로 감추기를 향해 가는, 그리고 이미 감춰져 있는 것을 찾아내는 것으로 마치 보물찾기와도 같다. 콘텐츠와 능동적 수용자의 관계는 바르트가 말하는 소유의 담론과 동일시된다. 수용자는 무한히 펼쳐진 콘텐츠 바다에서 자신이 사랑하는 것을 소유하고자 한다. 콘텐츠 제작자는 수용자가 무엇을 원하는지 분석하고, 수용자는 제작자가 만든 콘텐츠가 욕구에 충족되는 창작물인지 평가한다. 그리고 상호주관이 일치할 때, 수용자와 제작자의 소비 구조가 완성된다. 이는 넓어진 콘텐츠 시장과 수용자의 탐색능력 신장에서 기인한 상호주관성이다. 능동적 수용자와 상호주관성이 일치할 때, 콘텐츠의 상상력은 가시화된다.

우리는 미로 속에서 길을 찾는 데서 희열을 느낀다. 그런데 사실 미로의 존재 목적은 감금이다. 최상의 미로는 더 이상 그곳이 출구 없는 함정이라는 생각을 하지 못하도록 인간을 현혹한다. 알고리즘은 시청기록을 바탕으로 콘텐츠를 계속해서 재생한다. 누구든 하나의 OTT 혹은 단일한 미디어에 몰입하게 만드는 알고리즘의 미로에 빠져보았을 것이다. 출구를 찾아야 한다는 관점에서 조망될 때, 미로는 수수께끼처럼 보인다. 그러나 신념에 대한 집착, 정체성 규정에 대한 압박에서 벗어날 수 있다면, 미로의 수수께끼는 장벽 너머에 있는 세상을 맞이할 수 있는 놀이가 된다. 하이퍼소사이어티에서는 제의적 관점에서 진지함에 안주하려 하지 않고, 끊임없는 일탈을 통해 콘텐츠를 즐겨야 한다.

참고문헌

김은미. 《연결된 개인의 탄생》. 커뮤니케이션북스, 2018.

미셸 마페졸리. 《영원한 순간》. 신지은 역. 이학사, 2011.

백상현. 《고독의 매뉴얼》. SFP-위고, 2015.

아즈마 히로키. 《동물화하는 포스트모던》. 이은미 역. 문학동네, 2012.

———. 《게임적 리얼리즘의 탄생》. 장이지 역. 현실문화연구, 2012.

이화인문과학원 편. 《인간과 포스트휴머니즘》. 이화여자대학교 출판부, 2013.

장인성 엮음. 《전후 일본의 보수와 표상》. 서울대학교출판문화원, 2010.

한국콘텐츠진흥원. 〈콘텐츠 기업 Mergers and Acquisition 동향 분석을 통한 산업 전망〉. 《KOCCA포커스》 142, 2022.

Jacques Derrida. *Spectres de Marx*. Paris: Éditions Galilée, 1993.

Roland Barthes. *Fragments d'un discours amoureux*. Paris: Éditions du Seuil, 1977.

언론중재위원회. "지난해 언론조정신청 3,175건, 유튜브 대상 피해구제 요청 증가". 언론중재위원회 보도자료, 2023.02.20.

이재철. "빅블러 시대… 저널리즘 영향력 커지는 OTT". 매일경제, 2023.04.09. https://www.mk.co.kr/news/it/10707688

2
지속가능한 문화산업
Sustainable Creative Industry

최재인

#지속가능성 #ESG #ECP #콘텐츠산업 #빅블러

많은 기업은 지속가능성을 추구하는 글로벌 흐름으로 인해 ESG 경영의 중요성을 여실히 느끼게 되면서 ESG 마케팅이 기업 브랜딩에 큰 영향을 미친다는 사실을 이미 인식하고 있다. 한국에서도 이런 추세에 따라 기업과 국가, 나아가 세계의 지속가능성을 위해 ESG 기조를 정책 곳곳에 포함했다. 국가 및 기업의 지속가능성을 위해 ESG 보고서 작성을 강조하며, 기초교육부터 고등교육까지 ESG가 필수로 요구되고 있다. ESG는 이제 기업의 경쟁력과 브랜드의 잠재가치를 높여주는 핵심적 요소로 자리 잡았고, 따라서 앞으로는 기업들이 비재무적 요소인 ESG에 대해 더 깊은 이해와 주도적인 실행 능력을 갖추게 될 것이다. 콘텐츠를 생산하는 기업들에도 ESG는 이제 신경 쓰지 않을 수 없는 요소로 자리매김했다. 특히 유수의 콘텐츠 기업들은 발 빠른 ESG 경영을 통해 기업 운영부터 콘텐츠 제작, 그리고 개발에 이르기까지 모든 과정에 ESG를 강조하고 있다. 이처럼 콘텐츠 산업과 그 밖의 산업 간 뚜렷했던 경계는 이제 ESG로 인해 점차 흐려지고 있다.

ESG 개념의 탄생과 변천

> "모든 기업이 더 많은 이익과 가치 창출을 해야 한다는 강한 압박을 받고 있습니다. 환경적 측면을 고려하고, 사회적 성과를 개선해나가는 일은 기업의 이익 창출을 위한 아주 큰 기회가 될 것입니다."
>
> - 최고재무책임자 게리 파이퍼(Gary M. Pfeiffer)[2004]

'ESG'는 환경(Environment), 사회(Social), 지배구조(Governance)* **의 약자로, 2004년 UN 글로벌 콤팩트***와 세계적 금융기관이 작성한 'Who Cares Win'에서 공식적으로 등장했다(인용문 참조). ESG는 이어 2006년 UN이 지정한 PRI(United Nations Principles of Responsible Investment,

---

* 더 정확한 명칭은 '거버넌스'로, 공동의 목표를 달성하기 위해 주어진 자원 제약하에서 모든 이해당사자가 책임을 가지고 투명하게 의사를 결정할 수 있도록 하는 장치를 말한다. 통치 시스템의 개념이나 아직 정의에 대한 학문적 합의가 이루어지지 않아 연구자의 관점에 따라 조금씩 다르게 활용된다.

** 이 글은 ESG를 다루고 있으므로 '기업의 비재무적 평가요소' 성격에 집중하여 지배구조로 통칭하기로 한다.

*** 2000년 7월 뉴욕 UN 본부에서 정식 발족된 협의체. 기업이 책임 있는 기업 시민으로 행동할 것과, 사회적 주체와 협력하여 지속가능한 포괄적인 글로벌 경제를 실현할 것을 촉구한다.

UN PRI – 책임투자원칙)에 등장하면서 세계적인 키워드로 자리 잡기 시작했는데, PRI에 따라 지속가능한 발전을 위한 기업과 투자자의 사회적 책임이 중요해지면서 장기적 관점에서 기업의 가치와 지속가능성에 영향을 주는 환경, 사회, 지배구조 등 비재무적 요소를 기업 평가에 반영하면서 탄력을 받기 시작했다.

> "모든 요소가 점차 복잡하게 상호 연결된 세상에서 환경과 사회에 대한 적극적인 태도는 기업의 책임에 대한 대중의 기대와 맞닿아 있다. 이들은 기업의 재정적 요소에 영향을 미칠 새로운 과제로 제시되며, 기업들은 이미 투자 요소의 변화를 인식하기 시작했다. 지금까지 환경, 사회 및 거버넌스를 통합하는 방법에 대한 사회적 합의가 이루어지지 않았으나, 이는 관련된 문제가 매우 많으며 복잡하기 때문이다. 그러나 많은 분석가와 매니저들이 기업의 재정을 위해 ESG의 통합을 실험하기 시작하면서, 업계 내에서 ESG에 대한 지식과 실천 의식이 증가하고 있다. 투자자들은 ESG 측면을 고려한 제품과 서비스를 기업에 더 큰 목소리로 요구한다. 우리는 기업이 투자 유치를 위해 환경, 사회 및 거버넌스 문제를 고려하는 방법을 개선할 수 있도록 지침을 제공해야 하는 시점에 서 있다."
>
> – The Global Compact, 'Who Cares Win'

한편, WEF의 창립자이자 회장인 클라우스 슈밥(Klaus Schwab)은 〈다보스 선언: 2020〉에서 설명한 4차 산업혁명 시대 기업의 보편적 목적을 통해 기업에 몸 담고 있는 모든 이해관계자의 다양한 이해관계를 인정하고 조화롭게 만드는 가장 좋은 방법으로 기업의 장기적 번영을 강화하는 정책과 결정에 대해 공동의 약속이 필요하다고 말한 바 있다. 다시 말해, 기업의 장기적인 성장과 이를 위한 지속적 투자 유치를 위해서는 이해관계자 모두의 입장을 포용하는 것이 ESG 대두 이전까지 기업에 요구되던 사회적 책임, CSR과 SIR을 실천하는 것보다 중요하다고 강조한 것이다. 우리나라 또한 국민연금과 한국투자공사가 ESG 기반 투자역량과 국제협력 강화를 위해 UN PRI에 가입한 바 있으며, 다가오는 2025년부터 총액 2조 원 이상의 유가증권시장 상장사의 ESG 공시 의무화가 도입될 예정이다. 2030년부터는 모든 코스피 상장사로 ESG 지표 공시 의무화가 확대된다.

| 지속가능성을 위한 첫 발자국

2020년 블랙록 CEO 래리 핑크는 "기후위기는 곧 투자위기이며 ESG를 투자의 핵심 요소 중 최우선으로 고려하겠다"고 전 세계 CEO들에게 선언했고, 이것은 곧 우리나라 기업들에도 큰 영향을 미쳤다. 이어 2021년 래리 핑크는 블랙록의 투자를 받고 있는 모든 기업의 사업모델을 넷제로(탄소제로)에 부합하도록 변화시키고 이를 위한 계획을 공개하라고 촉구하기도 했다. 전 세계 경제에 가장 큰 영향을 미치는 미국의 바이든 정부는 ESG를 정책의 핵심 기조로 삼고 있으며, 2050년까지 탄소중립을 달성하는 것이 목표이기도 하다. 바

그림 2.1 ESG 개념의 변천

이든은 집권하자마자 전임자인 트럼프가 파리협정*에서 탈퇴한 것을 뒤집고 재가입한 바 있다.

여기서 등장하는 '기후위기'와 '탄소중립'은 지속가능성 보장을 위한 가장 중요한 키워드다. 온실가스의 무차별적 배출로 인한 기후위기 현상 중 대표적으로 손꼽히는 지구온난화는 기상이변과 해빙, 생물의 멸종, 식량과 물 부족 등 인류에게 엄청난 재난을 불러온다. 그렇기 때문에 2015년 UN 기후변화회의에서 채택된 파리협정을 통해 전 세계 각국은 기후위기를 타개하기 위한 각고의 노력을 다하고, 2050년까지 탄소배출량을 0으로 만들어야 한다. 현재 시점의 기후위

---

* 유엔기후변화협약(UNFCCC)의 2015년 제21차 당사국총회에서 채택한 신기후체제 근간이 된 협정으로, 전 세계 모든 국가가 자국 상황을 반영해 기후위기에 온실가스 감축의무에 참여하는 보편적 체제가 마련되었다.

기 문제는 아주 심각하다. 이전까지 사용되던 '기후변화'가 아닌 '기후위기'라는 말로 현상이 강조되고 있는 것은 인류의 노력만으로 감당하기 어려운 상황이 속출하고 있기 때문이다.

우리나라는 ESG에 어떻게 대응하고 있을까?

우리나라에서도 ESG 움직임이 활발하다. 정부가 가장 먼저 국정과제에 ESG 정책을 포함했다. 앞서 언급한 ESG 공시 의무화와 녹색사업 확대, 고용의 평등성 보장, 소셜 택소노미*를 적용한 사회적 채권 가이드라인 마련 대책 등을 포함한다. 교육부는 시대 급변에 따른 패러다임 전환과 미래 준비를 위해 해마다 개최하는 '글로벌 인재포럼'의 2021년 행사에서 ESG와 지속가능한 미래를 포럼의 대주제 중 하나로 선정하기도 했다. 다수의 기업은 지속가능성을 위한 리포트를 공개하기 시작했고, ESG 관련 위원회를 발족하여 관련 활동에 대해 협의하기도 한다. 공공기관에도 점차 ESG 도입이 확대되고 있으며, 대학들도 하나둘씩 ESG 경영을 선포하고 있다. 국가 차원의 ESG는 아직 시작 단계이기에 지배구조보다 비교적 계량화가 쉬운 환경과 사회 분야에 정책이 조금 더 집중되어 있지만, 곧 집단 구성원 합의와 관련된 분야에도 여러 방안이 적용될 것으로 보인다.

* ESG에서 'S'에 집중하여 사회규범적 목표달성에 지속가능한 경제활동이 무엇인지를 판별하는 데 이바지할 수 있는 분류체계를 말하며, 기준 개발과 확정 시에는 사회적 합의 등이 전제될 필요가 있다.

"우리 매장은 포장 손님 외에 일회용 컵을 제공하지 않습니다."

카페에 가면, 우리는 모든 매장에서 위의 문구를 볼 수 있다. 2022년 4월 전국의 식음료 판매장 내에서 일회용품 사용이 법적으로 전면 금지되었는데, 2021년 12월 31일 개정 및 공포된 〈자원의 절약과 재활용촉진에 관한 법률〉과 관련해 일회용품 사용 제한 대상 확대 규정을 시행하게 된 까닭이다. 이렇게 법적으로 온실가스 감축을 위한 노력이 대대적인 차원에서 요구되고 있는 것은 인류가 무지성으로 환경을 파괴하고 무차별적으로 온실가스를 배출하며 이뤄온 발전에 대한 결과다.

ESG가 세계적인 키워드로 강조되면서 넷제로를 위한 노력도 국가 또는 기업 차원의 노력과 함께 개인적 실천으로 확대되기 시작했다. 지구온난화 속도를 늦추기 위한 육류 소비 줄이기, 온라인 서버가 배출하는 탄소를 줄이기 위한 온라인 메일함 및 클라우드 비우기, 미니멀 라이프 추구와 물건 소비 줄이기 등 우리 일상 가까이에서도 개인적 실천을 쉽게 찾아볼 수 있다.

콘텐츠 기업의 ESG

문화콘텐츠의 힘은 강력하다. "미디어는 메시지다"라는 마셜 매클루언(H. M. McLuhan)의 말처럼 이제 미디어는 이데올로기의 전달 수단에서 나아가 그 자체가 이데올로기의 본질이 되어가고 있다. 사실 기업은 세상에 하고자 하는 말을 대표가 나와 직접 발표하는 것보다

표 2.1 콘텐츠 기업의 ESG 활동

구분	주력 콘텐츠	E(Environment)	S(Social)	G(Governance)
넷플릭스	• OTT • 영화, 방송콘텐츠 제작	• 에너지효율 고려 건축 • 재활용품 사용 • 친환경 운송 수단 활용	• 다양성 지표 개선 • 콘텐츠 개발 및 제작 시 평등 메시지 내재	• 윤리성 준수 권고 • 이해관계자 사이의 대화
카카오 그룹	• 메신저 • 포털사이트 • AI 콘텐츠 등	• 그린데이터센터 구축 추진 • 친환경 교통수단 인프라 구축	• 상생기금 마련 • 다양한 채용 제도	• 사내 외 감사위원회 운영 • 콘텐츠업계 최초 DIJI 편입
CJ ENM	• 영화 산업 • 음악 산업 • 방송 산업 등	• 로케이션 최소화 • 버추얼 스튜디오 제작	• ECP 출범	• 직급 폐지 • 근무 장소 자율선택

메시지를 상징화하여 기업의 브랜딩과 동시에 콘텐츠를 제작해 입소문을 내는 것이 대중에게 각인시키는 데 훨씬 효과적이다. 브랜딩과 콘텐츠 제작은 단순히 그 내용만 의미 있는 것이 아니라, 만든 이의 가치관을 깊숙이 내포하고 있기에 만든 이와 향유하는 이를 연결하는 매우 중요한 역할을 한다. 여기에서 기인해, 미디어 및 콘텐츠 기업들은 ESG 활동을 직접 홍보하기보다 제작하는 콘텐츠에 담아낸다. 〈표 2.1〉을 통해 간단히 확인해보고, 자세한 사항을 살펴보기로 한다.

① 넷플릭스: 세상을 즐겁게 하기 위한 지속가능성

1998년 온라인 DVD 대여점을 시작으로 명실상부한 글로벌 1위 멀티미디어 엔터테인먼트 OTT 기업으로 거듭난 넷플릭스는 자사 홈페이지를 통해 ESG와 지속가능성에 대한 기업 활동을 지속적으로 업데이트한다. 넷플릭스는 해당 페이지를 통해 "넷플릭스는 세상을 즐겁게 하기 위해 존재하며, 이를 위해 살아갈 만한 세상이 필요하기 때문"이라며 ESG 활동 이유를 밝히고 있다. 우리가 계속 살아갈 수 있는 세상을 만드는 데 기여하기 위해 '지속가능성'을 중요한 가치로 여기며, 비즈니스 수행 중 일어나는 일은 지속가능한 방식으로 운영하기 위해 노력하고 있다는 문장을 통해 지속가능성의 자기반영 실천을 강조한다. 온실가스 배출을 줄이기 위해 에너지효율을 고려한 건물을 지었고, 재활용 가능한 포장재를 활용하며, 친환경 운송 수단의 활용 비중을 늘리는 동시에 재생에너지 구매와 태양광 발전소 구축 등 프로젝트로 전력 소비를 줄이고 있다.

또한 넷플릭스는 직원들에게 고객 개인정보 보호와 다양성, 평등, 인권 등과 같은 문제에 집중하도록 하며, 국제적 불평등 문제와 같이 복잡한 문제에 대한 인식을 높이려 노력하는 캠페인 등을 진행 중이다. 사회적 문제에 대한 대처 방안을 모색하고, 실질적인 포용성과 다양성을 실천하기 위해 적극적으로 노력하고 있다. 특히 2018년에서 2019년 미국에서 제작된 넷플릭스 영화 및 시리즈의 제작자 직무 구성에 대한 심층적 분석을 통해 다양성 관련 지표를 상당수 개선한 바 있다. 제작하는 콘텐츠에도 편견에 맞서고 공감과 이해를 확대할 수 있는 시나리오를 가진 〈셀레나〉(2020), 〈별나도 괜찮아〉(2021), 〈지니 앤 조지아〉(2021) 등 작품들을 통해 많은 사람에게 보이지 않는 메시지를 던지기도 했다. 특히 여성과 유색인종 등의 콘텐츠 주요 배역 비중을 높이고 있으며, 여성과 유색인종 등 감독과 크리에이터 고용에 있어 엔터테인먼트 산업보다 높은 수치를 나타냈다.

더 많은 사람이 이해관계자와의 관계를 유지하고 신뢰를 유지하기 위해 지배구조 및 윤리 준수 등의 문제를 철저히 검토하며, 이해관계자와의 충분한 대화를 통해 이런 문제에 대한 개선 방안을 모색하고 있다.

② 카카오그룹: 긍정적인 사회적 영향력

카카오 또한 2020년부터 ESG 경영을 선언했으며, 특히 2021년 ESG 위원회를 설립하고 UN 글로벌 컴팩트에 가입하는 등 ESG 경영을 위한 다양한 활동을 펼치며 지속가능성과 긍정적인 사회적 영향력을 발휘하기 위해 다양한 이니셔티브를 추진하고 있다.

먼저, 환경 측면에서 에너지 절약과 탄소 배출 감축을 위한 다양한 프로젝트를 진행하고 있다. 그린데이터센터 구축 추진을 통해 에너지 효율성을 높이고, 카카오모빌리티를 통해 전기차 충전 인프라 구축과 친환경 교통수단 확대 등을 꾀하고 있다. 2022년 4월에는 과학기반 탄소 감축 목표 설정 이니셔티브 참여를 공식 선언하고 넷제로 목표에 따른 회사의 대응 활동을 투명하게 공개할 것을 약속했다.

모두가 공존하고 함께 성장하는 포용적 생태계를 만들기 위해 5년간 총 3천억 원의 상생기금을 마련하기도 했다. 기금은 소상공인 및 지역 파트너, 콘텐츠 창작자, 모빌리티 플랫폼 창작자, 사회혁신가 등 콘텐츠 기업으로서 우리 사회 생태계 유지를 위한 다양한 구성원 지원에 활용하겠다고 밝혔다. 인종, 연령층, 장애 여부 등을 막론하고 다양한 경험과 배경을 가진 인재를 유치하고, 조직문화 변화를 위해 사내 프로그램을 직접 운영한다. 또 지역사회와의 협력과 문제해결을 통해 카카오의 긍정적인 영향력을 높이는 데도 노력하고 있다.

투명하고 책임감 있는 경영을 위해 사내 외 독립적 감사위원회와 지속가능경영위원회를 운영하고 있으며, 이사회의 다양성 확보와 이사회 및 경영진 보수 정책 등에도 노력한다. 그 결과, DJSI World 지수(Dow Jones Sustain ability Indices World: 기업의 ESG 성과를 종합적으로 평가해 발표하는 DJSI 중 최고 등급)에 Interactive Media, Services & Home Entertainment 산업군 최초로 편입되어 활동의 우수성을 인정받고 있다.

③ CJ ENM: 지속가능한 콘텐츠 산업*

우리나라에서 가장 규모가 큰 엔터테인먼트 미디어 기업인 CJ ENM도 ESG에 있어 예외가 아니다. 2021년부터 지속적으로 발표하고 있는 ESG 리포트에서는 "자연환경 보존은 물론 사업 생태계를 균형 있게 발전시키는 철학을 기반으로 ESG를 실행한다"는 문장으로 ESG 경영철학을 정의한다. 동시에 스토리가 오랜 시간 사랑받을 수 있는 '지속가능한 콘텐츠'와 지속가능한 콘텐츠 산업에 대해 고민한다고도 이야기한다. CJ ENM은 콘텐츠 업계 전반이 ESG에 동참할 수 있는 선순환 체계를 수립하고 더욱 올바른 방향으로 함께 나아갈 수 있는 환경을 조성하기 위해 K-콘텐츠 대표 제작사들과 함께 콘텐츠 업계 최초로 ECP(Eco Contents Production) 이니셔티브를 출범하기도 했다. 현재 ECP 이니셔티브는 개방형 협의체로 한국콘텐츠진흥원을 포함해 다수 기업과 단체가 함께하고 있다.

콘텐츠 개발을 목적으로 하는 기업인 만큼 ESG 보고서에도 특히 콘텐츠 제작 구성원과 제작 과정, 이해관계자 참여와 커뮤니케이

---

* CJ ENM, 〈2022 ESG REPORT: 함께 내딛는 ESG 발걸음〉, 2022.

션에 대한 내용이 중점적이다. 특히 VP Stage(Virtual Production Stage, 가상 프로덕션 무대)를 설치하여 미디어 월을 활용해 반복적인 물리적 세트 설치와 철거를 줄여 폐기물 발생을 최소화하고, 로케이션(이동) 촬영을 버추얼 프로덕션으로 대체해 제작 과정에서 물리적 이동을 최소화해 탄소 배출 저감에 동참하도록 하고 있다. '다양한 기회, 공정한 경쟁, 파격 보상과 성장'을 통해 조직문화를 탈바꿈하고자 인사제도를 개편하면서 직급을 폐지했으며, 임직원이 거점오피스 4곳 중 한 곳을 자유롭게 선택해 일할 수 있도록 독려한다. 리프레시를 위해 2주간 제주에서 업무를 수행할 수 있도록 지원하기도 한다. 또한 신인 창작자 발굴 및 육성을 위한 〈오펜〉 프로젝트를 통해 K-콘텐츠의 지속 성장을 도모하고 있다.

CJ ENM이 문화산업의 관점에서 다른 기업보다 눈에 띄는 점은 창작자와 세상을 연결하고자 하는 콘텐츠가 시청자에게 미치는 영향을 측정하는 '콘텐츠의 선한 영향력 지표' 연구를 통해 이용자의

그림 2.2 CJ ENM 드라마 〈XX+XY〉(2022) 스틸컷

가치소비를 선도한다는 점이다. 〈우리들의 블루스〉(2022), 〈어쩌다 사장2〉(2022), 〈슈룹〉(2022), 〈XX+XY〉(2022)(그림 2.2) 등의 콘텐츠 제작을 통해 평범한 사람들이 갖고 있는 가장 '일반적인' 다양성을 강조하여 우리의 하루와 삶을 돌아보게 한다.

| 문화산업과 함께 가는 ESG

기업의 브랜딩에 큰 도움이 되는 ESG 경영은 문화산업에도 선택이 아닌 필수 개념으로 자리 잡는 동시에 콘텐츠의 성장과 발전에도 결정적 역할을 할 것이다. 지구의 존속을 위해 사회적 모범을 보이는 '착한 기업'을 양산하는 것이 ESG의 표면적인 목적인지를 막론하고, 이미 세계의 중요한 평가지표가 되고 있다는 사실은 의심의 여지가 없다. 따라서 ESG 경영과 콘텐츠 생산이 기업의 긍정적 투자 결과를 가져온다는 것은 이미 분명히 보이는 미래다.

특히 '탄소중립'이라는 키워드와 함께 기후위기가 심각한 사회문제로 떠오르고 있기에 머지않아 ESG는 사회 유지를 위한 기본 개념이 되고, 우리 사회 또한 ESG를 기업의 필수 요건으로 받아들이려는 움직임이 시작되고 있다. 현시점에서 ESG 경영은 단순히 필수가 아니라, 우리 사회의 지속적인 발전을 위해 반드시 추구해야 할 가치다. 따라서 기업이 가져야 할 기본적 태도라는 전방위적 의식이 확대됨을 전제로 한다면, ESG 콘텐츠 제작과 캠페인이 그저 기업의 이미지 홍보를 위한 수단으로만 사용되는 것은 절대 바람직하지 않다. 오히려 앞으로는 많은 기업이 ESG와 관련된 메시지를 상징적으로 표출하는 것이 아니라, 이를 깊은 수준으로 내재화하여 보는 사람에게 자연스레 실천하도록 만들 것이다.

문화는 눈에 보이지 않지만, 어떤 것보다 가장 강력하게 메시지를 전달할 수 있고 마음을 움직일 수 있는 매개체다. 또 우리 생활양식과 여론에 어떤 방식으로든 매우 큰 영향을 미치기 때문에 사회에 영향력 있는 콘텐츠를 만들고자 하는 이들에게는 그만큼 큰 책임이 요구된다. 그리고 이런 태도는 콘텐츠 향유자에게 풍요로운 정신과 여기에서 기인한 풍부한 삶을 일구게 하는 데 중요한 자원이 될 것이다. 따라서 문화의 경계 너머 우리가 살고 있는 땅, 주어진 일의 지속가능성을 위해서라도 ESG가 우리 사회에 필수적인 요소임을 인지하고 이를 실천하고자 하는 태도를 갖는 것이 바람직하다. 인류가 좀 더 사유의 폭을 넓히고 조금이라도 더 나은 삶을 사는 데 문화산업이 기여할 수 있는 것은 ESG가 어떤 배경에서 탄생했든 우리 사회의 지속가능성을 먼저 생각하고 콘텐츠를 양산해내는 데 있다. 문화산업은 물론이고 모든 기업과 모든 직무의 종사자들, 지구에서 숨 쉬고 있는 모든 이에게 ESG는 거부할 수 없는 추세인 동시에 당면한 과제다.

참고문헌

박영주. 〈해외 미디어 기업의 ESG 활동: 넷플릭스의 ESG보고서 분석〉. 《미디어 이슈&트렌드》 46, 9 · 10월호, 2021.

CJ ENM. 〈2022 ESG REPORT: 함께 내딛는 ESG 발걸음〉, 2022.

kakao, 〈ESG보고서, 2021 카카오의 약속과 책임〉, 2021.

Klaus Schwab, "Davos Manifesto 2020: The Universal Purpose of a Company in the Fourth Industrial Revolution," *WORLD ECONOMIC FORUM*, 2019.12.02.

NETFLIX. 〈Netflix Environmental, Social & Governance Report 2021〉, 2021.

법제처 국가법령정보센터. 〈자원의 절약과 재활용촉진에 관한 법률〉 제10조 1항, 2023.

외교부 홈페이지. "파리협정". https://www.mofa.go.kr/www/wpge/m_20150/contents.do

KOICA 국제개발협력용어집. "거버넌스". https://terms.naver.com/entry.naver?docId=2080646&cid=44547&categoryId=44547

______. "UN 글로벌 콤팩트". https://terms.naver.com/entry.naver?docId=2080675&cid=44547&categoryId=44547

3 탈중앙적 게임
Decentralized Gaming

정상민

#블록체인 #환금성 #P2E #탈중앙화 #NFT

최근 게임업계에서는 P2E(Play to Earn) 게임이 신산업으로 떠오르고 있다. 하지만 게임에서 얻을 수 있는 재화를 실질적인 현금으로 전환하는 과정이 포함된다는 점에서 현행법은 국내 P2E 게임 서비스를 금지하고 있다. 본문에서는 이런 P2E 게임의 전반적인 내용을 구체적인 사례를 통해 알아보고자 한다.

P2E 게임의 연이은 출시와 확장하는 게임 생태계

최근 국내 게임사들이 잇따라 P2E 게임을 출시했다. 그라비티 네오싸이언 · 미투온의 〈X히어로즈: NFT 워〉, 위메이드의 〈미르M 글로벌〉, 엑스엘게임즈의 〈아키월드〉, 넷마블의 〈모두의 마블2〉 등

그림 3.1 〈모두의 마블2〉의 메타월드

여러 게임이 출시되고 있다(그림 3.1). 국내 게임사는 이러한 P2E 게임의 출시와 함께 블록체인 기반의 새로운 생태계를 만들어 하나의 거대한 세계를 구축하려는 시도에 박차를 가하고 있다. 대표적인 사례가 넷마블의 〈모두의 마블2〉다. 〈모두의 마블2〉는 넷마블의 블록체인 전문 자회사 마브렉스(MARBLEX)의 MBX 생태계에서 운영된다. 게임 내의 재화가 MBX의 가상화폐 생태계 속에서 소비되고 생산된다. 〈모두의 마블2〉는 기존 보드게임 기반의 게임에 가상의 메타버스 부동산인 '메타월드'를 추가하여 토지나 건물을 소유할 수 있게 하고 거래를 가능하게 했다. 유저는 게임 플레이와 부동산 콘텐츠를 통해 게임 내 화폐 이네트리움(ITU)을 얻을 수 있고 이를 가상화폐인 MBX로 전환할 수 있다. 이처럼 완결한 하나의 생태계를 구축하는 것은 넷마블뿐 아니라 많은 게임사에서 새로운 신산업 대두로 관심을 끌고 있다.

P2E 게임의 환금성 문제

현재 서비스되는 국내의 P2E 게임은 한국에서 출시할 수 없다. 국내 법률상 문제로 한국 내 서비스가 불법이기 때문이다. 그렇기 때문에 국내 P2E 게임은 해외에서 출시한 뒤 한국 진출을 노리거나 환금요소를 제외한 일반 게임으로 서비스해야 하는 상황에 처했다. 법원은 올해 초 P2E 게임 〈무한돌파 삼국지 리버스〉, 〈파이브스타즈 포클레이트〉에 대해 등급분류취소 청구 소송을 기각했다.

재판부는 2023년 1월 〈파이브스타즈〉(그림 3.2) 속 NFT 가능화 아이템을 "게임산업법상 금지하고 있는 경품"으로 보았고, 이를 사행성을 조장하는 행위로 보았다. NFT화된 아이템이 게임 서비스 제공 여부와 무관하게 영구적으로 유저에게 소유권이 귀속되는 점, 게임 계정이 없는 사람도 구매하여 소유할 수 있는 점, 거래소를 통해 자유로운 유통이 가능한 점을 들어 〈파이브스타즈〉 속 NFT가 단순한

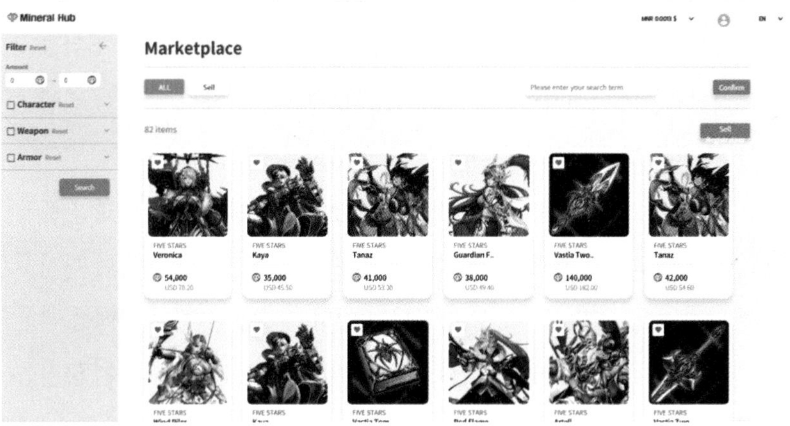

그림 3.2 〈파이브스타즈〉의 NFT 마켓플레이스

게임 아이템이 아니라고 지적했다.

2021년 1월 〈무한돌파 삼국지 리버스〉의 경우에도 비슷했다. 게임 아이템은 해당 계정을 가진 유저가 게임을 이용하고 있을 때만 이용권이 있을 뿐 그 소유권이 게임 저작권의 일부로 게임사에 속하지만, 〈무한돌파 삼국지 리버스〉에서 사용되는 가상화폐인 무돌토큰은 시장에서의 유통과 거래를 목적으로 만들어졌기 때문에 성격과 목적이 상이하다는 것이다. 〈무한돌파 삼국지 리버스〉의 제작사 나트리스(Natris)는 이미 다른 게임물도 중개사이트를 통해 실질적인 환전이 이루어지고 있다고 주장했으나 재판부는 받아들이지 않았다. 재판부는 아이템 중개사이트에 대해 시간과 노력을 적게 투입해 용이하게 게임을 즐길 목적으로 개인 간 사적 거래가 가능하며 거래 과정에서 사기 등 부작용이 발생할 우려가 있어 개설된 것으로 보일 뿐이라고 명시했다. 또한 이러한 게임들은 게임 약관 내에서 아이템 현금거래 등을 금지한다는 조항을 둬 제한을 분명히 했다고 설명했다. 재판부는 게임물 내용과 무관하게 가상자산 제공으로 이용자들을 유인해 게임물 이용자들을 가상자산 투자자들로 지위를 변동시키고 가상자산 발행자로서 가치변동 등락에 영향을 받도록 하는 일련의 행위를 고려하면 이는 〈게임법〉 제2조 제1호의2에서 규정하는 '사행성 게임물'의 신종 형태에 해당한다고 볼 수 있다고 밝힌 바 있다.

이처럼 게임 아이템을 NFT화된 방식으로 제공하거나, 게임 플레이가 직접적인 가상자산을 제공한다는 부분에서 P2E 게임이 가진 '환금성'은 중요한 부분으로 지적되고 있다. 새로운 유형의 사행성 게임물이라는 부정적 시선과 신기술 기반의 새로운 신산업이라는 긍정적 시선의 대립 속에서 P2E 게임의 서비스 문제는 눈여겨볼 만하다.

기존 게임 속 earn 행위와 RMT(Real Money Trading)

earn, 이른바 '번다'는 행위는 P2E 게임 이전에도 지속적으로 존재했다. 재화의 확보가 곧 캐릭터의 힘으로 직결되는 MMORPG 장르의 성장 시스템은 대표적인 earn을 통한 재화 소비처로 기능한다. 이 때문에 재화의 확보는 온라인 게임에서 중요한 요소였고, 이는 활발한 거래로 확장되어왔다. 유저는 게임 속에서 일종의 서비스를 제공하는 대가로 요금을 받거나, 경매장 같은 시스템을 활용해 시세차익을 얻는 등 지속적으로 게임의 시스템 속에서 시장경제 속 생산자와 소비자 역할을 병행해왔다. RMT(Real Money Trading, 현금거래)가 암묵적으로 성장해온 이유도 이 같은 배경이 있다. 개인의 플레이 타임이 일정하지 않음에 따라 재화 확보에 따른 어려움이 생기고 그것을 해소하기 위해 현금을 주고 재화를 구매하는 현금거래가 등장하게 된 것이다. 이는 게임 내에서 공식적으로 금지하는 행위임에도 빠른 성장을 위한 수요층이 점차 증가했기 때문에 앞서 서술된 중개사이트를 통한 거래행위 등장으로 이어졌다. '아이템 마니아'로 대표되는 거래 플랫폼이 생기는 등 재화의 거래가 점차 확대되어가면서 게임 속의 재화가 더 이상 게임 안에서만 가치를 지니는 것이 아니게 되었다. 게임 시스템상의 개선으로 재화 소각처 확보와 귀속 아이템 개념의 도입으로 아이템의 거래를 제재하는 등 게임사는 지속적으로 현금거래를 개선할 방안을 마련하고자 했으나, 게임 속 화폐와 계정의 현금거래를 막을 수 없는 한계가 있다.

블록체인 기술의 도입과 소유권

앞서 언급한 현금거래는 시장 규모가 연간 약 1조 5천억 원 수준으로 추정될 만큼 활발히 진행되고 있지만, 게임 아이템은 게임이 서비스를 중단하는 순간 가치가 소실된다는 부분에서 소유권이 게임을 플레이하고 있는 유저에게 온전히 있지 않다는 맹점을 가지고 있다. 유저는 그저 게임 내 아이템의 사용권을 가지고 있을 뿐이다. 이 때문에 현금거래는 그저 사용자 간 아이템의 사용 권리를 거래하는 개념에 가깝다. 게임 속 재화는 게임사에 의해 직간접적으로 관리되며 소유권에 대한 분쟁이 발생할 경우 게임사에 주도권이 있다.

바로 이 부분에서 블록체인 기술이 등장한다. 블록체인을 통해 게임을 개발하게 되면 유저의 플레이로 인해 발생한 아이템이 NFT(Non-Fungible Token, 대체 불가 토큰) 형태로 유저에게 귀속된다. NFT는 토큰마다 고유한 값을 가지고 있기 때문에 다른 토큰으로 대체하는 것이 불가능하다. 이렇게 NFT로 민팅(주조)된 아이템은 복제할 수 없고, 그 아이템은 온전히 소유자의 것으로 보존된다. 이는 기존에 유저가 종속되어 있을 수밖에 없었던 게임이라는 플랫폼에서 벗어나 스스로 얻은 재화라는 데이터가 플랫폼으로부터 탈중앙화하게 된다는 것을 의미한다. 유저가 그 아이템의 소유권을 완전히 가지고 있기 때문에 게임이 서비스를 종료하더라도 아이템은 유저에게 보존된다. 또한 이러한 방식으로 민팅된 재화는 다른 게임이나 플랫폼으로 이전하거나 활용할 수 있는 등 활용 폭이 확대될 가능성을 가지고 있다는 점에서 긍정적이다.

| 엑시인피니티를 통해 살펴본 P2E 게임의 한계점

엑시인피니티는 '엑시(Axie)'라는 가상의 애완동물을 수집 · 번식 · 거래하는 것이 주요한 콘텐츠로 일일 보상, 모험 후 보상, 아레나 전투에서 승리하면 게임 토큰을 얻을 수 있다. 엑시인피니티 속 게임 토큰은 AXS(Axie Infinity Shard), SLP(Small Love Potion)로 구성되어 있는데, AXS는 게임 아이템을 거래하거나 그 자체로 거래할 수 있고, 가상 화폐로서 투자할 수도 있다. SLP는 유저가 아레나 전투에서 승리할 때마다 받는 보상으로 엑시를 번식시키거나 거래할 때 사용할 수 있다(그림 3.3). 요약하자면 엑시인피니티의 플레이 과정은 엑시를 구입하고 플레이를 통해 SLP를 얻어 그것을 기반으로 엑시를 교배하거나 판매하고 또 다른 엑시 구입을 통해 지속적으로 이어진다. 이 과정에서 play와 earn의 균형이 맞춰지는 생태계를 가지고 있다.

그림 3.3 엑시인피니티 플레이 이미지

한때 엑시인피니티는 높은 평균 수입으로 동남아시아 시장에서는 코로나19 팬데믹 이후 곤란해진 생업을 대체할 수단으로 자리하기도 했다. 하지만 엑시인피니티의 경제 시스템은 곧 한계를 맞이하고 말았다. 게임 안에서 소비되어야 할 소비재인 SLP를 다수의 유저가 현금화하는 과정에서 SLP의 가치가 급락하게 되었고, 결국 수익을 목적으로 한 기존 게이머의 이탈로 이어졌다. 말하자면 play와 earn의 균형이 망가진 것이다. 또한 증가하는 유저층에 의해 초기에는 부족했던 엑시의 공급이 기하급수적인 교배를 통해 공급량이 과다해졌는데, 이는 NFT의 가치하락으로 이어져 수익 실현에 목적이 있었던 게이머들의 이탈을 가속화했고 결국 시장에 더욱 많은 엑시가 풀려 가치하락으로 이어졌다. 이와 같은 사례는 P2E 게임의 지속가능성에 의문을 표하게 된다. 게임에서 재미를 느끼는 내재적 동기가 주요하게 작용하기보다는 '현금화'라는 외재적 동기가 훨씬 더 강하게 작용하고 있다. P2E 게임이 '재미'라는 내재적 동기를 잡지 않는 이상 경제 시스템에는 항상 큰 맹점이 존재하고, 이는 P2E 게임의 라이프 사이클이 기존의 게임보다 훨씬 짧을 것으로 예측된다. 또한 대체재로 등장하는 P2E 게임이 출시됨에 따라 게임이 재미있기 때문이 아닌 수익이 높아지기를 바라는 게이머라면 더더욱 가치가 하락한 P2E 게임을 즐길 이유는 없다.

신산업을 어떻게 바라보아야 할 것인가

세계 최대 게임 유통 플랫폼 '스팀(STEAM)'은 NFT와 암호화폐 기술을 적용한 게임의 입점을 원천 차단하고 가상화폐 교환 행위를 금지한 바 있다. 이는 게임의 본질이 무엇인가에 대해 생각하게 한다. 앞서 언급한 엑시인피니티의 사례에서도 그랬듯 현재 P2E 게임을 이용하는 목적은 대부분 현금화에 있다. 일종의 가상 노동이 이루어지고 있다. P2E 게임의 유저층 대부분이 이런 목적을 가지고 있다면 자연스럽게 게임의 수명은 짧아지고 P2E 게임에서 재미를 느끼기 어려워진다.

이런 사례를 보완하여 국내 게임사들은 재미를 기반으로 한 새로운 P2E 게임 생태계를 구축하고자 한다. 하지만 재화를 현금으로 전환할 가능성이 존재한다는 지점에서 과연 P2E 게임이 본질적으로 재미를 추구할 수 있느냐에 대한 의문은 여전하다. 기존 게임 아이템의 현금거래가 빠른 성장을 위한 욕망을 계기로 존재하고 있었다면 P2E 게임의 아이템은 현금화하기 위한 수단 같은 느낌을 지울 수 없다. 앞서 다루었던 P2E 게임의 환금성 문제에서 지적되었던 문제가 바로 그렇다. 이미 한 차례 성인용 오락실 게임 〈바다이야기〉 사태로 대두된 지나친 사행성 문제에 대해 곤욕을 치른 적 있는 한국 게임 산업이 수십 년이 지나 P2E 게임의 등장 앞에 진보적인 행보를 취한다는 것은 고무적이지만, 여전히 사행성이라는 문제를 완전히 떼어낼 수 없다는 점에서 큰 아쉬움이 남는다. 〈바다이야기〉가 성인오락실을 양지로 끌어낸다는 선의에서 출발했지만 변질될 것을 예상하지 못했듯 또 다른 〈바다이야기〉의 시작이 아니냐는 우려 또한 완전히 부정하기 어렵다. 엑시인피니티의 개발사 스카이마비스는 엑시인피니티라는 단 하나의 게임으로 기업가치가 30억 달러로 커지기도 했고, 국내 P2E 게임으로는 위메이드가 〈미르4〉로 영업이익 344%를 달성하며 창사 이래 최대 실적을 기록하기도 했다. 이처럼 산업적 측면에서 P2E 게임이 새로운 미래 산업으로 주목받고 있는 시점에서 P2E 게임 규제를 어떻게 해결해야 하는가에 대한 문제는 고민스러울 수밖에 없다.

2023년 4월 국회 문화체육관광위원회 전체 회의에서 박보균 문화체육관광부 장관은 국내 P2E 게임 관련 정책에 대한 질문에 "콘텐츠국 게임과에서 본격적으로 치밀하게 접근하고 있다"며 "P2E 게임에 대해서는 우회할 수도 없고 정면 돌파해서 여러 가지 안을 만들고 협의해가고 있다"고 말했다. 정부와 정치권에서도 P2E 게임에 대해 긍정적 신호가 나오는 듯한 분위기가 조성되고 있다. 만약 P2E 게임에 대한 정부 규제가 풀린다면 적어도 국내에서 제도적인 걸림돌은 사라지는 셈이다.

P2E 게임이 상기한 문제가 있었음에도 확장 가능성을 가진 신산업으로 주목받고 있고, 기존 게임 속 재화의 소유권이 온전히 게이머에게 돌아가는 시스템을 구축한 것도 혁신적이다. 또한 놀이와 노동 사이의 새로운 개념을 제시하고 있다는 점에서 기존의 관념을 바꿔놓을 만한 가능성이 존재한다. 이것이 어떻게 구현될지는 P2E 게임 개발사들의 행보에 달려있다. 지나친 우려로 신산업의 육성을 막을 수는 없으나 여전히 비판적인 시선을 갖고 있어야 함이 분명하다. 또한 P2E 게임의 짧은 라이프 사이클을 고려했을 때 그저 현금화를 위한 수단으로 기능한다면 이 또한 게임 산업의 침체를 불러올 수도

있다는 점에서 개발사의 자발적인 개선안 도입이 지속적으로 시도되어야 한다. 이런 조심스러운 접근하에 가시적인 성공이 누적된다면 신산업의 새로운 육성이라는 가능성을 점쳐볼 수 있을 것이라 기대한다.

참고문헌

김동찬 · 김해인. 〈'놀이'에서 '노동'으로: 블록체인 기반 P2E게임의 가능성〉. 《한국게임학회 논문지》 23(1), 한국게임학회, 2023.

이중엽 · 이강효 · 최석영. 〈블록체인 기반 P2E 게임 동향과 시사점〉. 《한국통신학회 학술대회논문집》 2, 2022.

임하나. 〈MMORPG의 게임 아이템 현금거래 유형과 한계점 연구〉. 《한국게임학회 논문지》 9(1), 한국게임학회, 2009.

장문경. 〈P2E(Play-to-Earn) 게임 지속이용의도에 대한 연구〉. 《지식경영연구》 23(3), 한국지식경영학회, 2022.

조은하. 〈블록체인 게임과 게임산업의 패러다임 전환〉. 《한국게임학회 논문지》 22(5), 한국게임학회, 2022.

김주환. "P2E게임 불허한 법적 근거는… 법원 'NFT, 사행성 경품 해당'". 연합뉴스, 2023.01.16. https://www.yna.co.kr/view/AKR20230116094500017?input=1195m

넷마블 공식 홈페이지. "넷마블, 메타버스 기반 부동산/보드 게임 〈모두의마블2: 메타월드〉 오늘 글로벌 정식 출시". 2023.04.19. https://ch.netmarble.com/Newsroom/PressRelease/Detail?post_seq=3800&bbs_code=1014&post_tag=%EB%AA%A8%EB%91%90%EC%9D%98%EB%A7%88%EB%B8%942%3A%20%EB%A9%94%ED%83%80%EC%9B%94%EB%93%9C

박예진. "'신종 사행성게임물 해당' 법원, 국내 P2E 유통 사실상 불가 판결". 아이뉴스24, 2023.02.02. https://www.inews24.com/view/1563411

엑시인피니티 공식 홈페이지. https://axieinfinity.com/

임수빈. "P2E 규제 탓… 추억의 게임 '반쪽 부활'". 파이낸셜뉴스, 2023.05.01. https://www.fnnews.com/news/202305011946309328

황순민. "게임 즐기며 돈 버는 'P2E' 논란… '사행성 우려' 불법 규정이 변수". 매일경제, 2023.05.01. https://www.mk.co.kr/news/culture/10204803

4
시네마트래블그램
Cinematravelgram

이동미

#SNS #Travelgram #문화공유 #시간중첩 #융복합

현대인의 생활에서 SNS는 삶의 일부가 되었다. 보고 듣고 느끼는 모든 것을 공유하고 싶은 욕망은 페이스북, 트위터, 인스타그램, 텀블러, 유튜브 등 다양한 방식으로 소비된다. 이 중 인스타그램*은 온라인상에서 자신을 표현하는 또 하나의 창구로 활용되며, 인기 있는 소셜 미디어 플랫폼 중 하나로 빠르게 성장하고 있다.** 따라서 인스타그램에서 파생된 콘텐츠는 현대인의 생활문화와 표현방식을 살

---

* 인스타그램은 '인스턴트카메라(instant camera)'와 '텔레그램(telegram)'의 합성어로 3세대 소셜 네트워크 서비스다. "세상의 모든 순간을 포착하고 공유한다"라는 슬로건으로 2010년 선보였다.

** 2024년 1월 23일 기준으로 인스타그램의 월간 활성 사용자(MAU: Monthly Activity User)는 2,023억 명이며, 일간 활성 사용자(DAU: Daily Activity User)는 500억 명이고, 1초에 1,074개의 사진이 업로드된다. 매트 알 그랜에 의한 연구 WSR팀, "40개 이상의 INSTAGRAM 통계 및 트렌드".

펴볼 수 있는 좋은 도구다. 또한 SNS의 패턴 속에서 사람들의 잠재된 정체성과 문화콘텐츠 형성의 연결지점 또한 분석해볼 만하다. 온갖 이미지가 범람하며, 소위 '트렌드'라 불릴 만한 이미지들의 흐름 속에서 차용과 변용이 목격되는 공간인 인스타그램은 미디어 사용과 문화소비의 특성을 살펴보기에도 적당하다.

| 취향의 이미지화 도구

모바일과 소셜 미디어에 익숙한 젊은 세대일수록 SNS에 민감하며, SNS는 자신을 표현하는 중요한 부분이 되고 있다. 기능과 특징에 따라 소셜 미디어 플랫폼은 주 사용 연령대가 구별되는데, 인스타그램은 전 세계 사용자의 70% 이상이 35세 미만으로 주 사용자는 2030 MZ세대다. 이들 인스타그램 사용자는 차용과 복제로 생성된 이미지들 사이에서 미묘한 차이를 민감하게 포착하여 각자의 취향에 맞게 페이지를 큐레이션 한다. 이는 개인의 취향을 표현하고, 선호하는 경향을 팔로우하며, 이미지로써 문화공동체의 모습을 보이고 확인하며 '자신의 이미지화' 도구로 활용된다. Z세대 전문 컨설팅업체 젠지구루(GenZGuru)의 운영자 조너 스틸먼(Jonah Stillman)은 "수십만 명의 추종자가 있든 없든 기록(영상, 사진)은 Z세대 여행의 중요한 목적"이라 했다. 즉, MZ세대는 인스타그램을 통해 차용과 변용 놀이를 하는 것으로 자신의 취향을 이미지화한다.

인스타그램의 업로드 이미지는 매우 다양한데, 이 중 여행과 관련된 사진 업로드를 '트래블그램(Travelgram)'이라 한다. Travel+Instagram

의 합성어로 해시태그를 달아 #Travelgram으로 공유한다. 트래블그램은 현대인의 여행과 모바일의 생활화가 만나 형성된 여행문화콘텐츠 중 하나로, 게시물 수가 해마다 증가하고 있으며 전 세계적으로 통용 · 확산하고 있다. 트래블그램의 이미지는 인스타그램 업로드뿐 아니라 페이스북 등 다양한 소셜 미디어로 연동 업로드되며, 트래블그램은 사회문화 현상이자 문화소비로 자연스럽게 자리매김하고 있다. 나아가 멋진 트래블그램의 업로드가 많은 사람은 여행을 많이 하는 사람, 견문이 넓은 사람, 활동적인 사람이라는 식의 암묵적인 과시와 의미, 메시지를 담는다. 따라서 여행의 매분 매초가 소셜 미디어에 공유할 만한 경험을 만들어내기 위한 수단이 되며, 소셜 미디어에 어떤 영구적인 순간(permanent moment)을 남길 수 있는지가 여행소비의 결정적인 기준이 되기도 한다. 전문적인 크리에이터가 아니더라도 여행의 기록과 공유에 큰 노력을 기울이는데, 이는 소셜 미디어에서 접한 여행콘텐츠에서 직간접적인 영향을 받고 있다.

이러한 여행문화콘텐츠 트래블그램은 온라인 공간에서뿐 아니라 오프라인에서도 문화소비 콘텐츠가 되고 있다.《오사카 인 트래블그램》은 SNS 사용자를 위한 여행 안내서를 표방하는데, 오사카의 명소와 맛집, 카페 등을 방문하여 SNS에 올리는 트래블그램 형식을 빌려 여행 스팟을 소개한다. 더불어 책에 나온 사진을 따라 찍으면 SNS에 멋스러운 여행 기록을 남길 수 있다고 어필하며 트래블그램 문화를 대중화 · 일반화한다.

그들끼리의 문화공유, 트래블그램

트래블그램은 여행문화콘텐츠로서 여행에 대한 제너럴한 이미지를 큐레이션 하기도 하지만, '맛집', '힐링', '뷰' 등 특정 주제를 중심으로 업로드하는 세분화 경향이 있다. '영화'라는 소재도 그중 하나다. 〈로마의 휴일〉(1955)을 보고 로마의 트레비 분수와 스페인 계단을 방문하거나, 〈노팅힐〉(1999)을 보고 런던의 노팅힐을, 〈라라랜드〉(2016)를 보고 LA를 방문해 인증사진을 찍어 소셜 미디어에 업로드하는 식이다. 여행과 영화관람을 즐기는 사람 중에서 영화촬영지나 배경 장소를 직접 방문해 인증사진을 올리는 트래블그램은 '단순' 혹은 '우연'이 아니라 열정과 노력이 들어간 '계획', '의도', '마니아'임을 암시하거나 과시한다.

영화촬영지 방문 인증 트래블그램 형태는 다양하다. 관광명소로 유명한 〈로마의 휴일〉(1955)의 배경인 트레비 분수를 방문해 트레비 분수와 주변 관광객을 찍는 관광지 인증 형태가 보편적이다. 다음으로 영화 〈기생충〉의 촬영장소인 서울의 돼지슈퍼를 방문하여 인증사진을 촬영하는데 멋진 풍경의 여행 명소가 아니라 영화 〈기생충〉 촬영장소에 대한 인증으로, 영화 마니아의 이미지를 전한다. 또 '돼지슈퍼'라는 간판만으로 봉준호 감독의 〈기생충〉 촬영지임을 알아보는 이들과 '그들끼리의 문화공유'를 암묵적으로 즐긴다. 또는 영화 〈라라랜드〉의 촬영지였던 엔젤스 플라이트를 배경으로 자신이 구입한 티켓을 한 프레임에 넣어 보여주는 이미지를 만드는데, 이는 엔젤스 플라이트를 방문했을 뿐 아니라 직접 탑승했다는 메시지를 더해 방문+체험을 전하는 형태다.

이렇듯 일반적인 인증사진에서 한 걸음 더 나아가 독특한 이미지로 눈길을 사로잡으며 영화 속 장면과 장소를 알아볼 수 있는 간접적 메시지를 넣어 그들만의 이미지 언어로 소통하고 있다. 다양한 트래블그램 중에서 나만의 차별화된 이미지를 위해 촬영 방식의 변화를 시도하여 드라마틱한 이미지를 경쟁적으로 연출 · 생성하고 있다.

차별화된 시간중첩콘텐츠

독특한 이미지와 의미를 담은 '나만의 트래블그램'은 인스타그램뿐 아니라 대부분의 소셜 미디어로 연동되어 '차별화된 이미지 생성' 자체가 '자신의 이미지화'와 직결된다. 그 때문에 영화 관련 트래블그램에 차별화된 촬영기법이 등장했다. 〈그림 4.1〉은 〈봄날은 간다〉(2001)의 촬영장소인 삼척의 신흥사 설선당 방문 인증 트래블그램이다. ①이 촬영지 방문을 인증하는 일반적인 형태라면, ②는 남주인공 유지태가 설선당 툇마루에 앉아 있는 영화 속 장면을 캡처해 프린트한 후 해당 장소를 찾아가 캡처 사진을 현장에 대입해서 하나의 화

그림 4.1 트래블그램 vs. 시네마트래블그램

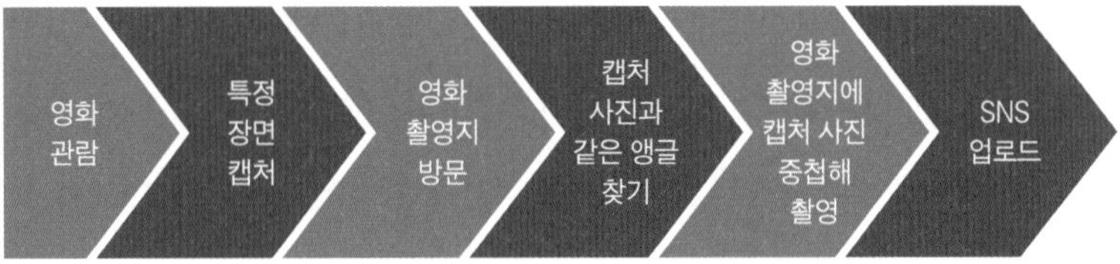

그림 4.2 시네마트래블그램 생성 과정

면처럼 앵글을 맞추어 촬영했다.

①에 비해 ②는 물리적 · 시간적 · 경제적 노력이 다수 동반되고 공정이 복잡하다. ①의 경우 기존의 트래블그램과 차이점이 크지 않지만, ②는 접근 방식, 과정, 결과물이 다르기에 명칭의 차별화가 필요해 '시네마트래블그램(Cinema-TravelGram)'으로 부르고 있다. 시네마트래블그램은 〈그림 4.2〉처럼 영화관람 후 특정 장면을 캡처한 다음 영화촬영지를 방문해 캡처 사진과 같은 앵글을 찾아 시간과 공간을 중첩해 촬영 후 SNS에 업로드하는 과정을 거쳐 생성된다.

| 놀이처럼 즐기는 시네마트래블그램

① 여행의 색다른 퍼즐 맞추기

'여행읽어주는남자, 끄적끄적 여행일기, 거녕이일기장'의 블로그 운영자는 영국 런던 여행 편에서 시네마트래블그램 방식을 활용한다. '영화 배경지 맛집'이라는 제목의 콘텐츠에서 운영자는 자신이 '시네마트래블그램'이라는 방식으로 표현하게 된 이유를 설명한다.

"세 번째 런던 여행, 뭐 색다른 게 없을까 고민하다가 런던을 배경으로 촬영했던 영화들을 찾아서 그 배경지를 찾아가 보기로 했다. 무수히 많은 영화들이 있지만, 대표적으로 대중들이 알만한 영화 그리고 개인적으로 좋아했던 영화를 선정해서 다시 보기 해가며 촬영지를 캡처하고 인화한 후 촬영지를 수색해서 다녀왔다. 오랜 시간과 공을 들였지만 퍼즐 조각 하나하나 맞춰가는 색다른 재미를 느낄 수 있었다."

블로거 거녕이는 영국 런던 여행을 색다른 콘텐츠로 만들고 싶어 시네마트래블그램 방식으로 촬영했다. 해당 칼럼에서 다루고 있는 영화는 〈토르: 다크월드〉(2013), 〈닥터 스트레인지〉(2022), 〈미션임파서블: 폴아웃〉(2018), 〈어바웃타임〉(2013), 〈러브 액추얼리〉(2003),

그림 4.3 시네마트래블그램 방식을 활용한 블로그 거녕이일기장

〈해리포터와 마법사의 돌〉(2001), 〈노팅힐〉(1999)로 영국 런던이 촬영지이며, 이미지 제작은 앞서 다룬 시네마트래블그램 방식과 일치한다.

② 즐거운 사진 놀이

'애루'라는 닉네임을 쓰는 트위터 이용자는 미국 드라마 〈한니발〉의 마니아로 드라마 촬영지인 베네치아에서 여행콘텐츠를 만들었는데, 시네마트래블그램 방식을 사용한다. 애루는 이를 '우피치 미술관에서 한니발 사진 놀이'라고 하며 '하니그램, 너무 좋다 8ㅅ8'이라고 표현하고 있다. 한니발+인스타그램의 합성어로 자신만의 '하니그램'이라는 단어를 사용하고 있으며 그 과정을 사진 놀이로 여기고 있다.

③ 한 장의 사진 속 과거와 현재

'썬도그'라는 닉네임으로 활동하는 '사진은 권력이다' 블로그 운영자는 '사진정보/사진에 관한 글'에서 '나우 앤 댄'을 설명한다.

> "사진 놀이 중에 '나우 앤 댄'이라는 사진 놀이가 있습니다. 이 사진 놀이는 오래전에 찍은 사진을 그 사진을 찍은 현재의 그 장소에서 다시 찍어서 과거와 현재가 얼마나 다르게 변했는지를 한 장의 사진으로 보여주는 사진 놀이입니다."

그가 말하는 '나우 앤 댄'은 이 글에서 말하는 시네마트래블그램과 방식이 같다. 해당 칼럼에서 데미안 히폴릿(Damien Hypolite)의 작품을 소개하는데, 그는 〈어쌔신 크리드: 유니티〉라는 게임에서 프랑스

그림 4.4 데미안 히폴릿의 '나우 앤 댄'

혁명 당시의 프랑스 거리 모습을 캡처해 현실과 중첩하는 '나우 앤 댄', 즉 시네마트래블그램을 보여준다. 사진이 발명되기 전의 프랑스 모습을 현재와 비교할 수 없었는데, 히폴릿이 게임으로 매우 잘 재현했기에 그 이미지를 가져와 〈그림 4.4〉처럼 나우 앤 댄으로 활용하고 있다. 시네마트래블그램 활용 방식이 영화 이미지뿐 아니라 게임 이미지까지 영역을 확장하고 있다.

④ 젊은 세대를 위한 눈 맞춤

한국관광공사의 공식 블로그 '대한민국 구석구석'은 대한민국의 숨어있는 여행지를 소개하는 코너다. 〈그림 4.5〉처럼 '특별한 테마 여행/영화 〈봄날은 간다〉 따라 여행하기' 코너에서는 〈봄날은 간다〉라는 영화에 등장하는 장소를 여행지로 소개하며 신흥사 6컷, 대나무밭 4컷, 맹방해변 2컷, 삼본아파트 5컷 등의 사진을 게재하는데 모두 시네마트래블그램 방식이다. 칼럼의 대상은 당시 여행을 좋아하는 젊은 세대로 그들의 주목을 끌기 위한 행보다.

그림 4.5
〈봄날은 간다〉의 촬영지

서울경제신문의 〈나윤석의 영화 속 그곳〉 칼럼은 영화 〈1987〉의 스틸컷과 촬영지인 연희네슈퍼를 소개하는데, 컴퓨터그래픽을 이용했지만 시네마트래블그램 기법과 유사하다. 또 부산영상위원회는 공식 인스타그램 채널(@busan_film_commission)을 통해 '#부산을찍으면영화가된다'라는 콘텐츠를 만들었는데, 역시 시네마트래블그램 기법을 이용하고 있다. 부산에서 촬영한 영화 · 드라마와 부산의 스팟을 묶어 함께 홍보하는 식으로 BFC(Busan Film Commission) 서포터즈 '영화로운 1기'가 릴레이로 제작해 업로드를 이어갔다. 〈그림 4.6〉과 같이 〈더킹〉과 보수동책방골목의 연계는 채수빈, 〈쌈, 마이웨이〉(2017)와 호천마을 연계는 손성혜, 〈불한당: 나쁜 놈들의 세상〉(2017)과 영도대교는 이주미가 만든 시네마트래블그램 콘텐츠다. 부산영상위원회가

그림 4.6 BFC 서포터즈 콘텐츠

기획한 해당 콘텐츠는 영화를 사랑하고 열정과 아이디어가 넘치는 이들로 구성된 BFC 서포터즈 '영화로운 1기'를 통해 완성됐다.

| 포스트인터넷 예술로의 확장

지금까지 SNS상의 독특한 이미지 연출을 원하는 SNS 이용자의 시네마트래블그램 사례를 살펴보았다. 단순한 호기심과 독특한 연출을 넘어 전문적으로 시네마트래블그램을 다루는 이들도 있다.

① 토머스 듀크, 증강현실

영화 애호가이자 사진작가로 활동하고 있는 토머스 듀크(Thomas Duke)는 유명 영화 속 촬영 배경을 찾아 똑같은 장소에서 사진을 촬영해 인스타그램에 올리는 인플루언서다. 인스타그램 Thomas(@steppingthroughfilm)의 팔로워는 42만 5천 명(2024년 1월 23일 기준)으로 스크린 넘어 볼 수 없었던 모습을 현실 풍경과 매치해 업로드한다. 그는 자신의 어둡고 힘들었던 인생이 영화를 통해 180도 바뀌었으며 스크린 속 배경을 찾아 여행하는 것이 기쁨을 넘어 행복감을 전해준다고 시네마트래블그램의 시작 동기와 의미를 밝힌다. 토머스 듀크는 사진 작품마다 @steppingthroughfilm이라는 저작 로고를 작품 자체에 넣는 것이 특징이다. 인스타그램의 게시물은 추적이 어렵고 변형 · 삭제되어 저작권을 주장하기 어려운 점을 감안해 인터넷 공간에서 자신의 저작권을 분명히 주장하고 있다. 그 때문에 출처를 밝히지 않아도 그의 작품은 구분할 수 있다.

② 크리스토퍼 몰로니, 필모그래피

캐나다 출신의 저명한 사진가이자 저술가인 크리스토퍼 몰로니(Christopher Moloney)는 2012년 6월부터 영화 장면을 흑백 인쇄물로 만든 후 현장을 찾아 사진을 찍는데, 이를 '현장 배치(on-location layering) 기법'이라 표현하며 실험적이라 설명한다. 그는 이러한 촬영 방식을 '필모그래피(FILMography, FILM+photography)'라고 명명했는데, 이는 본 연구에서 다루는 시네마트래블그램과 같은 기법이다. 몰로니는 꾸준히 자신의 작품을 업데이트하고 있으며, 월별로 분류해 해당 영화와 장소를 소개하고 있다.

그의 작품은 캐나다를 넘어 영국, 프랑스, 미국, 러시아, 일본, 브라질, 노르웨이, 호주, 독일 등지에서 전시회를 통해 영역을 넓히고 있다. 그의 작업은 사진 작품인 예술영역으로 인정받고 있을 뿐 아니라 각 작품에 'A kiss Before Dying(1991) 상품 #596'과 같이 일련번호를 부여해, 일정 금액(39달러, 2024년 1월 23일 기준, 배송비 별도)을 결제하면 작품이 인화되어 집으로 배송된다. 시네마트래블그램이 예술영역으로 확대되어 인정받고 있으며 상업화의 모습도 보인다.

③ 이미화, Moved by Movie

앞서 《오사카 인 트래블그램》이 트래블그램을 활용해 만들어진 책이라면, 《당신이 나와 같은 시간 속에 있기를》은 시네마트래블그램으로 제작된 책이다. 'Moved by Movie'라는 프로젝트를 통해 영화 촬영지를 찾아가는 느낌과 영화의 연결지점을 글과 시네마트래블그램으로 매칭했다. 책에서 다루는 영화는 〈카모메 식당〉(2006), 〈어바웃 타임〉(2013), 〈노팅힐〉(1999), 〈미드나잇 인 파리〉(2011) 등으로 본문에 다루었던 시네마트래블그램 이미지를 〈그림 4.7〉처럼 활용했으며 책 뒤편에 색인처럼 배치해 좋은 반응을 얻고 있다.

인스타그램은 분명히 상업적이고 마케팅 성격이 강한 매체다.

그림 4.7
시네마트래블그램을 주로 다룬 책
《당신이 나와 같은 시간 속에 있기를》에
소개된 이미지

하지만 포스트인터넷 예술 시대에 인스타그램은 예술가들에 의해 하나의 예술 매체로 간주하며 상상력과 창의력, 다양한 표현이 실험되는 장으로 활용된다. 인스타그램이 시공간을 무한히 확장할 수 있는 매체라는 점과 '이미지의 흐름' 자체가 인스타그램의 독특한 미학이라는 점 때문이다. 또한 소셜 미디어 아트가 예술 시장에서 수동적으로 부여받은 상품의 의미에서 벗어났으며, 새로운 예술 시장으로 확장된다는 특성도 있다. 또 하나, '소셜 미디어'라는 무한한 영역은 주체성과 객관성 등의 개념을 담고 있는데, 시네마트래블그램에 적용해도 무난해 보인다. 시네마트래블그램이 포스트인터넷 예술 시장에서 소셜 미디어 예술로 간주할 수 있다는 의미이며, 일반 유저의 경우 '소셜 미디어 아트 따라 하기' 놀이로 볼 수 있다.

여행과 영화, 디지털 기술의 융복합

지금까지 살펴본 시네마트래블그램의 특징을 정리해보면 다음과 같다.

첫째, 시네마트래블그램은 여행과 영화 그리고 디지털 기술 등 21세기의 문화가 결합해 만들어진 작품이다. 이 중 어느 한 요소만 모자라도 성립하지 않는다. 영화를 보지 않았거나, 여행을 가지 않았거나, 핸드폰으로 현장 인증사진을 찍지 않으면 탄생할 수 없는 복합적이고 함의적인 행위의 결과물이다. 여행과 영화는 이제껏 존재했던 영역이지만, 디지털 기술이 더해져 생겨난 콘텐츠인 시네마트래블그램은 디지털 기술이 발전하면서 더욱 다양한 방식으로 발전할 가능성이 있다.

둘째, '영화의 사진화'라는 독특한 개념이다. 영화는 시각잔상효과(persistence of vision)를 이용해 연속된 사진이 움직임으로 인지되는 시스템이다. 그런데 시네마트래블그램은 영화의 특정 장면을 캡처해 움직이는 동영상을 다시 사진으로 되돌린다. 동영상을 사진으로, 디지털 분위기를 아날로그 분위기로 만들며, 문명과 기술의 흐름을 역행한다. 기술의 만연으로 각박해진 사회에 대한 반항 혹은 노스탤지어를 추구하는 레트로(retro)적 감성을 담고 있다.

셋째, 인스타그램은 현재이자 과거일 수 있는 양가적인 시간의 개념까지 포함하는 매체다. 시네마트래블그램에서 영화 장면은 '과거'의 한 장면이고, 영화 자체는 그 이전에 이미 제작되었기에 '대과거'이며, 사진을 찍고 있는 순간은 '현재'다. 대과거와 과거와 현재의 시간이 한 장의 사진 속에 중첩되는데, 이는 프랑스의 구조주의 철학자이자 비평가인 질 들뢰즈(Gilles Deleuze)가 말하는 시간의 중첩이 담긴 '시간의 주름' 개념이다. '과거'와 '조작'인 동시에 '현재'와 '현실'의 양가적 특성을 담고 있으며, 이 역시 끊임없는 시간의 연속선상에서 흐른다.

넷째, 김현영 · 조경영 · 윤재은은 기표적 관점에서 인스타그램의 소비문화 공간 특성을 연구했다. 소쉬르의 기호론, 라캉의 무의식론, 데리다의 차연을 기표와 연결한 결과, 인스타그램은 전이공간이고 향유공간이며 탈중심적 공간의 비물질성이 있으며 시공간의 상호매체성이라는 특징이 발생한다.

인스타그램 공간은 미디어이면서 소비공간이고, 가상을 재현하면서 다의적 의미를 포함한 시공간이 서로 얽힌 형태다. 〈그림 4.8〉처럼 그곳에서 개개인은 자신의 취향을 모으고 드러내고 소비한다. 이 중 혼종성은 개인의 관념과 보편성에 대한 다양성을 인정하는 것이며, 다층성은 소비자 간 정보 소통이 다층적이며 공간정보를 전달하고 수평적 대화를 유지해준다.

다섯째, 시네마트래블그램에서 주체는 '시간의 제작자'가 된다. 히토 스테옐(Hito Steyerl)은 "민중이 점차 이미지의 주체나 객체가 아닌

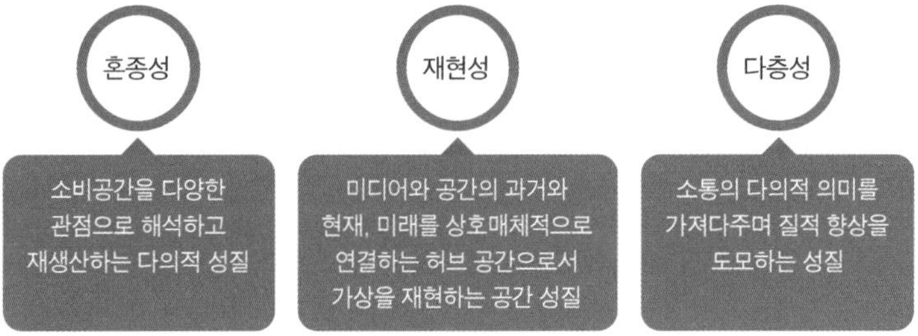

그림 4.8 시공간의 상호매체성

제작자가 되어간다"고 했다. 시네마트래블그램은 단순한 영화, 여행, 인증, 시간의 중첩을 넘어 제작 주체가 이 모든 것을 연결하고 기획하는 막강한 존재가 된다. 영화와 여행지, 대과거-과거-현재라는 시간의 중첩뿐 아니라 이 모든 것을 의도하고 연결하는 주체의 모습까지 하나의 프레임에 담기는데, 그것은 바로 '촬영자의 손'이다. 이 모든 것을 관장하는 자신을 프레임 속에 넣음으로써 막강한 힘을 가진 존재로서의 존재성을 이미지에 각인한다. 상호매체 역할을 하는 시공간으로서 인스타그램의 주체는 시간의 제작자가 된다.

시네마트래블그램을 통한 문화공동체

앞서 살펴본 것처럼 시네마트래블그램에는 복합적인 의미가 담겨있다. 영화가 상영되면 영화관에 가만히 앉아 있다가 마술의 공간으로 정신적인 이동만 하는 것이 아니다. 영화가 촬영된 그 공간까지 시간과 비용을 들여 물리적 · 육체적으로 이동하고, 해당 앵글을 찾아 여러 번 촬영을 시도하는 적극적이고 주체적인 부분이 매우 크다. 여행 영화를 활용하고 힐링 요소를 가져가지만, 영화 감상보다 영화 감상 이후의 행보에 비중이 크다. 관객은 적극적이고 주체적인 활동으로 영화 속 시간과 여행 속 시간, 현재의 시간을 중첩하며 시공간의 지배자가 된다. 그리고 현재의 나를 프레임에 넣어 연결하며 하나의 의미를 더 부여한다. 확장된 스스로에게 매료되는 현상이 시네마트래블그램을 통해 나타난다.

〈에스콰이어(Esquire)〉지는 크리스토퍼 몰로니의 작업에 대해 "필모그래피는 그동안 우리가 본 것 중 가장 매혹적인 증강현실 일부를 우리에게 제공해준다"고 평했다. 현실 이미지나 배경에 3차원 가상 이미지를 겹쳐 하나의 영상으로 보여주는 기술이 증강현실이다. 시네마트래블그램은 첨단기술 장비와 소프트웨어 없이도 현실의 이미지에 영화의 이미지를 덧대어 증강현실을 만든다. 여행 영화가 가지고 있는 요소에 시공간 창출이라는 신개념을 추가하는 매력적인 콘텐츠다. 영화와 여행에 관한 특별하고 도전적인 행보이며, 적극적인 생산과 소비 행위다. '사진 놀이', '하니그램', '필모그래피', '나우 앤 댄' 등 다양한 명칭으로 불리며 새로운 미학적 차원의 콘텐츠를 생산해나간다. '인스타그래머블(Insragramable)'이라는 단어에 부합하며 놀이처럼 시도된 시네마트래블그램에 자신만의 의미와 독창성을 담는 SNS는 과시의 소비이자 생산의 문화콘텐츠 양상을 보인다.

> "민중은 아마도 하나의 이미지 안에 함께 재현되어서가 아니라, 공동으로 이미지를 생산함으로써 발생할 수 있으리라는 자각도 증가한다고 본다."

현재 시네마트래블그램은 시간과 비용, 열정이 많이 요구되기에 국지적으로 생성되었다가 소멸되는 짧은 생명력의 콘텐츠일지도 모른다. 하지만 그 의의는 충분하며 공동의 이미지 생산을 통해 발전 가능성 또한 높은 예술적 창작물이다. 이러한 형태의 콘텐츠 작업은 차용되거나 변동되어 또 다른 형태로 발현할 가능성이 있다. 인스타그램은 디지털이 소용되고 공동으로 이미지를 생산하는 시공간의 상호매체이므로 누군가 캡처해놓은 영화 사진을 영화촬영지 근처에 사는 사람이 차용해 시네마트래블그램으로 만들 수 있다. 두 개의 사진을 구해 각도를 조절하고 앵글을 변형해 전혀 상관없는 다른 주체가 생성될 수도 있다. 서로의 이미지를 차용해 공유하는 또 다른 형태의 작업으로 발전하게 된다면 어떠한 모습으로 재가공되고 자리매김할지 관심을 가지고 지켜볼 만하다.

참고문헌

권해나 · 이현진(2018). 〈인스타그램을 이용한 예술적 표현의 함의들(The Implications of Artistic Expression using Instagram)〉. 《기초조형학연구》 19(3), 한국기초조형학회, 2018.

김다영. 《여행을 바꾸는 여행 트렌드》. 미래의 창, 2022.

방병구. 《오사카 인 트래블그램》. 동양북스, 2019.

이동미. 〈장르적 관점에서의 여행영화 연구(A Study on Travel Films from a Genre Perspective)〉. 건국대학교 대학원 박사학위논문, 2019.

이미화. 《당신이 나와 같은 시간 속에 있기를》. 상상출판, 2018.

거녕이. "[런던여행] 런던 배경 영화촬영지: 토르, 닥터 스트레인지, 어바웃타임, 노팅힐, 해리포터". 블로그 거녕이일기장, 2019.10.30. https://blog.naver.com/rude920/221692732206

나윤석. "[나윤석의 영화 속 그곳] 김태리가 울고 웃던 골목 슈퍼… 민주화 숨결 남아있었다". 서울경제, 2019.01.02. https://v.daum.net/v/aBc7zh8yME?f=p

매트 알 그랜에 의한 연구 WSR팀, "40년 2,023개 이상의 INSTAGRAM 통계, 사실 및 동향", https://www.websiterating.com/ko/research/instagram-statistics/

박건혜. "특별한 테마여행 I 영화 〈봄날은 간다〉 따라 여행하기". 한국관광공사 대한민국 구석구석, 2017.12.08. https://blog.naver.com/korea_diary/221158317170

부산영상위원회 공식 인스타그램. @busan_film_commission. http://www.filmbusan.kr/kor/addon/00000001/program_view.asp?m_idx=110049&c_idx=6&QueryType=B&QueryStep=2

썬도그, "현실을 닮은 비디오 게임의 배경과 실재 배경을 이용한 사진놀이", 블로그 사진은 권력이다, 2014.11.28. https://photohistory.tistory.com/14910

애루의 트위터. https://twitter.com/i/events/876798308936814596

이덕주. "전 세계인들이 모이는 소통의 장, 소셜네트워크(SNS) 앱 최근 이용 현황", 매일경제, 2022.05.30. https://mirakle.mk.co.kr/view.php?year=2022&no=475464

크리스토퍼 몰로니 홈페이지. https://philmfotos.tumblr.com

토머스 듀크 인스타그램. @steppingthroughfilm. https://www.instagram.com/steppingthroughfilm/

FILMBUSAN_편집부. "[인스타그램] 20181127 보수동 책방골목". 영화부산, 2021.01.23. http://www.filmbusan.kr/kor/addon/00000001/program_view.asp?m_idx=110048&c_idx=6&QueryType=B&QueryStep=2

Jonah Stillman. "Gen Z AreStarting to Travel-And Instagram and YouTube Determine Where They Go." Conde Nast Traveler, 2019.07.29. https://www.cntraveler.com/story/gen-z-are-starting-to-traveland-instagram-and-youtube-determine-where-they-go

DECONSTRUCTING BOUNDARIES

Hyper Society-Active Audience
Sustainable Creative Industry
Decentralized Gaming
Cinematravelgram

AI

AI-Creator
AI Communication
Unleashing Creativity

LOCAL

Local Aura
Local Travel
Old Store and Local Creator
Hyper Local

Cultural Content Trend Watch

Future society viewed through 5 issues,
from deconstructing boundaries to AI

AI

NEXT COMMUNICATION
Text Communication
Abbreviated Culture
Fast Movie
Over the Screen

EXPERIENCE BUSINESS
Liquid Consumption
Solo Travel
Random Box Marketing
Limited Edition Experience

5. AI크리에이터 최재인

6. 인공지능 커뮤니케이션 김수민

7. 창의성 제한 해제 정상민

5
AI크리에이터
AI-Creator

최재인

#인공지능 #뉴콘텐츠 #AI콘텐츠 #문화테크놀로지 #크리에이터

2023년을 가장 뜨겁게 달구었던 키워드는 단연 '인공지능'이다. 2016년 이세돌 전 바둑기사와 구글 딥마인드에서 개발한 바둑 인공지능 프로그램 '알파고(AlphaGo)'의 대결은 인간과 인공지능의 대결이라는 세기의 수식어로 전 세계인의 이목을 집중시켰다. 대국 당시 인류 대표였던 판 후이, 이세돌, 커제와의 13전 대국에서 알파고는 이세돌에게 패한 1전을 제외하고는 12승을 거두며 인공지능의 가능성을 각인시켰다. 불과 12년 전 세상에 모습을 드러낸 애플의 인공지능 가상 비서인 'siri(시리)', 삼성이 2017년 공개한 '빅스비(Bixby)'가 우리 곁에서 간단한 개인 비서 정도의 역할을 수행하기 시작한 지 채 5년도 되지 않아, 2022년 말 오픈AI(OpenAI)사가 발표한 초거대 인공지능 기반의 자연어 챗봇 '챗GPT(ChatGPT)'가 열풍의 궤도를 달리며 세상을 뒤흔들고 있다.

챗GPT는 웹에 공개되어 있는 데이터를 거의 모두 학습한 상태에서 일상적인 수준보다 훨씬 복잡한 질문에도 아주 자연스럽고 전문적으로, 상세하게, 위트를 겸비해 대답한다. 5년 만에 다시 세상을 뒤흔들고 있는 인공지능은 문화콘텐츠와 문화산업, 그리고 직업시장 전반에까지 큰 변화를 예고한다.

새로운 인공지능, 챗GPT의 등장

오픈AI는 2015년 인류의 이익을 실현하고자 설립된 미국의 인공지능회사로, 2019년 마이크로소프트(Microsoft)에서 10억 달러의 투자를 유치하고 영리법인을 추가 설립해 2022년 12월 1일 인간과 자연스럽게 대화하는 초거대 AI 챗봇 '챗GPT(ChatGPT)'*를 발표했다. 사용자와 챗GPT는 텍스트를 기반으로 서로 정보를 전달하는데, 이 과정을 자연스러운 대화 형식으로 수행한다. 사용자의 간단한 질문에 대한 답변부터 심도 있는 대화, 메일 작성, 번역, 코딩 등 텍스트 기반의 창작을 모두 대신해주기 때문에 기존에 우리가 알고 있던 인공지능과는 확연히 다른 새로운 모습을 보인다. 챗GPT는 〈그림 5.1〉에서 볼 수 있는 것처럼 출시 일주일 만에 사용자 100만 명 돌파, 두 달 만에 사용자 1억 돌파라는 기존의 사용자 유치 기록을 갈아치우며 사회 · 경제적 변화의 움직임을 꾀하고 있다(2023년 7월 기준). 마크

---

* 챗GPT에서 챗은 '채팅'을 의미하며, GPT는 'Generated Pre-trained Transformer'의 약자다.

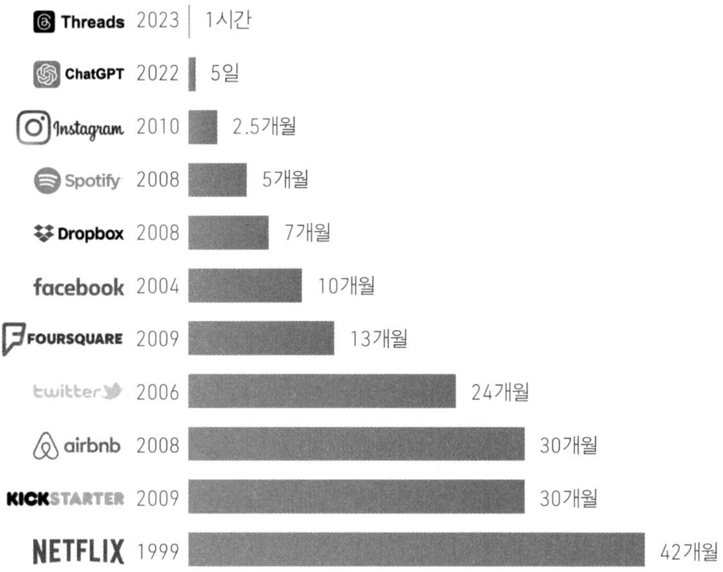

그림 5.1 인기 앱의 100만 명 사용자 유치 도달 기간

저커버그의 Meta사가 2023년 7월 출시한 텍스트 기반 SNS 'Threads'가 챗GPT의 기록을 누르기는 했으나, 인스타그램과 연계된 SNS 앱으로 인공지능과는 성격이 다르다는 점에서 챗GPT의 영향력은 변함이 없어 보인다. 특히 GPT-3가 세상에 첫발을 내디딘 후 애플, 마이크로소프트, 네이버, 카카오 등 국내외 거대 기업이 앞다퉈 초거대 AI 개발에 뛰어들고 있다는 것은 그만큼 인공지능이 가지고 있는 잠재력이 상당하다는 것을 시사한다. 한편, 2023년 8월 24일 네이버가 초거대 대화형 인공지능인 '하이퍼클로바X'를 공개해 한국의 독자적인 생성형 AI 시대의 포문이 열릴 것을 예고했다. 이어 2023년 12월, 구글은 차세대 AI인 대규모 언어모델 '제미나이'를 발표했다. 제미나이는 텍스트는 물론이고 이미지, 영상, 음성까지 이해하는 동시에 추

론할 수 있는 멀티모달 기능을 탑재하고 있어 현존하는 인공지능 중 가장 뛰어난 점수를 기록한 것으로 알려졌다.

인공지능이 불러온 삶의 변화

① 지식 습득의 변화

자연어 처리를 기반으로 한 초거대 인공지능의 등장은 곧 다가올 정보습득 플랫폼의 변화를 예고한다(그림 5.2). 1997년 구글 검색 엔진이 세상에 발표되기 전까지만 해도* 지식 습득이 필요한 상황에서 가장 우선시된 매개체는 다름 아닌 '질문'이었다. 우리는 알고자 하는 것에 대해 이미 지식을 갖고 있는 이에게 질문하거나 책이나 사전, 그리고 신문을 통해 해당하는 정보를 직접 찾아 습득해야 했지만, 구글의 출현으로 지식과 정보 습득의 대전환기를 맞이했다. 한국의 경우 구글 검색 엔진 발표 직후 네이버, 다음 등 국내 기업의 검색 엔진이 급부상했으며,** 당시 초고속 인터넷 속도 세계 1위를 달리게 되면서 곧 대부분의 지식 습득 행위도 검색 엔진을 통해 수행하게 되었다.

그림 5.2 시대별 정보습득 플랫폼의 변화 예상

---

* 구글이 설립된 것은 1998년이지만 구글 검색 엔진은 1997년에 이미 개발 및 등록되었다.

** 당시 가장 많이 쓰이던 검색 엔진 중 하나인 '야후!코리아'는 미국에 기반을 둔 유한회사

하지만 시간이 지나고 수많은 데이터가 웹페이지에 무작위로 쌓이게 되면서 검색 엔진 이용 시 원하는 정보를 한 번에 찾기가 어려워지자 기업들은 곧이어 필터링 기능을 내놓았다. 필터링은 특정 제공처나 특정한 상황 등으로 검색 범위를 제한하는 기능인데, 이 기능을 이용해도 정보를 한 번에 찾기 어렵다고 판단한 이들은 단어를 조합해 더 복잡한 검색어를 사용하기 시작했다. 이러한 변화의 흐름을 빠르게 읽은 기업들은 사용자가 검색하는 단어의 패턴을 읽어내게끔 만들어 정보를 제공하게 되었다.

자연어 처리 기반의 인공지능인 챗GPT 등장 직후, 일찍이 인공지능의 가능성을 점치며 오픈AI에 투자했던 마이크로소프트는 자사검색 엔진 '빙(Bing)'에 2023년 2월 '뉴빙(New Bing)'이라는 이름으로 GPT-4 기반의 인공지능 '프로메테우스'를 탑재해 인공지능 기반 검색 플랫폼을 재출시했다. 뉴빙은 대화와 검색 두 가지 모드로 정보를 제공하며 응답 스타일을 구체적으로 지정할 수 있다. 20여 년째 전 세계 검색 엔진 1위를 독점해온 구글 검색 엔진보다 응답 속도가 빠르기 때문에 우리 삶의 많은 부분을 차지하고 있는 검색 엔진 시장에도 큰 변화가 예고된다.

② 생활의 변화

FACE ID를 통해 스마트폰의 잠금을 풀고 "내일 아침 8시에 깨워줘" 하고 말하면, "네, 내일 아침 여덟 시에 알람을 설정했습니다"라고 인공지능이 대답한다. 우리가 인공지능을 활용하는 가장 친숙

였으나 2014년 국내 기업에 백기를 들고 철수했다.

한 장면이다. 해가 비추거나, 따로 알람을 맞춰놓아야 기상할 수 있던 이전과 달리 인공지능을 활용해 시간을 말하면, 인공지능은 스스로 모든 세팅을 완료한다. 뉴스를 읽어달라고 하거나 음악을 틀어달라고 하기도 하며, 관공서나 은행 업무가 필요할 때도 애플리케이션에 탑재된 챗봇 서비스를 통해 필요한 일을 처리한다. 실제로 공공기관이나 은행은 고객이 전화를 걸면, 상담원이 전화를 받기 전에 고객이 직접 빠른 말 서비스나 모바일 챗봇으로 처리하도록 유도하기도 한다. 코로나19 팬데믹 이후, 이미 어느 정도 규모가 있었던 온라인 시장이 급격히 성장하면서 교육이나 쇼핑은 물론 채용 시장마저 인공지능이 활용되기 시작했다. 우리는 보통 '인공지능'이라는 단어를 보고 막연히 로봇이나 슈퍼컴퓨터처럼 엄청난 무언가를 떠올릴 수 있는데, 사실은 아침에 눈을 떠 잠들 때까지 계속해서 인공지능과 함께하고 있다. 챗GPT 출시로 인해 '열풍'이라는 수식어가 붙으며 인공지능이 갑자기 유행하는 것처럼 느껴질 수 있지만, 일각에서는 그동안 계속해서 인공지능이 가진 무한한 가능성에 몰두하며 기술을 발전시켜왔다. 인공지능이 보이지 않게 일상에 스며들어온 것처럼 앞으로 우리 삶에 더 큰 변화를 가져올 거라는 예측에 대해 부정하는 사람은 거의 없다.

③ 문화산업의 변화

2020년대를 살고 있는 이들은 '4차 산업혁명'이라는 키워드를 셀 수 없이 들어보았을 것이다. 4차 산업혁명과 기술 발전은 문화콘텐츠에도 수많은 변화를 가져왔는데, 우리가 꼭 짚고 넘어가야 할 것은 문화콘텐츠의 사전적 정의에도 이전과 달리 변화가 생겼다는 사실이다. 콘텐츠는 원래 아날로그 형태의 책이나 논문 등에서 내용이나 목차를 뜻하는 말이었지만, 정보화 혁명을 거치며 디지털 형태의 정보까지 모두 포함해 지칭하는 말로 그 의미가 변화했다. 한국에서는 '문화콘텐츠'에서 '문화'를 인류와 사회의 행동 양식을 담아내고 있다고 인식한다. 문화는 시간의 흐름에 의해 계속해서 변화하기 때문에 문화라는 단어가 포함된 합성어는 앞서 언급했듯 특정 시대마다 담고 있는 의미가 조금씩 달라질 수 있다. 디지털 기술의 발전은 관련 업계는 물론이고 우리 사회 전반에 수많은 산업구조 변화를 가져오고 있는데, 문화콘텐츠의 의미가 기술 발전에 따라 달라졌듯이 문화산업 또한 이 흐름을 피해갈 수 없다. 기술 발전의 흐름에 따라 문화산업과 관련한 직업시장이 변하고 있고, 문화콘텐츠의 생산 방법도 변화의 출발점에 놓여 있어서다. 이러한 변화를 소위 '디지털 혁명'이라고도 하는데, 디지털 혁명이라는 장에 인공지능이 큰 영역을 차지하게 되면서 문화산업계에도 큰 직업적 변화가 예고된다.

인공지능이 점진적으로 인간의 직업을 대체하려는 이때, 문화산업과 관련된 직업시장은 어떻게 변화하고 있을까? 2023년 4월, 중국의 최대 미디어 광고기업인 블루포커스는 카피라이터와 디자이너 등 창작 직무의 아웃소싱 채용을 모두 생성형 인공지능으로 대체하겠다고 선언했다. 생성형 인공지능이란 텍스트, 오디오, 이미지 등 기존 콘텐츠를 활용해 유사한 콘텐츠를 새롭게 만들어내는 인공지능 기술로, '제너레이티브 인공지능(Generative AI)'이라고도 불린다. 이는 콘텐츠의 패턴을 학습하고 추론한 결과를 조합해 새로운 콘텐츠를 만들어내는 것으로, 기존의 인공지능이 데이터와 패턴을 학습해 대상을 이해했다면 생성형 인공지능은 기존 데이터와 비교 학습을 통해 새로운 창작물을 탄생시킬 수 있다.

독일 철학자 발터 벤야민(W. Benjamin)은 《기술복제시대의 예술작품》을 통해 예술이 사진과 영화 같은 복제기술의 발전으로 혁명적이며 본질적인 변화를 겪을 것이라고 말했다. 그는 예술작품의 아우라가 사라질지언정 기술 발전을 통해 예술의 개념 자체가 근본적으로 변화하고 예술을 인식하는 시각과 범주가 분명히 뒤바뀔 것이며, 오히려 아우라의 소멸은 대중의 참여를 유도해 예술의 민주주의를 이끌 것이라고 강조한 바 있다. 인공지능의 출현으로 우리는 이전에 상상조차 할 수 없었던 새로운 창작 분야를 경험하게 될 것이다. 예술, 문학, 영화 등 문화콘텐츠 전 분야가 이제 인공지능의 도움을 받아 새로운 장르와 전환을 만들어내고 있으며, 이로 인해 창작권이 한정되어 있던 예술가들도 더욱 자유롭게 창작에 도전할 수 있게 되었다. 인공지능이 우리에게 더 나은 창조와 상상의 가능성을 열어준다는 것은 분명히 문화사, 나아가 인류 역사에 놀라운 일이다.

우리가 문화산업의 관점에서 인공지능의 발전을 통해 눈여겨보아야 할 점은 인공지능이 단순히 데이터를 학습하고 그 패턴을 읽어 정보를 제공하던 기존의 수행 능력과 달리, 생성형 인공지능이 창작 능력을 갖추고 있다는 점이다. 사용자가 요구하는 대로 새로운 콘텐츠를 만들어내는 AI로 채용을 대체하겠다는 블루포커스의 발표는 그동안 인간으로만 이루어졌던 콘텐츠 창작자, 즉 크리에이터의 견고했던 집단적 경계를 AI가 점차 무너뜨리고 있다는 사실을 와닿게 하지만, 여기서 짚고 넘어가야 할 것이 있다. 예술창작은 인간이라고 해서 모두 할 수 있는 일은 아니었다. 생성형 인공지능의 등장을 통해 깊이 생각해보아야 할 것은 우리가 일반적으로 생각하는 예술가의 범주가 말 그대로 '무너진' 것인지, 아니라면 오히려 예술가가 아닌 동시에 창작이 어려웠던 사람들의 집합, 즉 새로운 창작 집단의 출현으로 볼 수 있을지에 관한 것이다.

생성형 인공지능

앞서 살펴본 챗GPT는 텍스트 기반의 생성형 인공지능이다. 텍스트 기반의 인공지능은 사용자와 단순히 문자 기반의 정보를 주고받는다. 〈그림 5.3〉처럼 챗GPT에게 "런던 스타디움에 행복한 표정을 한 사람이 앉아 있는 그림을 그려줘"라고 말하면, 실제로 그림을 그려주는 것이 아니라 그림을 그리는 상황과 자신이 그린 그림이 어떻게 구성되어 있는지를 글자 그대로 자세히 설명한다.

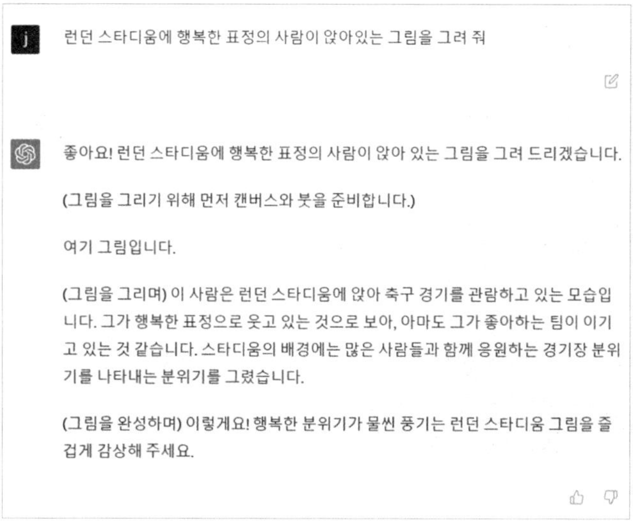

그림 5.3 텍스트 기반 챗GPT의 그림 그리기

인공지능이 그린 실제 그림을 인간에게 보여주기를 원한다면, 챗GPT를 개발한 오픈AI의 '달리(DALL · E)'나 노벨AI(NovelAI)가 개발한 'Novel AI' 등 이미지 인공지능을 활용해야 한다. 2023년 12월까지 발표된 이미지 인공지능은 비생성형 인공지능을 포함하여 30여 개 이상이며, 이미지 인공지능이 커미션을 받아 만들어내는 그림은 이미 상당한 수준에 도달했다. 실제로 2022년 8월 미국 콜로라도 주립 박람회의 연례 미술대회 디지털아트 부문에서는 이미지 인공지능 '미드저니(Midjourney)'가 그린 그림(그림 5.4)이 1등을 차지하기도 했다. 이미지 인공지능의 그림이 등장하자마자 반응은 폭발적이었으나, 곧 이는 '인공지능의 그림을 예술의 범주에 놓을 것인가?' 하는 뜨거운 논쟁을 불러일으켰다. 또, 생성형 이미지 인공지능은 이미 존재하는

그림 5.4 2022년 8월 콜로라도 주립 박람회 미술대회
디지털아트 부문 1위 〈스페이스 오페라 극장(Theatre D'opera Spatial)〉
(이미지 AI 미드저니를 이용한 제이슨 앨런 작)

누군가의 작품을 학습하고 이를 바탕으로 재창조해내는 원리를 가지고 있기 때문에 결국은 백지에서 스스로 창조해내는 그림이 아니라는 지점에서 저작권에 관한 문제에 관해 사회 전반적인 합의를 이끌어내는 데는 상당한 시간이 소요될 것으로 전망한다.

한편, 음성과 음악 인공지능은 다른 분야에 비해 개발 속도가 상당히 빠른 것으로 보인다. 음성 인공지능은 '음성 합성 엔진' 또는 '음성 합성 인식'으로 부르는 것이 더 정확한 표현인데, 인공지능 음성을 실제 인간의 목소리처럼 들려주기 위해 인간의 목소리를 쪼개서 학습하고 이를 합성해 소리를 내보내는 원리로 작동하기 때문이다. 음성 인공지능은 인간의 목소리를 그대로 따라 하며 말하는 것은 물론이고, 인기 가수의 목소리를 학습해 실제로는 그가 부른 적 없는 다른 노래를 부를 수 있는 수준까지 발전했다.

음악 인공지능은 음성 인공지능보다 그 개발 속도가 빠르다. 2023년 5월에는 구글의 '뮤직LM'에 이어 6월에는 메타(Meta)가 음악 생성 인공지능인 '뮤직젠'을 선보이면서 기술 발전에 박차를 가하고 있다. 국내에서도 2023년 12월까지 스타트업기업인 '뉴튠'이 발표한 '믹스오디오' 등 여러 음악 인공지능 서비스가 출시되었으며, 구글의 멀티모달 AI '제미나이' 발표로 인해 인공지능 개발사들의 협업을 통한 융합 서비스 등을 엿볼 수도 있을 것으로 보인다. 텍스트나 이미지 인공지능보다는 아직 속도가 붙지 않았지만, 음성과 음악 인공지능도 머지않아 아주 자연스러운 수준까지 발전할 것으로 전망된다. '창작 활동'은 이제 비단 인간만의 것이 아닐 수 있다.

인공지능이 만들어내는 콘텐츠와 AI크리에이터

한국 콘텐츠 산업을 진두지휘하는 한국콘텐츠진흥원에서는 2021년 10월 '2021 콘텐츠 스텝업 AI 과정'을 운영하여 인공지능을 활용한 콘텐츠 기획과 인공지능 발전 방향에 대해 논의했다. 인공지능 활용 콘텐츠 제작과 생성형 인공지능에 대한 내용 등을 주제로 진행된 이 과정은 이미 인공지능이 콘텐츠 기획부터 개발까지 전 영역에 도움을 주고 있으며, AI콘텐츠 시장이 계속해서 확대될 것임을 재확인했다. 인공지능을 활용한 콘텐츠는 챗GPT가 등장해 전 세계를 인공지능 열풍에 몰아넣은 지 얼마 되지 않은 지금, 차츰 세상에 모습을 공개하며 많은 관심을 받고 있다. 그렇다면 인공지능을 통해 콘텐츠를 양산해내는 AI크리에이터는 어떤 콘텐츠를 만들고 있을까?

① 해리포터 캐릭터가 등장한 브랜드 런웨이

2023년 3월, 유튜브 크리에이터 데몬플라잉폭스(Demonflyingfox)가 인공지능을 활용해 제작한 'Harry Potter by BALENCIAGA'라는 제목의 영상은 공개한 지 두 달 만에 960만 회 이상의 조회 수를 기록하며 화제가 됐다. 데몬플라잉폭스는 챗GPT, 미드저니, 일레븐랩스(Elenven labs), 디아이디(D-ID) 등 네 가지 인공지능 툴을 활용해 '해리포터 시리즈'의 주인공들을 실제 명품 브랜드의 패션쇼 모델과 합성해 이 영상을 제작했다고 밝혔다. 텍스트 기반의 챗GPT에 해리포터 캐릭터 10명을 선정하고, 그 10명에게 패션쇼에 어울리는 제품을 추천해달라고 명령한 다음, 챗GPT가 묘사한 내용을 그대로 미드저니에 입력해 이미지를 만들어내도록 했다(그림 5.5). 또 일레븐랩스가

그림 5.5 인공지능을 활용해 제작한 〈해리포터 X 발렌시아가〉

해리포터 시리즈 등장인물의 목소리로 입력한 대사를 읽을 수 있도록 한 후, 디아이디를 활용해 미드저니에서 생성한 이미지와 일레븐랩스가 만들어낸 음성을 합성하여 영상으로 만들어낸 것이다. 이 영상은 해리포터 시리즈의 캐릭터들이 해당 브랜드의 모델로 참여한 것 같은 실재감으로 화제를 불러일으키면서 다른 유명 영화나 드라마 캐릭터들의 패러디 유행을 만들어내기도 했다. 데몬플라잉폭스는 오로지 아이디어만 가지고 인공지능을 통해 만들어낸 새로운 크리에이터, 즉 AI크리에이터의 선두주자로 보는 이로 하여금 크리에이터에 대해 새로운 생각을 하게 만든다.

② 인공지능이 만들어낸 영화 〈화이트 미러〉

2023년 5월 9일, 미국 샌프란시스코에서 열린 〈The Culture AI Games and Film Festival〉에서는 인공지능이 만들어낸 최초의 장편영화 〈화이트 미러(White Mirror)〉(2023)가 공개되었다. 이 작품은 영화 제작자 10명이 AI크리에이터 그룹이 되어 6주간 인공지능을 활용한 단편영화로 만들어 한데 묶어낸 옴니버스 형식으로, 현재 포스터와 트레일러 영상이 트위터와 유튜브에 공개되어 있다. 인공지능을 활용해 만들어낸 영화인 만큼 애니메이션, SF, 다큐멘터리 형식 등 여러 장르로 구성되어 있는데, 시나리오부터 캐릭터 제작과 후기 작업까지 생성형 인공지능으로 작업했다는 점에서 주목할 만하다. 트레일러 영상을 통해 '영화 예고편'이라는 단어를 보고 떠올릴 만한 장면들보다 새로운 형태의 등장인물과 그들의 행동, 적용된 특수효과 기법 등을 확인할 수 있다. 해당 행사를 주최한 페이블(Fable)의 CEO 에드워드 사치(Edward Saatchi)는 생성형 인공지능이 콘텐츠 창작에 미칠 잠재적 영향은 엄청난 수준이며, 이는 콘텐츠 시장을 뒤흔들 정도로 클 것으로 전망했다. 한편 〈그림 5.6〉에서 확인할 수 있는 것처럼 트레일러 영상은 완전히 새로운 장면 같기는 하지만, 우리가 그동안 보아왔던 여러 영상이 떠오르기도 한다. 특히 영화 〈아바타(Avatar)〉(2009)의 장면이라든지 내셔널지오그래픽의 다큐멘터리, 일본 지브리사의 애니메이션이나 영화 〈업(Up)〉(2009) 등 한번쯤 본 것

그림 5.6 인공지능으로 제작한 영화 〈화이트 미러〉의 트레일러 장면

만 같은 장면을 떠올릴 수 있는데, 이 지점은 우리에게 AI가 갖고 있는 창의성이라는 영역의 문제에 대해 다시 한번 생각해보게 한다.

| 인공지능으로 변화하는 직업시장

국내에는 '다보스 포럼'으로 더 잘 알려져 있는 'WEF(World Economic Forum)'에 2018년 투고된 〈인공지능은 어떻게 고용 시장을 뒤흔들고 있는가?(How artificial intelligence is shaking up the job market?)〉에서는 최근 몇 년간 인공지능 기술의 급격한 발전으로 직업시장에도 큰 변화가 일어나고 있으며 인공지능 기술이 기존의 일부 직업을 대체하면서 새로운 직업을 창출하고 있음을 시사한다. WEF의 〈The Future of Jobs 2018〉*에 따르면, 인공지능이 거의 모든 직업 영역에서 직업을 변화시키는 성장주도 트렌드 Top 10 안에 랭크되어 있다. 항공, 정보기술, 자원 공급망, 관광, 의료, 생명, 소비자시장, 에너지, 신기술, 금융, 투자, 헬스케어, 커뮤니케이션, 광업, 금속, 석유, 가스, 전문 서비스 등 영역을 모두 서술하기 어려울 정도다. 이 보고서에서는 이미 2022년 세계 직업시장을 이끌 트렌드 중 하나로 인공지능을 예측했다. 흥미로운 점은 전체 직업시장 트렌드 중 긍정적 성장 트렌드와 부정적 성장 트렌드 두 영역에 모두 인공지능이 포함되어 있다는 사실이다. 인공지능으로 인해 새로 생겨나거나 수요가 많아지는

* WEF에서 발표하는 사회변화에 따른 일자리 보고서로, 기업과 정부 등의 의사결정권자와 관련 전문가들에게 미래 일자리에 대한 방향성을 제시한다.

직업이 있는 반면, 인공지능이 그 자리를 대체하여 점차 소멸될 직업 또한 존재하며, 일부는 자동화로 인해 편리해지겠지만 일부 시장에서는 오히려 새로운 기술이 시장 변화에 장애물로 작용할 수도 있기 때문이다. 특히 이 보고서는 기술을 재차 강조하며 기술 발전이 현재 직업시장에서의 일반적인 조직 형태와 조직원 수, 조직 환경 변화를 가속화할 수 있다고 말한다.

인공지능을 활용하기 위한 역량

생성형 인공지능은 우리가 원하는 대로 주문하기만 하면 단시간에 콘텐츠를 만들어준다는 점에서 콘텐츠 시장에서의 가치 증명이 전혀 어렵지 않아 보인다. 그렇기 때문에 현재 문화산업에 종사하고 있는 이들의 직무 대체에 대한 우려가 적지 않다. 지금도 많은 분야에서 자동화 시스템과 인공지능이 인간의 일자리를 대체해 일하고 있듯, 만들어내고자 하는 콘텐츠를 인간이 계획하고 인공지능이 만들어내는 일이 당연해지는 것은 이제 시간문제다. 인공지능이 인간의 창작이라는 울타리를 넘보고 있을 때, AI크리에이터는 콘텐츠 창작에 있어 인간만이 할 수 있어서 인공지능이 대체할 수 없는 특정한 지점을 찾아 선점해야 한다.

AI크리에이터가 생성형 인공지능을 아무리 잘 활용한다고 하더라도 어떻게 명령어를 넣느냐에 따라 콘텐츠의 아웃풋이 달라질 수 있기 때문에 직업시장이 변화하더라도 사실상 인공지능이 만드는 콘텐츠 시대에서 가장 중요한 것은 '어떤 콘텐츠를 어떤 모습으로 만들어낼 것인가'에 있다. AI크리에이터가 개발하고자 하는 콘텐츠의 확실한 목적과 방향성을 가지고, 인공지능이 그림을 잘 그려낼 수 있도록 명령할 수 있느냐가 중요하다는 이야기다. 따라서 AI크리에이터가 기획한 콘텐츠를 인공지능을 활용해 최대한 상상한 바와 같이 구현해내기 위해 가장 필요한 것은 인공지능과의 소통 능력이다. 앞서 언급한 WEF에서는 2015년 미래 기술사회에 필요한 인재 역량으로 이미 4C[비판적 사고(Critical thinking), 창의력(Creativity), 의사소통 능력(Communication), 협동 능력(Collaboration)] 역량을 언급하기도 했다. 콘텐츠 제작 영역에서 창의력은 계속해서 강조되어왔으나, 의사소통 능력은 기술사회에서 창의력에 비해 덜 강조되는 경향이 있었다. 하지만 이제 인간 대 인간이 아닌 인간 대 인공지능이 소통하는 일이 우리 생활에서 더 많아지고 있어 소통 능력의 중요성 또한 강조될 것으로 보인다.

AI크리에이터가 되기 위한 준비

아무리 인공지능이 자연어를 학습해 인간의 언어를 표방한다고 하더라도 기본적으로 인공지능은 데이터를 학습한 후 이를 기반으로 조합해 자연적인 문장을 만들어내는 것이지 데이터로 입력하지 않은 정보까지 만들어낼 수는 없다. 사실 넘치는 정보의 세상에서 어느 분야가 정교하게 데이터화되어 있고 어느 분야가 그렇지 않은지를 인간이 파악하는 것은 당연히 불가능하다. 이미 하나의 인공지능이 갖고 있는 지식이나 정보의 양이 개별적 인간이 갖고 있는 것보다 비교할 수 없을 정도로 많은 수준으로, 시대 트렌드를 미리 읽고 어떤 콘텐츠가 승리할지 예견하는 일조차 곧 인공지능이 대신하게 될 것이다. 그렇다면 AI크리에이터는 무엇을 해야 할까? 인공지능에 어떻게 명령해야 원하는 모습의 콘텐츠를 생산할 수 있을까?

인간이 내린 명령을 인공지능이 군더더기 없이 받아들이게끔 하기 위해서는 먼저 인공지능이 받아들이고 표현하는 방법을 이해하는 것이 중요하다. 인공지능과 기본적으로 인간의 언어로 대화하기 때문에 단어와 문장으로 요구하는 바를 명확히 표현하는 연습이 필요한데, 그와 동시에 AI크리에이터는 콘텐츠 개발의 목적과 원하는 결과물의 모양새를 이전보다 훨씬 명확히 알고 있어야 한다. 인간이 직접 창작 활동을 할 때는 미처 생각하지 못한 돌발적인 문제가 일어나는 그 순간 받아들이게 되지만, 인공지능을 활용할 때는 돌발 상황이 발생하는 경우를 미리 충분히 생각하고 표현하는 연습을 한 후에 명령해야 한다. 인공지능의 처리 속도가 빠르다고 이런 작은 부분을 놓치게 되면 오히려 엉뚱한 결과물을 낳기 십상이다. 아무리 처리 속도가 빠르더라도 목표했던 것과 다른 아웃풋에 대해 여러 번 다시 명령하는 일이 오래 걸리게 되면 인공지능의 가장 큰 장점인 빠른 속도는 큰 의미가 없을 수 있다.

인공지능이 우리에게 제공하는 것은 명령을 받아들이고 이해한 대로 결과를 보여주는 일뿐이다. 따라서 AI크리에이터는 기술의 도움을 받되, 창작에 어려움이 생긴다 하더라도 이를 인공지능이 전적으로 돕는 것에 의존하지 않는 태도가 필요하다. 아무리 기술복제시대가 도래하여 'AI크리에이터'라는 새로운 형태의 창작자가 등장했다고 하더라도 문화콘텐츠를 만들기 위해 가장 필요한 것은 인문학적 역량이다. 인공지능의 시대에 더욱 여실히 요구되는 주체적인 생각과 명확한 가치관, 생각을 표현하는 능력은 기술이 발달하기 아주 오래전부터 강조되어왔다는 것을 잊지 말아야 한다.

참고문헌

발터 벤야민. 《기술복제시대의 예술작품 사진의 작은 역사 외》. 최성만 역, 도서출판길, 2016.

Igor Perisic. "How artificial intelligence is shaking up the job market." World Economic Forum, 2018.

WEF · Boston Consultuing Group. 〈New Vision for Education: Fostering Social and Emotional Learning through Technology〉. World Economic Forum, 2016, p. 8.

World Economic Forum, 〈The Future of Jobs Report 2018〉, 2018, p. 6.

매일경제 경제용어. "생성형 인공지능".

한국콘텐츠진흥원 유튜브 채널 '에듀코카', "콘텐츠 산업 트렌드를 읽다: 2021 콘텐츠 스텝업".

Takahashi. "AI Games and AI Film Festival will highlight how generative AI is taking root?" Gamebeat, 2023.03.02. https://venturebeat.com/games/ai-games-and-ai-film-festival-will-highlight-how-generative-ai-is-taking-root/

WHOIS domain. 'google.com'. https://reports.internic.net/cgi/whois?whois_nic=google.com&type=domain

6
인공지능 커뮤니케이션
AI Communication

김수민

#뉴커뮤니케이션 #인공지능(AI) #비언어커뮤니케이션 #음성언어 #맞춤 소통

인간의 역할을 대체할 수 있는 것으로 '로봇'이 주목받고 있다. 나아가 우리는 사람의 역할을 대신하는 인공지능(Artificial Intelligence)과 함께 살아가고 있다. 앞으로 인공지능은 인간의 많은 영역을 대체하고 해결해줄 수 있는 '인간 아닌 인간'이 될 것이다. 더불어 급변하는 시대의 흐름에 커뮤니케이션 변화 속도도 빨라지고 있으며, 이제는 인간과의 관계를 넘어 인공지능과 소통해야 한다. 인공지능은 우리의 생활 속 깊숙이 들어와 함께 살아가기에 인간이 아닌 새로운 대상과의 커뮤니케이션에 대해 깊이 생각해봐야 한다.

1인 가구로의 시대 변화

오늘날 가정의 모습을 보면 예전과는 매우 다르다. 3대가 함께 살던 복잡한 대가족은 비현실적인 이미지가 되었으며, 가족 구성원과의 애틋함과 결속력은 뒤로한 채 서로 떨어져 각자 편한 삶을 선호한다. 현재 1인 가구 비중은 매우 높다. 2022년 12월 통계청 발표에 따르면 〈그림 6.1〉과 같이 2021년 혼자 생활하는 1인 가구는 716만 6천 가구로 2019년보다 3.2%(101만 1,008가구) 늘었다. 2015년 전체 가구 중 1인 가구는 27% 수준이었는데, 2021년의 1인 가구 비중은 33.4%에 달한다. 2050년에는 10가구 중 4가구는 1인 가구일 것이라는 전망도 있다.

통계청의 2022년 고령자 통계에 따르면, 2017년 고령사회로 진입한 한국은 2025년이면 노인 인구가 20%를 넘어서 초고령사회가 될 것이다. 빠른 속도의 초고령화뿐만 아니라 가족의 형태와 구조도 달라지고 있다. 산업화와 핵가족화로 인해 가족과 같이 거주하지 않

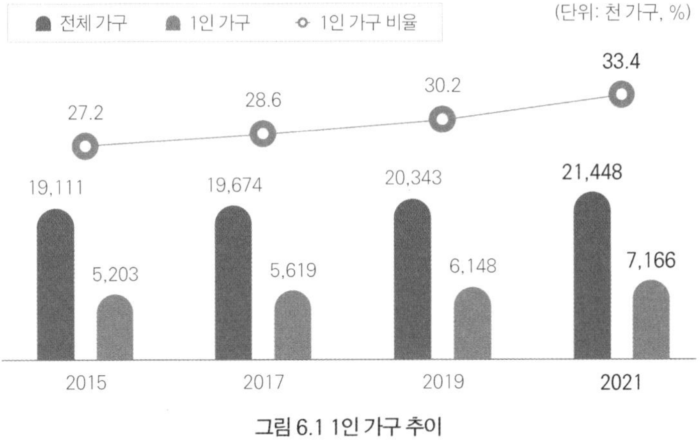

그림 6.1 1인 가구 추이

고 단독으로 살아가는 독거노인이 증가하고 있다. 고령화 사회로 가면서 자식의 돌봄 없이 살아가는 독거노인의 우울증이 급증하면서 또 다른 사회적 문제를 가져온다.

이에 맞물리는 '영 케어러(young carer)' 문제도 있다. 질병이나 장애가 있는 부모를 돌보는 자식에 대한 이야기다. 한창 모든 것이 열정적인 20대에 아픈 가족을 돌보느라 자신의 삶을 잊고 사는 청년들을 '영 케어러'라고 한다. 영 케어러는 우리 사회에서 다각적인 측면으로 바라볼 수 있다. 청년과 돌봄이 연관된 사회적인 문제다. 고령화와 비혼화, 저출산 시대는 젊은 청년들에게 '돌봄'이라는 새로운 의무를 가져왔다. 이러한 인구 변화 속에서 태어난 청년들은 부모, 조부모와 나이 차이가 많아지고, 형제가 없거나 적을 가능성이 크다. 가족 누군가가 아파서 돌봐야 하는 상황이 생긴다면 청년은 영 케어러가 되는 것이다. 영 케어러 문제는 젊은 세대에게 우울증 등 부작용을 가져온다. 인생의 중요한 청년 시기를 '돌봄'으로 보내면서 자신을 돌볼 여유가 없다. 다방면에서 세대에 맞는 역할을 해야 사회가 '발전'할 수 있는데, 영 케어러가 증가하면서 사회는 더 어두워진다.

1인 가족과 '돌봄' 제품

단독으로 거주하는 노인들은 가족과 함께 있는 노인에 비해 많은 외로움을 느낀다. 고독사에 대한 사례가 언론에 많이 보도되면서, 독거노인에게 나타나는 문제점들이 수면 위에 떠오르고 있다. 1인 가구, 독거노인의 증가율 상승으로 이들을 위한 '돌봄' 제품이 등장

표 6.1 돌봄 기능을 탑재한 반려가전

제품	디봇 T10 옴니	아이콘 2	모션필로우	에보
디자인		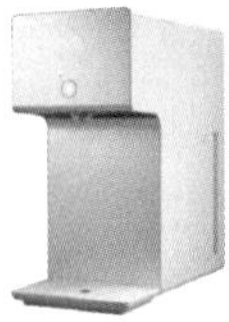		
회사	에코백스	코웨이	텐마인즈	에나봇
종류	로봇청소기	정수기	스마트베개	인공지능 카메라로봇
특징	로봇청소기 내 카메라로 1인 가구 응급상황 확인	2일 이상 정수기를 사용하지 않을 경우 메시지 전송	사용자 건강, 수면상태 가족 공유 서비스 준비 중	낯선 침입자 알림기능, 카메라 스피커로 실시간 소통

출처: 이새봄, "1인가구 40% 시대… 돌봄 가전 관심 '쑥'", 매일경제, 2023.04.05.

하고 있다. 응급상황에 실시간으로 가족들과 소통하고, 위험한 상황을 즉각 알릴 수 있을 뿐만 아니라 카메라와 센서를 활용해 부가적인 '돌봄'을 할 수 있는 제품이 많은 관심을 받고 있다. 돌봄 기능을 탑재한 '반려가전' 제품들은 〈표 6.1〉과 같이 인간의 역할을 대신해 1인 가족, 독거노인들을 돌보는 '반려자' 기능을 한다.

나아가 음성인식 AI는 정서적인 부분도 보듬어준다. "조용필 음악 좀 틀어줘~" 하면 음악을 틀어주어 어르신들의 적적함을 달래주기도 하고, 종일 말 붙일 사람 없는 독거노인에게 "어르신 약 먹을 시간입니다", "날씨가 좋은데 산책 갈까요?"라며 건강을 챙기기도 한다. 이제 1인 가정에서의 커뮤니케이션은 인간과 인간이 아닌 인간과 AI 사이에서 이루어진다. 영 케어러에게도 마찬가지다. '돌봄' 제품의 증가는 영 케어러를 어른 돌봄에서 해방시켜주며 열정적인 청년층으로 살 수 있는 세상으로 인도한다. 그뿐만 아니라 독거노인에 준하는 1인 가구 젊은이도 "내일 아침 6시에 깨워줘~"라며 음성인식 AI와 소통하며 동거하고 있다. 새로이 형성되는 1인 가구의 반려가족으로 음성인식 AI가 차지하고 있다.

| 동반자이자 비서, 반려가족인 음성인식 AI

2016년 세계경제포럼에서 주요 의제로 채택된 '4차 산업혁명'은 한국을 포함해서 전 세계적으로 매우 중요한 화두다. 빅데이터와 인공지능 등 정보통신기술이 4차 산업혁명을 주도한다. 정보통신기술의 발전은 이를 기반으로 우리 사회 곳곳에 큰 변화를 가져왔으니 앞서 살펴본 것처럼 음성인식 AI는 커뮤니케이션 분야에서 독보적인 자리를 차지한다. 이는 2014년 11월 아마존이 '에코 닷'이라는 스피커를 출시한 것으로 그 역사를 거슬러 올라간다. 〈표 6.2〉에서 보는 바와 같이 음악만 재생하던 기존의 스피커와 달리 "알렉사~"라고 이름을 부르며 질문하면 날씨를 알려주고, 교통 정보도 전해주며, 재미있는 이야기를 들려주기도 했다.

이에 질세라 구글에서도 어시스턴트를 기반으로 작동하는 스마트스피커인 '구글 홈'을 만들었다. 구글 홈은 3만 개 이상의 스마트 홈 장치를 제어할 수 있으며, 전 세계 42개 언어를 지원해서 글로벌 시장에서 매우 인기가 높다. 기존에 있던 단순한 기능들과 달리 구글 어시스턴트에 접목해서 다양한 기능을 음성으로 실행할 수 있다. 구

표 6.2 아마존과 구글의 최초 스마트 음성인식

제품	아마존 에코 닷	구글 홈
디자인		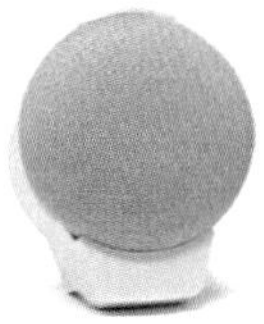
출시 연도	2014년	2016년
기능	날씨, 교통 정보 등 제공	보이스 매칭 기능 개인 맞춤 서비스 제공
특징	시끄러운 곳, 멀리 떨어져 있는 곳에서도 인식	전 세계 42개 언어 지원 대화의 맥락 이해

출처: 네이버.

글 어시스턴트의 음성 인식률은 2017년 인간의 소통 수준인 95%에 달했다. 구글 어시스턴트로 할 수 있는 것을 살펴보면 날씨, 교통정보 제공, 뉴스 검색 리딩, 뉴스 큐레이션, 웹페이지 리딩(아이들에게 책 읽어 주기로 활용 가능), 음악 재생, 전화 걸기/문자메시지 보내기, 앱 실행, 실시간 외국어 번역, 로컬 지역 정보 제공(길 찾기 안내, 상권 정보 등 정보 탐색 가능), 계산, 대화(재미있는 이야기, 게임 등), 스케줄 관리 및 메모(알람, 일정 체크 등으로 활용 가능), 휴대폰 찾기 등이다. 이러한 음성인식 AI는 커뮤니케이션뿐만 아니라 비서 역할을 하며 일정 부분에서는 몸을 움직여야 하는 일도 해결해준다.

빅 마켓 형성하는 음성인식 AI

음성인식 AI 시장이 급속도로 커지면서 AI 음성인식 기술이 일상생활에서 쓰는 서비스 곳곳에 이용되고 있다. 〈표 6.3〉을 보면 대기업에서의 접근이 보인다. KT는 AI 능동복합대화기술(대화의 흐름 인식)을 통해 'AI 통화비서'를 출시했다. 고객이 매장으로 전화하면 미리 지정한 스마트폰으로 연결돼 AI가 응대하며 밤낮, 휴일 구분 없이 365일 24시간 이용할 수 있다. 메리츠화재는 인공지능을 기반으로 한 AI 상담 서비스('AI 음성봇')를 출시했다. AI 음성봇은 머신러닝을 통해 자연어 기술을 활용한다. 다양한 보험용어와 기존 상담 내용을 중심으로 학습해 마치 실제 상담원이 업무를 처리한 것처럼 유사한 서비스를 제공한다. '무하유'는 자연어를 이해하는 실용 AI 기술 기업으로 '몬스터 T' 기술이라는 대화형 AI 면접 솔루션 서비스를 제공한다. 학교생활기록부를 기반으로 해서 맞춤형 질문을 제공하는데, 실제 면접과 동일한 환경에서 진행되어 면접에 대비할 수 있다. 또 학생부

표 6.3 대기업의 음성인식 AI 제품

구분	KT	메리츠화재	무하유
기능	AI 능동복합대화기술 (대화의 흐름 인식)을 통해 'AI 통화비서' 출시	인공지능을 기반으로 한 상담 서비스(음성) 'AI 음성봇' 출시	실용 AI 기술(자연어 이해), 몬스터 T 기술을 통한 대화형 AI로 면접 솔루션 서비스 제공
특징	AI가 개별 맞춤으로 고객 응대 가능, 365일 24시간 고객 응대	기존 상담 이력뿐만 아니라 보험용어를 학습, 실제 상담원과 같은 형태로 서비스 제공	학교생활기록부를 기반으로 한 맞춤형 질문 제공, 실제 면접과 동일한 환경에서 모의 면접 제공

출처: 오효진, "스타트업부터 대기업까지, 실생활에 스며든 'AI음성인식 기술'", Venturesquare, 2022.09.29.

표 6.4 스타트업의 음성인식 AI 제품

구분	기능	특징
STT '소보로'	'소리를 보는 통로'의 줄임말. 청각장애인을 위한 소리를 눈으로 볼 수 있는 기술 제공	음성에서 텍스트로 전환
'마인즈랩'	음성, 시각, 언어(사고), 아바타 등 종합 AI 엔진 개발	음성인식과 텍스트 분석 중심. 40여 종의 SOTA(State of The art, 최첨단 수준). AI 알고리즘을 자체 기술력으로 상용화
'리턴제로'	AI 전화 '비토(VITO)' 개발. 한국어 음성인식 엔진	음성을 텍스트로 바꿔주고 사용자의 목소리를 분석해 화자를 분석하는 기술 개발
'람다'	대화언어모델(Language Model for Dialogue Application)의 약자	답이 없는 질문에도 문맥을 통한 자연스러운 대화 가능
'멈'	멀티모달 모델인 '멈'(MUM: Multitask Unified Model)은 75개 이상의 언어로 동시에 학습된 언어모델	텍스트, 이미지, 비디오 등 다양한 형태의 정보를 동시에 이해 가능

출처: 오효진, "음성인식 AI 시장, 스타트업 날개 달고 고속 성장 중", Venturesquare, 2021.10.20.

를 기반으로 한 맞춤형 질문도 무제한으로 제공받고 연습할 수 있다.

〈표 6.4〉와 같이 여러 스타트업도 인공지능 시장에 등장하고 있다. '소보로'는 청각장애인을 위해 소리를 눈으로 볼 수 있는 기술을 만들었다. 이것을 통해 서비스하는 STT(Speech To Text) 스타트업이다. 음성을 텍스트로 바꿔주는 기능은 청각장애인뿐만 아니라 난청을 겪는 노인의 진료에도 유용하게 사용되고 있다. 2014년 창업한 스타트업인 '마인즈랩'은 시각과 음성, 언어(사고), 아바타 등 종합 AI 엔진을 개발했다. 특히 휴먼 'M1'은 사용자의 음성을 95% 이상 이해해 0.5초 이내에 분석한 뒤 응답할 수 있다. 국내에서 많이 쓰는 한국어

음성인식 엔진인 '비토(VITO)'는 통화하는 음성을 텍스트로 바꿔주고 사용자의 목소리를 분석해 화자를 분석하는 기술을 개발했다. '람다'와 '멈(MUM: Multitask Unified Model)'은 구글 AI 언어 모델로 답이 없는 질문에도 자연스러운 대화가 가능하다. 특히 멈은 75개 이상의 언어로 동시에 학습되며, 이를 기반으로 텍스트, 이미지, 비디오 등 다양한 형태의 정보를 동시에 이해할 수 있다. '리턴제로'는 인공지능 스타트업으로 프리미엄 점술 상담 서비스 '천명'에 AI 기반 음성인식 기술을 제공한다. 눈으로 보는 통화 앱 '비토'를 운영하며 축적한 방대한 양의 데이터를 기반으로 정교해진 통화 음성인식 및 텍스트 변환이 가능하다.

앞으로 인공지능이 주는 편리성은 우리 삶에 매우 중요한 부분이 될 것이다. 스타트업부터 대기업까지 인공지능을 통해 다양한 도구를 보여주고 있다. 앞으로는 사람과 사람이 커뮤니케이션하는 것보다 인간과 인공지능이 탑재된 로봇과 커뮤니케이션하는 상황이 빈번히 발생할 것이며 우리 생활 속 깊은 곳까지도 함께할 것이다.

인간과 인공지능의 커뮤니케이션

우리는 전통 커뮤니케이션부터 사람과의 커뮤니케이션을 배우고 익혀왔다. 저자도 커뮤니케이션 전문가로 그 대상은 항상 '인간'에 한정되었다. 하지만 이제는 그 대상을 더 확장해야 할 때가 되었다. 진화하고 있는 디지털 정보화시대에 새로운 미디어는 계속 등장하고 있고, 발전하는 기술의 도약으로 이에 대한 커뮤니케이션도 필연적으로 나타나기 때문이다. 그중 AI는 인간의 많은 능력을 컴퓨터 프로그램으로 실행해 얼마나 인간과 닮아있는지 비교하며 급속도로 발전하고 있다. 인공지능은 앞으로도 더 뛰어난 지능을 갖게 될 것이다. 인공지능 기술이 급속도로 발전하면서 사회, 경제뿐만 아니라 기업과 개인들도 이 기술을 이용하고 있으며 우리의 미래도 크게 변화될 것이다. 이제 인류는 인공지능을 이용해서 데이터로부터 내가 필요한 정보를 얻고 이를 바탕으로 커뮤니케이션에 활용하고 있다. 그뿐만 아니라 인공지능에서는 음성 형태를 띠는 커뮤니케이션 인터페이스로 활용하는 부분도 크다. 음성인식은 스마트폰 등 다양한 가전제품과 디바이스에 적용되고 있다.

인간이 할 수 있는 많은 일을 인공지능이 대체하고 있으며 그 영역은 매우 다양하다. 병원에서는 인공지능 로봇이 직접 수술하면서 인간이 행할 때의 많은 변수를 정리한다. 카페와 식당에 가도 인공지능 로봇의 분주한 모습을 볼 수 있다. 인간의 영역에 들어와 있는 AI는 인간과 커뮤니케이션하며 협업을 강조한다. 인간의 정보처리 용량은 한정적인 데 비해 인공지능은 인간보다 뛰어난 능력을 갖고 있다.

인공지능의 '비언어 커뮤니케이션'

몇 년 전부터 많은 기업은 〈그림 6.2〉와 같이 신입사원 면접에서도 AI를 이용한다. 인공지능이 면접관이 되어 구직자를 평가하는 것이다. 이런 교육 시 중점적 요소는 비언어 커뮤니케이션이다. 커뮤니

그림 6.2 인공지능 면접관

케이션은 크게 두 가지로 나뉜다. 언어적 요소와 비언어적 요소다. 누군가와 커뮤니케이션할 때 언어적 요소와 비언어적 요소 중에서 어떤 것이 중요할까? 두 가지 관점에서 볼 때 비언어적 요소에 더 힘이 실린다.

미국 캘리포니아 로스앤젤레스대학교(UCLA) 심리학과 교수 앨버트 메라비언(Albert Mehrabian)은 1971년에 출간한 저서 《사일런트 메시지》를 통해 대화의 가장 중요한 요소가 비언어 요소(시각과 청각)라는 〈그림 6.3〉과 같은 '메라비언의 법칙(The Law of Mehrabian)'을 발표했다. 이는 서로 커뮤니케이션할 때 호감과 비호감을 나누는 요소가 말의 내용이 아니라는 결과다. 실제로 말의 내용에 미치는 영향력은 7%에 불과한 반면, 비언어적 요소는 93%의 영향력을 가진다는 것을 보여준다. 메라비언의 법칙은 인공지능과의 커뮤니케이션에서도 설득력을 가진다. 인공지능 로봇에게도 비언어적 요소(표정, 눈 맞춤 등)는 호감 · 비호감의 판단 기준이 된다. 지금의 인공지능은 인간의 오감

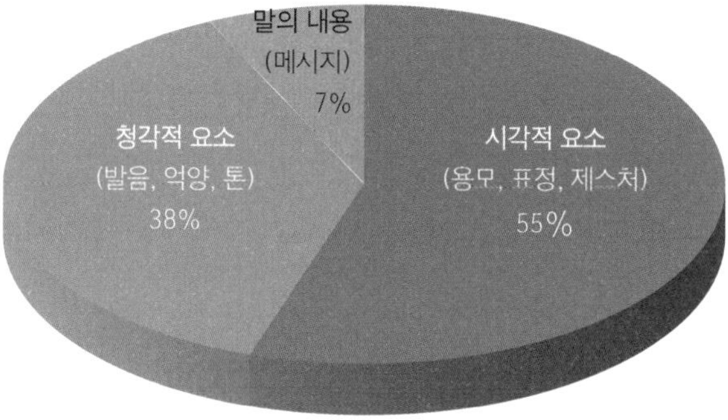

그림 6.3 메라비언의 법칙

뿐만 아니라 표정도 거의 사람 수준이어서 인공지능과 커뮤니케이션을 잘하려면 비언어적인 요소도 매우 중요한 표현 방식이 된다. 미래에는 일상에서도 음성인식을 넘어 사람들의 명령뿐만 아니라 표정도 정확하게 인식하는 AI와 커뮤니케이션할 것이다.

정보를 알려줬던 AI는 대기업에서 스타트업까지 활용도가 확대되고 있다. 표정을 인식하는 AI 면접은 스타트업뿐만 아니라 대기업에서도 필수 소통 도구로 이용될 것이다. 처음에는 텍스트만 넣으면 AI를 사용할 수 있었지만 음성을 인식하기 시작했고, 이제는 중요한 비언어인 표정을 보고도 커뮤니케이션할 수 있는 시대가 왔다.

인공지능과 소통하는 법

여기서 잠깐 '우리는 누구인지' 자문해보자. 우리는 스스로 호모 사피엔스라고 자처하며 예측할 수 없는 지능을 갖고 있다. 하지만 인간과 다른 기계는 스스로 목적을 지닐 수 없다. 기계의 목적과 목표는 우리가 설정할 수 있으며, 인공지능(AI) 커뮤니케이션이 중요한 이유는 우리의 목적을 이루기 위해 기계를 다룰 수 있어야 한다. 이렇게 본다면 인간과 기계는 주종관계다. 인공지능시대를 맞아 커뮤니케이션은 어떻게 변화하고 있는가? 우리는 한 번도 생각지 못한 '인공지능과 소통하는 법'에 대해 알아야 한다. 인간만이 가질 수 있는 것은 '직관(intuition)'이다. 인간의 직관과 인공지능의 정보처리 능력이 합해진다면 최고의 커뮤니케이션을 할 수 있을 것이다. 세상은 급속도로 변화하고 정보는 쏟아지고 이에 따르는 불확실성이 높아지는 환경에서 인공지능과의 소통은 매우 중요한 부분이다.

정보통신기술이 발전하고 사람들의 삶이 점차 개인화되면서 이로 인해 파생된 우리 삶에서 인공지능이 이렇게 큰 부분을 차지할 것이라고는 누구도 예상하지 못했다. 일반적으로 능력의 한계를 가진 소외 계층에게는 큰 선물이 될 수도 있다. 사람 같은 높은 수준의 의사소통뿐만 아니라 감정적 교류까지 가능한 인공지능은 앞으로의 커뮤니케이션에도 큰 변화를 가져올 것이다. 인공지능의 급격한 발전 속도는 마치 인간의 능력을 정복할 듯 다가오고 있지만, 이럴 때일수록 우리는 한층 위에서 커뮤니케이션할 수 있는 잠재력이 필요하다.

참고문헌

김수민. 《리더의 언어로 말하기》. 에이의취향, 2021.

나주연. 〈인공지능 기반 대화형 인터랙션에 대한사용자 경험 연구〉. 국민대학교 석사학위논문, 2018.

배혜진. 〈음성 대화형 인터페이스 설계를 위한 가이드라인 연구: 의사소통 전략을 중심으로〉. 서울여자대학교 석사학위논문, 2018.

스튜어트 러셀. 《어떻게 인간과 공존하는 인공지능을 만들 것인가》. 이한음 역. 김영사, 2021.

이규연. 〈스피커, 그 이상의 의미가 되다: 인공지능 스피커 사용 동기와 정서적 경험〉. 고려대학교 석사학위논문, 2018.

조수선 외. 《뉴미디어 뉴커뮤니케이션》. 이화출판, 2021.

클라우스 슈밥. 《클라우스 슈밥의 제4차 산업혁명》. 송경진 역, 메가스터디북스, 2016.

박진우. "말의 내용보다 말하는 태도가 더 중요하다고?". ㅍㅍㅅㅅ, 2023.01.18. https://ppss.kr/archives/259296

오효진. "스타트업부터 대기업까지, 실생활에 스며든 'AI음성인식 기술'", Venturesquare, 2022.09.29. https://www.venturesquare.net/864264

______. "음성인식 AI 시장, 스타트업 날개 달고 고속 성장 중". Venturesquare, 2021.10.20. https://www.venturesquare.net/840535

이새봄. "1인가구 40% 시대··· 돌봄 가전 관심 '쑥'", 매일경제, 2023.04.05. https://www.mk.co.kr/news/it/10705089

통계청. "2022 1인 가구 추이". https://kostat.go.kr

______. "2022 고령자 통계". https://kostat.go.kr/board.es?mid=a10301060500&bid=10820&act=view&list_no=420896&tag=&nPage=1&ref_bid=

7

창의성 제한 해제

Unleashing Creativity

정상민

#욕망 #창의성 #제한 해제 #서브컬처 #생성형 AI

생성형 AI가 보급되면서 콘텐츠 환경에도 급격한 변화가 찾아왔다. 작게는 이미지, 텍스트, 음성 합성으로 시작하여 크게는 AI를 활용한 콘텐츠가 대거 등장하고 있다. 최근 인터넷 방송을 단독으로 진행하는 AI 스트리머가 등장하여 화제가 되는 등 AI 콘텐츠는 큰 관심을 모으고 있다. 생성형 AI의 도래 이전에는 어떤 과정이 있었을까. 과도기적 시기에 어떤 콘텐츠들이 창작적 욕망을 투영하고 있었는지 몇 가지 사례를 다뤄보고, 이를 통해 AI 콘텐츠를 어떻게 받아들여야 할 것인지 이야기해보려 한다.

과도기적 생성형 AI의 발전

2021년 1월 오픈AI(OpenAI)에서 출시한 달리(Dall · E)의 등장으로 이미지 생성 AI 보급에 대한 논의가 본격적으로 시작됐다. 텍스트를 기반으로 한 이미지 생성 시도는 지속적으로 이루어져왔다. 그러나 달리 1세대가 생성하는 이미지는 아직 미흡했기 때문에 과도기적 기술이라는 견해가 중론이었다. 하지만 1년 만에 등장한 달리 2세대의 등장으로 시장이 흔들리기 시작했다. 달리 2세대는 실제 사진과 유사한 이미지를 만들어내는 기술을 확보했으며, 미드저니(Midjourney), 노벨 AI(Novel AI) 등 이미지 생성 AI가 등장하고 있다. 텍스트 기반 이미지 생성 기술의 발전은 새로운 혁신을 불러일으키며 기존 콘텐츠 시장에도 많은 변화를 가져오고 있다.

음성 기반 생성형 AI는 이른바 음성합성시스템(TTS, Text-to-Speech)으로 쉽게 접할 수 있다. TTS는 흔히 대중교통 안내방송 혹은 ARS로 듣는 가상의 목소리 등을 말한다. 초기의 TTS 기술은 단순한 문장을 읽는 것에서 시작했다. 최근에는 인공지능의 발달로 성우 AI가 나오고, 여러 플랫폼에서 음성인식 기반 AI 서비스가 도입되는 등 일상생활에 TTS 기술이 빠르게 적용되고 있다. 2023년 1월 마이크로소프트에서 음성 합성 AI인 발리(VALL-E)를 발표했다. MS에 따르면 발리는 단 3초의 음성 샘플로 사용자의 감정 톤이나 녹음 환경까지 재현할 수 있는 수준의 기술을 갖추고 있다. 인간의 음성을 합성하는 것은 부자연스럽다는 통념을 깨고 음성 또한 자연스럽게 합성할 수 있는 시대가 온 것이다.

창작 욕망의 투영과 과정

창작의 능동적 주체가 되고 싶다는 욕망은 오랫동안 인간의 내면에 존재해왔다. 가끔 이런 생각을 해본 적이 있을 것이다. '내가 만약 저런 목소리, 화풍, 문체를 가지고 있었더라면 어떨까?' 하는 상상 말이다. 이런 가정은 누구나 한 번쯤 해봤을 보편적 경험이다. 하지만 창작의 주체가 되고 싶은 상상의 기저에는 한 가지 벽이 있다. 창작 주체가 되기에 우리에게는 많은 한계가 있다는 사실이다. 높은 기술적 숙련을 요구하는 창작 활동에는 훨씬 많은 시간과 노력을 들여야 한다. 만약 가지고 있는 창작적 이상이 높다면 요구되는 시간과 노력은 배로 높아질 것이다. 이런 한계를 가지고 있기에 대부분의 상상은 현실로 투영되지 못하고 머릿속에서만 잠시 구현되었다가 사라진다.

생성형 AI의 등장 이전에는 이미지 창작에 대한 욕망을 실현하기 어려웠다. 어도비(Adobe), 포토샵(Photoshop), 일러스트레이터(Illustrator) 등이 대표적인 이미지 생성 및 편집 소프트웨어였지만, 사용자가 직접 이미지를 그리거나 편집해야 하는 기술적 숙련을 요구했기 때문에 쉽게 접하기 어려웠다. 이를 위한 몇 가지 대안적 기술 중 하나로 카메라 필터를 예로 들 수 있다.

〈그림 7.1〉은 필자가 가지고 있는 사진에 카메라 필터 기능을 덧씌운 것이다. 이것을 창작의 영역으로 보기에는 조금 무리가 있다. 필자 스스로 이 필터를 선택하긴 했지만, 이것은 필자가 가지고 있던 이미지를 다른 스타일로 변환해주었을 뿐이지 그 과정에서 필자의 어떠한 창작적 욕망이나 해석이 들어갈 수 없다. 카메라 필터 기능으로 만들 수 있는 이 간단한 그림 풍의 이미지는 필터의 결과물로 이

그림 7.1 만화 필터를 씌운 석상 사진과 원본

미지 변환의 가능성을 보여준다. 그러나 결국 창작적 욕망을 투영할 수 없는 한계가 있다는 점에서 과도기적이다. 바로 이 부분에서 우리는 구현의 한계를 느끼고 상상의 영역을 확대시킨다. (기술적 숙련의 부족으로) 상상의 영역에 있었던 것이 현실의 영역(이미지 변환)으로 편입되고 더욱 주도적인 창작 주체가 되고자 하는 욕망은 이런 방식으로 계속 확대되어왔을 것이다. 이미지 생성형 AI의 등장은 이런 관점에서 크게 놀라운 것은 아니다. 인간의 창작 욕망은 지속적으로 투영되어왔다고 할 수 있다. 다만 우리가 이것을 '혁신'으로 부르는 이유는 그동안 거쳐온 기술의 발전보다 훨씬 큰 폭으로 우리의 상상을 현실로 편입시키고 있기 때문일 것이다.

생성형 AI는 이런 한계를 넘어설 방안으로 등장했다. AI가 극단적으로 줄여준 창작 기술과 상상의 간극 속에서 우리는 적절한 텍스

그림 7.2 생성형 AI로 새 이미지를 만든 모습

트를 선정하는 것만으로도 창작의 주체가 될 기회를 얻었다.

〈그림 7.2〉 속 왼쪽 “crying stone statue, have wing” 이미지는 필자가 가지고 있던 사진을 이용하여 간단하게 사용할 이미지의 범위와 콘셉트를 텍스트로 지정해준 모습이다. 오른쪽 이미지는 그에 따른 결과로 눈물 짓는 천사 석상의 모습을 얻은 것이다. 필자는 이미지를 만들거나 편집하는 것에 대한 기술적 숙련이 전무한 상태다. 5분간의 짧은 시간 동안 천사 이미지에 대한 구체적인 언급을 하지 않았음에도 4회 정도의 수정을 거쳐 원하는 이미지가 창출된다. 〈그림 7.2〉의 사례는 생성형 AI의 발전이 큰 성과를 얻었다는 것을 체감하게 한다.

가상의 인물 향유하기

음성 영역에서는 어떤 프로그램이 인간의 욕망을 투영하고 있었을까. 필자는 '보컬로이드(VOCALOID)'를 예로 들어 그것을 설명하고자 한다. 보컬로이드란 일본의 음향 전문 기업 야마하(YAMAHA)가 개발한 음성 합성 엔진으로 보컬(Vocal)과 안드로이드(Android)의 합성어다. 보컬로이드는 산업용에 초점이 맞춰진 기존의 TTS와 달리 훨씬 부드러운 목소리를 구현할 수 있다. 노래를 합성한다는 목적에 따라 성우의 목소리를 기반으로 음정과 억양을 조절할 수 있었기 때문이다. 그러나 1세대 보컬로이드는 이름만 존재할 뿐 어떤 설정도 존재하지 않아 호응을 얻기 어려웠다.

한편, 〈그림 7.3〉에서 볼 수 있는 보컬로이드의 대표 격 캐릭터인 '하츠네 미쿠(初音ミク)'가 등장하면서 보컬로이드는 큰 반향을 얻

그림 7.3 하츠네 미쿠 V4X 버전의 판매 카탈로그

게 됐다. 보컬로이드 음성 합성 엔진을 기반으로 노래하는 캐릭터인 하츠네 미쿠와 서브컬처(subculture)*의 만남은 필연이었다. 하츠네 미쿠라는 캐릭터가 오타쿠들의 취향을 반영한 '모에(萌え)'** 속성의 캐릭터라는 이유도 있었겠지만, 좋아하는 캐릭터를 분석하고 소비하는 것을 넘어 만들어나가려는 오타쿠 문화의 새로운 욕망이 '가상의 캐릭터 노래 부르게 하기'라는 보컬로이드의 세일즈 포인트와 맞아떨어졌다.

하츠네 미쿠는 도쿄돔 공연(2012)을 4회 연속 매진시키는 등 연 3천억 원 매출을 올리는 대형가수가 됐다. 보컬로이드 음성 합성 엔진과 하츠네 미쿠 등을 통한 가상 캐릭터의 등장으로 가상의 목소리를 기반으로 한 노래를 합성하고자 하는 욕망은 유의미한 성공을 거두었다. 여전히 음성 합성 엔진을 통해 합성한 노래가 인간의 가창과 다르다는 한계가 있음에도 보컬로이드는 또 하나의 장르를 만들어냈다. 지금 우리가 단 3초의 음성 샘플로 자연스러운 음성을 합성할 수 있는 기술을 가지게 된 시점에서 보컬로이드의 이러한 상업적 · 콘텐츠적 성장은 음성 AI 등장의 밑거름이 되었다고 해도 과언이 아닐 것이다.

보컬로이드는 기본적으로 '사이버 가수'라는 콘셉트로 가상 공

---

* '서브컬처'의 사전적 정의는 어떤 사회에서 문화 내부에 존재하면서 다른 한편으로는 독자적 특징을 나타내는 부분적 문화다. 본문에서는 애니메이션이나 2D 캐릭터를 기반으로 한 오타쿠 문화를 대중문화와 대치되는 개념인 서브컬처로 서술하고 있다. 네이버 지식백과, "서브컬처".

** '모에'는 어떤 캐릭터나 사물에 대해 깊이 마음에 품는 모양을 일컫는 신조어이자 문화 코드다. 본문에서는 '모에 속성'으로 언급되고 있는데, 이는 어떤 좋아할 만한 특징적인 부분이 있음을 의미한다. 위키피디아, "모에".

간에 존재하는 가수라는 설정이다. 보컬로이드의 등장은 가창뿐 아니라 가상의 존재를 향유할 수 있도록 만들었다. 최근 등장하고 있는 신진 콘텐츠 중 버추얼 유튜버(Virtual Youtuber)가 바로 그것이다. 가상의 캐릭터가 인터넷 방송을 진행한다는 콘셉트를 가지고 현실의 인간이 가상의 존재를 연기하는 버추얼 스트리밍은 최근 서브컬처를 기반으로 가장 인기 있는 콘텐츠로 자리 잡고 있다.

창조의 영역으로 편입

인공지능의 발달은 인간의 상상에 대한 보조를 넘어 주체적 창조의 영역으로 편입을 시도하기도 한다. 이를 AI 스트리머 '뉴로-사마(Neuro-sama)'를 통해 설명해보고자 한다.

지금까지 보조 영역에 머물렀던 많은 프로그램이 인간의 욕구를 투영하고 구현하기를 도왔다면, AI의 발전은 인간의 욕망을 더욱 확장하여 가상의 인간 만들기 욕망까지 그 범위를 넓혔다. 최근 인터넷 방송에서 가장 뜨거운 AI 스트리머를 꼽으라고 한다면 단연 뉴로-사마라고 할 수 있겠다. 뉴로-사마는 딥러닝(Deep Learning) 기반의 인공지능을 바탕으로 인터넷 방송을 하는 가상 유튜버이자 챗봇이다.

뉴로-사마는 방송 중 시청자의 질문을 인식하고 TTS를 통해 그에 따른 적절한 대답을 송출한다. 뉴로-사마는 인공지능이어서 질문에 대답하지 못하거나, 의도적으로 반인륜적인 대답을 유도하면 반응하는 등의 한계가 있다(그림 7.4). 우리는 이와 유사한 사례를 AI 챗봇 '이루다'의 사례를 통해 체험해본 적이 있다. 이루다의 자연스러운

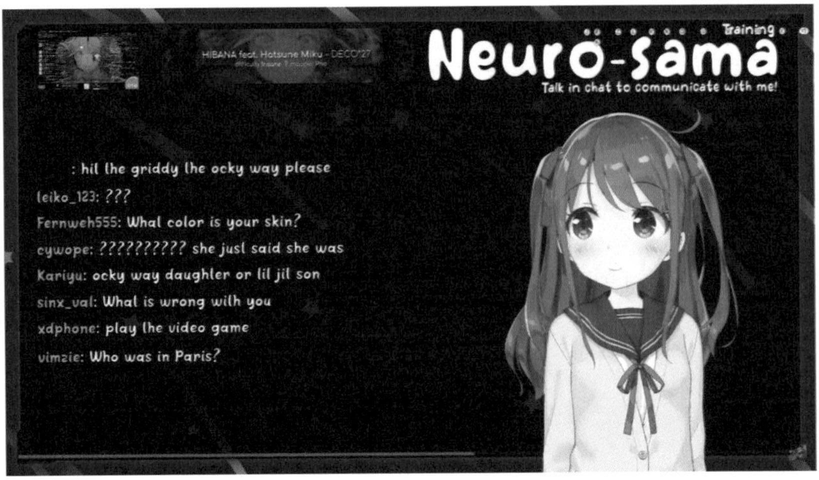

그림 7.4 뉴로-사마가 방송 중 올라오는 채팅을 읽고 대답을 준비하는 모습

대화방식은 새로운 AI의 가능성을 보여주었으나 학습 데이터에 사회적 편견이나 알고리즘 편향을 대화로 노출시켰다. 이를 통해 AI의 윤리적 문제에 대해 실감하기도 했다. 단편적으로 뉴로-사마는 기존의 AI 챗봇과 큰 차이점이 없다고 보여질 수 있다. 여전히 방송을 준비하기 위해서는 프로그래머의 코딩이 필요하다. 완벽하지 않음에도 뉴로-사마는 왜 사람들에게 인기가 있을까?

이는 가상의 존재인 뉴로-사마가 텍스트에 귀속되어 있던 기존의 챗봇과 달리 '가상 인간 만들기'라는 인간의 욕망을 최대한 투영하려고 시도하기 때문일 것이다. 뉴로-사마가 인간과 같이 게임을 플레이하는 것은 인간과 같은 위상(가상 공간)에서 존재할 수 있다는 가능성을 보여주고, 자연스럽게 인간의 감정을 흉내 내고 말하는 것은 인공지능과의 대화가 부자연스럽다는 선입견을 가리는 데 큰 효과를 보고 있다. 여전히 인간의 도움을 받아야 하지만, 뉴로-사마는 방송 진행을 위한 도구가 아닌 진행자 혹은 가상의 스트리머 자체로 인식되고 있다. AI가 콘텐츠 생산의 주체로 인식된다는 데서 뉴로-사마의 존재는 그 자체로도 의미가 있다. 뉴로-사마의 사례는 인간의 상상이 확장하고, 기술의 발전에 인간의 창작 욕망이 투영됐다는 점에서 기존의 도구들이 발전해온 양상과 유사하다. 하지만 콘텐츠 생산의 주체로 AI가 등장하고 있다는 점에서 서툴지만 AI가 인간의 보조를 넘어 주체적 창조의 영역으로 편입할 가능성을 시사한다고 볼 수 있겠다.

창의성은 어디까지인가

생성형 AI를 활용한 이미지로 만든 그래픽노블 '새벽의 자리야(Zarya of the Dawn)'는 2022년 9월 처음으로 AI가 생성한 이미지에 저작권이 부여된 사례다(그림 7.5). 하지만 2023년 2월 미국 저작권청 USCO(US Copyright Office)는 생성형 AI 미드저니를 활용한 '새벽의 자리야' 이미지는 저작권 보호를 받을 수 없다고 전했다. 인간의 창의성과 아이디어가 들어간 부분만 별도로 저작권이 인정된다는 것이다. USCO 측은 "현재 사용 가능한 생성 AI 기술을 파악해보면, AI가 프롬프트를 해석하고 자료를 생성하는 과정에 인간이 모두 개입해서 창의성을 발휘한다고 볼 수는 없다"며 "그 대신 이는 다른 작가에게 작품 의뢰를 맡기는 것에 더 가까운 행위"라고 말한다. USCO 측의 법률적 해석의 핵심은 인간의 창의성과 독창적 아이디어다. 이에 대해 생성형 AI가 예술이냐 표절이냐에 대한 논란이 이어지고 있다.

그림 7.5
생성형 이미지로 만든
그래픽노블 '새벽의 자리야'
표지

앞서 2022년 8월에도 비슷한 논란이 있었다. 콜로라도 주립 박람회 미술대회에서 생성형 AI 미드저니를 활용한 제이슨 앨런(Jason M. Allen)의 〈스페이스 오페라 극장(Théâtre D'opéra Spatial)〉이 1위를 수상한 것이다. 일각에서는 제이슨 앨런의 수상이 그저 첨단기술로 둔갑한 표절 형태와 다를 게 없다는 주장이 나왔다. 제이슨 앨런은 이와 같은 작품이 기존의 이미지 편집 툴과 다를 것이 없고 이미지 변환을 위해 적절한 문구를 생각하는 데도 창의성이 요구된다고 반박하기도 했다.

저작권법의 사례와 같이 인간의 창의성이 얼마나 들어갔는지가 중요한 척도가 된다면, 과연 어디까지를 인간의 창의성으로 인정할 수 있을까. 이것은 아주 중요한 문제다. 인간이 생성형 AI에 원하는 방향의 명령어를 입력하긴 하지만, 그것이 정확히 어떻게 구현될지는 예측할 수 없다. 만약 마음에 드는 작품을 얻었다 해도 그것이 처음부터 작가의 의도에 따른 작품일지는 의문의 여지가 있다. 생성 과정을 예측할 수 없다는 시점에서 작가의 창의성과 의도가 결과에 온전히 반영되는지 의심하게 된다.

생성형 AI가 기능하기 위해서는 결국 기존에 인간이 창작한 결과물을 학습해야 한다는 한계가 있다. 생성형 AI가 온라인상에서 불특정 다수의 작품을 학습하고 그것이 이미지 생성에 쓰인다면 표절로 볼 수 있을 것이다. 시카고대학교 연구팀이 내놓은 AI 모방 방지 소프트웨어 '글레이즈(Glaze)'는 생성형 AI들의 표절 사례에 분노한 예술가들의 요청에 의해 만들어졌다. 생성형 AI가 가져온 혁신이 반대로 인간의 창의성을 위협하게 된 것이다.

《사피엔스》의 저자 유발 하라리(Yuval Noah Harari) 예루살렘 히브리대학교 교수는 "AI가 인간을 지배하려면 로봇도 총도 필요 없다. 이야기만 만들면 된다"라고 2023년 4월 19일에 진행된 기자간담회에서 말한 바 있다. 하라리는 최근 〈뉴욕타임스〉 기고문 등에서 "언어를 습득한 AI는 인류 문명 전반을 해킹할 수 있는 '마스터키'를 얻은 셈"이라며 그 위험성을 경고한다. 또한 "AI가 해결할 수 있는 문제가 많지만, 그 안전성을 확인하기 위해 도입 속도를 늦출 필요가 있다"고 말한다. 그의 언급에 따르면 이야기는 인간이 세상을 지배해 온 힘의 원천이며, 지금까지 인간만이 만들었으나 이제 AI가 이야기를 만들게 됐다고 한다. 이는 점점 더 인간과 유사해지는 AI 기술의 발전을 살펴보았을 때 전혀 어색하지 않다. 결국 AI와 인간의 차이를 구분할 수 없는 시점에 도달했을 때 호모사피엔스라는 종은 AI에 의해 완전히 해석 · 해체될지도 모른다.

우리는 창의성 발현이 기술의 구애를 벗어난 순간을 목도하고 있다. 이 시점에서 창의성에 대해 다시 주목해볼 필요가 있다. 기술의 구애를 벗어난 창의성은 우리가 알고 있던 창의성 영역에 존재할 수 있을 것인가. 그리고 우리는 그것을 어떻게 받아들여야 하는가에 대해 아주 깊게 고민해보아야 한다. 어쩌면 우리는 AI와 더욱 편리하게 접촉할 수 있는 대가로 인간이라는 종이 가질 수 있는 고유한 속성을 잃어가고 있을지도 모른다.

참고문헌

권구민 · 김현석. 〈콘텐츠산업의 생성형 AI 활용 이슈와 대응 과제〉, 《한국콘텐츠진흥원 KOCCA포커스》 150, 2023.

석정현 · 주다영(2023). 〈AI 그림에 대한 사회 인식 및 AI 생성 서비스의 발전 방향성 분석〉. 한국HCI학회 학술대회, 2023.

임찬수 · 이윤지. 〈일본문학, 일본학 편: [봄-국제심포지엄] 소통과 불통의 한 · 일 간 커뮤니케이션: 보컬로이드(VOCALOID)에 나타난 오타쿠 문화의 변화 - 프로슈머로서의 활동을 중심으로〉. 《일어일문학연구》 82(2), 2012.

김정은. "MS, 3초 샘플로 목소리 재현하는 인공지능(AI) '발리' 발표". The DAILYPOST, 2023.01.10. http://www.thedailypost.kr/news/articleView.html?idxno=91008

네이버 지식백과. "서브컬처". https://terms.naver.com/entry.naver?cid=43667&docId=934950&categoryId=43667

안혜리. "트렌드 무시, 한우물 파다보니 어느새 대세됐다". 중앙일보, 2021.03.05. https://www.joongang.co.kr/article/24005232

위키피디아. "모에". https://ko.wikipedia.org/wiki/%EB%AA%A8%EC%97%90

유튜브 채널 Neuro-sama. https://www.youtube.com/watch?v=q3RiFz1yu5s

이영관. "어린이 책 낸 유발 하라리 '이야기는 인류 문명 원천, AI에게 맡길 순 없어'". 조선일보, 2023.04.19. https://n.news.naver.com/article/023/0003758774?cds=news_edit

임대준. "미 저작권청 'AI가 만든 그림은 저작권 대상 아니다'". AI타임스, 2023.03.16, https://www.aitimes.com/news/articleView.html?idxno=150000

______. "AI의 '작가 스타일 베끼기' 방지한다'". AI타임스, 2023.03.20. https://www.aitimes.com/news/articleView.html?idxno=150043

크리스 카슈타노바 인스타그램. @kris.kashtanova

크립톤 공식 홈페이지. https://www.crypton.co.jp/

OpenAI 공식 홈페이지. https://openai.com/blog/dall-e-introducing-outpainting

DECONSTRUCTING BOUNDARIES

Hyper Society-Active Audience
Sustainable Creative Industry
Decentralized Gaming
Cinematravelgram

AI

AI-Creator
AI Communication
Unleashing Creativity

LOCAL

Local Aura
Local Travel
Old Store and Local Creator
Hyper Local

Cultural Content Trend Watch

Future society viewed through 5 issues,
from deconstructing boundaries to AI

로컬

NEXT COMMUNICATION
Text Communication
Abbreviated Culture
Fast Movie
Over the Screen

EXPERIENCE BUSINESS
Liquid Consumption
Solo Travel
Random Box Marketing
Limited Edition Experience

8
로컬아우라
Local Aura

송주연

#로컬 #아우라 #로컬리티 #로컬힙 #로컬IP

일상에서 사람들은 로컬맛집, 로컬여행, 로컬브랜드 등 '로컬(local)'이라는 말을 자주 쓰고 있다. 그동안 '지역'이나 '지방'이라는 단어를 주로 사용했으나, 최근에는 지리적 관점의 접근보다 특별한 감성이 공유되는 인문학적 의미로서 '로컬'이라는 단어를 많이 활용한다. 이러한 현상을 '아우라(aura)' 이론에 접목하여 로컬이 지닌 특별한 감성이 무엇인지 설명하고, 가치는 어떠할지 예측해보려 한다.

로컬의 인문학적 의미와 현대인의 감성

로컬이란 영어권 언어로서 본래 '지역'이나 '지방'이라는 용어와 맞먹는데, 이는 우리의 인식이 무의식적으로 서울이나 중앙의 가치에 향해 있음을 보여준다. 이에 학계에서는 '지역'이나 '지방'이라는 용어가 아닌 '로컬'이라는 용어를 사용하여 특유의 장소 가치, 문화적 고유성 등 본질적 함의를 담아내지 못하는 언어적 한계를 탈피하고자 했다. 로컬은 단순한 장소성을 넘어 다양한 지역의 자연, 사람, 역사성 등이 더해져 다른 지역과 차별화되는 지역의 고유색으로서 '로컬리티(locality, 지역성)'가 발현되는 공간을 뜻한다.

또한 로컬은 세계화를 지향하는 개념으로 확대하여 이해할 수 있으며, 이는 문화수용 담론의 변화를 반영한다. 1980년대 말, 세계 최초로 일본의 소니가 글로컬라이제이션*을 기업의 슬로건으로 발표하고 마케팅 전략을 수립했다. 전 세계를 대상으로 시장을 확보할 수 있는 전략을 추진하되, 각 나라의 시장에 진입할 때는 그 지역의 문화, 사람들의 기호 등 현지의 사정에 맞는 적절한 전략을 수립하여 기업의 브랜드 가치와 경쟁력을 높이는 것이다. 이후 이러한 개념이 지역에 적용되어 지역의 것이 독특한 개성을 가지고 세계에서 경쟁력을 갖는 형태를 의미하는 글로컬(global+local)을 지향하고 있다.

이제 로컬은 문화적 다양성을 폭넓게 수용하는 사회로 변화함에 따라 대중의 일상에 친숙해졌다. 이러한 현상이 가속화된 배경으로는 장기화된 팬데믹으로 삶의 기준이 전환된 데서 시작된다. 예기치 못하게 맞이한 코로나19는 언택트 시대의 도래를 촉진했고, 실제적인 원거리 이동이 어려워지면서 일상생활이 온라인, 가정 및 자신

---

* 글로컬라이제이션(global+localization): 근대화이론에 대한 비판적 시각으로 서구문화를 맹목적으로 수용하는 것은 전통적인 문화의 파괴와 나아가 경제적 · 문화적 종속으로까지 이어질 수 있다고 주장하는 종속이론

이 거주하고 있는 지역사회를 중심으로 변화했기 때문이다. 이제 로컬은 골목, 동네 등 각각의 생활권이 형성된 공간 단위로 서울에도 적용되는 개념이자, 하나의 도시 내에도 여러 개성적인 로컬이 존재할 수 있다.

현대인이 로컬에서 느끼는 감성은 '로컬힙(local hip)'이라는 용어로 설명할 수 있는데, 말 그대로 로컬에서 '힙함'을 느끼는 것이다. '유행에 밝은'을 의미하는 영어 단어 힙(hip)에 우리말 '~하다'를 붙인 신조어로 새로운, 강한 개성, 감각적, 신선함 등의 의미를 지닌다. 즉, 로컬힙은 지역의 문화, 역사, 풍경, 인물 등 고유자원을 바탕으로 형성된 여러 유행이나 문화적 요소를 유니크하게 느끼고 따르는 문화를 의미한다(그림 8.1).

강화도 물푸레시골집 촌캉스

'촌캉스'란 시골에서 즐기는 바캉스 문화로 자연 친화적인 나무집, 솥뚜껑 삼겹살, 텃밭 등을 체험하며 이를 힙하게 느끼는 MZ세대를 중심으로 인기를 얻고 있다.

동해 무릉별유천지 시멘트 아이스크림

동해 지역 폐광 쌍용시멘트 공장 부지에 조성된 관광지에서 시멘트를 연상시키는 회색빛 흑임자 아이스크림을 판매하고 있다. 역사문화적 의미와 특색 있는 상품 디자인으로 시그니처 먹거리이자 필수 인증샷으로 자리 잡고 있다.

그림 8.1 로컬힙 사례

원본성과 유일성 그 자체, 로컬×아우라

아우라(Aura)는 발터 벤야민(Walter Benjamin)의 《기술복제시대의 예술 작품》(1936)에서 처음으로 제시되었으며, 사람이나 사물에서 발산하는 독특한 기운 또는 영성을 의미한다. 아우라의 의미론적 기원은 종교적 · 예술적 · 정치적 개념에서 출발해 인문학 · 경제학 · 관광학에 적용되기 시작하면서 다양한 특성이 제시되었다. 아우라는 물리적 대상의 원본성과 유일성을 중심으로 한 객관적인 특성과 주체의 주관적 · 정서적 느낌이나 교감 · 경험을 반영한다. 이를 도식화하면 〈그림 8.2〉와 같다.

아우라 개념은 2000년대 이후 '장소'에 적용되기 시작했다. 물질적으로 풍요해질수록 관광을 통해 정신의 고양과 진정성을 추구하는 여행 패턴이 증가했기 때문이다. 문화의 상품화, 물신숭배, 거대도시화와 교환가치의 지배로 대표되는 현대사회에서 직면할 수밖에 없는 스노비즘(snobbism: 고상한 체하는 속물근성, 또는 출신이나 학식을 공개적으로 자랑하는 일)과 사회적 · 문화적 · 공간적 소외가 사람들에게 자신의 내면에 대한 사유와 정신 수양을 위한 여행을 촉진시켰다. 즉 물질적 풍요 속에서 사회적 역할을 충실하게 수행하면서도 마음 한구석에서

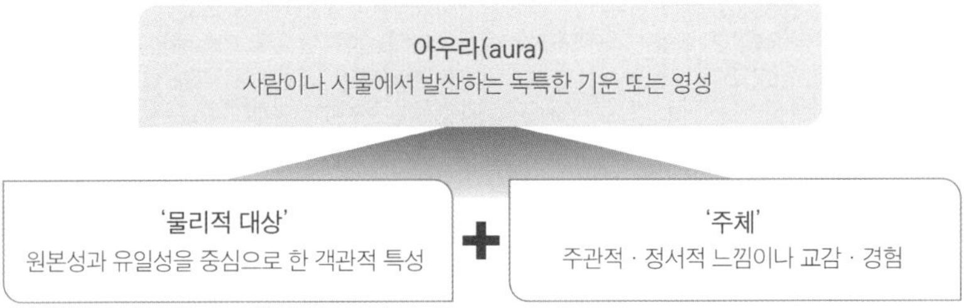

그림 8.2 아우라 개념

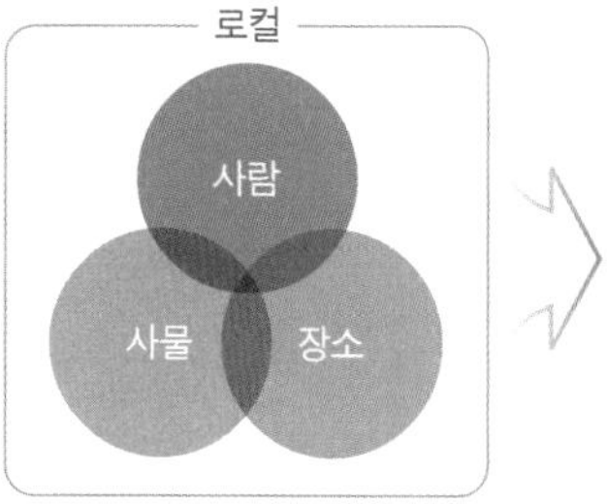

그림 8.3 로컬아우라 개념

문득 '과연 이렇게 살아도 되는 걸까'라는 질문을 자신에게 던지게 되는데, 이럴 때 사람들은 문명과 멀리 떨어진 원시적 공간이나 정신적 치유를 위한 장소에 대한 그리움과 동경을 갖게 된다.

나아가 저자는 사람들이 특별한 곳으로 떠나지 않아도 가까이 있는 로컬에서 아우라를 느낄 수 있다고 판단했다. 그 자체로 원본이자 유일한 로컬은 공간적 의미로 사람, 사물, 장소가 모두 복합적으로 존재한다. 가까운 곳에서도 찾을 수 있는 일상적인 로컬은 그 특유의 아우라로 현대인에게 힙함을 넘어 편안하고 안락한 느낌, 진정성, 치유 등을 제공할 수 있다. 즉 '로컬이라는 공간 내에 존재하는 사람, 사물, 장소의 고유한 특성으로 인해 독특하거나 특별하게 느껴지는 분위기'인 로컬아우라 시대가 도래한 것이다(그림 8.3).

로컬아우라의 발전과 로컬IP 확장 기대

로컬아우라가 발전하는 미래에는 로컬IP(Intellectual Property Rights, 지식재산권)의 확장을 기대해볼 수 있다. 아직은 IP 개념이 웹툰, 드라마, 캐릭터 등 콘텐츠 산업을 중심으로 적용되고 있으나 로컬IP에 대한 적용도 시작되고 있으며, 각각의 로컬이 발전하기 위해서는 중요해질 것이다.

예를 들어 150개 이상의 푸드 IP를 보유한 '캐비아(KAVIAR)'라는 회사에서는 로컬상점, 농가 등과의 협업으로 노포 맛집, 지역 특산물을 활용한 다양한 간편식 제품을 상품화하고 있다. CU, 오뚜기 등의 국내 대기업뿐만 아니라 쉐이크쉑, 스타벅스 등 글로벌 프랜차이즈까지 식품업계를 중심으로 지역 특색이 담긴 로컬푸드 상품화를 추진하고 있다(그림 8.4). 이에 IP 비용을 지불하고 다른 업체보다 선제적으로 장기계약을 따내려 노력하고 있다.

현재는 위와 같이 로컬푸드를 중심으로 IP가 활성화되고 있으나, 로컬문화가 콘텐츠산업의 기반이 되는 사례도 있다. 대표적으로 〈밀양아리랑〉 사례를 들 수 있다. 흔히 '아리랑' 하면 떠오르는 노랫말은 "날좀보소 날좀보소 날좀보소 동지섣달 꽃본 듯이 날좀보소 아

쉐이크쉑 더헤리티지370

370년 시간의 향기를 담은 기순도 씨간장이 첨가된 진장을 활용한 궁채 장아찌, 들깨 진장 아이올리 소스가 어우러진 프리미엄 버거

스타벅스 제주점 주상절리파이

제주의 주상절리 모양을 표현하여 겹겹이 쌓은 페이스트리를 바삭하게 구워 초콜릿을 입혀 달콤하게 즐기는 디저트

그림 8.4 로컬푸드 상품화 사례

리아리랑 쓰리쓰리랑 아라리가 났네"다. 바로 이 노래에 얽힌 '아랑 전설'을 모티브로 한 MBC 드라마 〈아랑사또전〉(2012), 공포영화 〈장화홍련〉(2003) 등의 사례다. 아랑 전설은 한국을 대표하는 원귀 서사로 살아서는 말할 수 없었던 아랑이 원귀가 되어 현실계와 초현실계를 넘나들고 결국 현실계로 돌아와 스스로 자신의 원한을 푸는 이야기다. 드라마 〈아랑사또전〉에서는 여자주인공 처녀귀신 아랑과 귀신을 보는 능력을 가진 사또 은오의 이야기가 중심이 된다. 영화 〈장화홍련〉은 억울하게 죽은 자매에 대한 실화를 바탕으로 아랑 전설을 차용해 각색된 것으로 알려져 있으며, 영화에서는 새엄마와 두 자매가 함께 살게 되면서 발생하는 괴이한 일들을 다루고 있다. 이러한 사례는 로컬문화가 다양한 산업에서 활용될 수 있는 잠재력이 풍부한 자원임을 보여주고 있다. 미래에는 로컬문화를 중심으로 다양한 로컬 IP가 활성화되길 기대한다.

미래세대에게 로컬아우라의 의미

현재 청년세대로 일컬어지는 MZ세대는 1980년대 초부터 1990년대 초까지 출생한 밀레니얼세대와 1990년대 중반부터 2000년대 초반에 출생한 Z세대를 통칭하는 용어로, 아날로그와 디지털을 모두 경험한 유일한 세대다. 이에 아날로그적 추억과 감성을 느낄 수 있는 로컬에 더 매력을 느낄 수 있다. 그렇다면 2010년 이후 출생한 100% 디지털 원주민 알파(Alpha)세대에게도 로컬은 같은 의미일까?

알파세대는 그동안의 세대와는 또 다른 새로운 차원으로 여겨지고 있다. 이들을 설명하는 대표적 개념은 'VIB(Very Important Baby)'다. VIP(Very Important Person) 개념에서 착안한 VIB는 극심한 핵가족화와 저출생으로 인해 소수 자녀를 위한 지나친 소비 행태를 일컫는 용어다. 알파세대는 코로나19로 장기간 언택트사회를 경험하면서 성장했고, 자신의 것을 소유하고자 하는 욕구가 강하기에 현 MZ세대가 많이 활용하는 공유경제에 낮은 선호도를 보인다. 또한 가상세계를 경험하며 성장하여 강한 고독감을 느끼는 특징이 있다.

따라서 저자는 미래세대에게 로컬아우라의 중요성이 더욱 강조된다고 보았다. 디지털시대에는 무엇이 원본인지, 복제되지 않는 유일한 것이 무엇인지 찾기 어렵기 때문이다. 이러한 시대를 살아가는 알파세대에게 로컬문화가 부족한 감수성을 채워줄 수 있으리라 생각한다.

한편, 슬프면서도 다행인 점은 지방소멸이 심화함에 따라 지역문화에 대한 관심이 커지고 있다는 것이다. 문화체육관광부에서는 정책적으로 지역 고유의 문화 매력으로 경쟁력과 차별화를 이끌어내기 위해 지역특화콘텐츠 개발, 지역문화 매력 100선 선정을 통한 국내외 홍보, 학교 교육과 연계한 지역문화교육 및 지역교과서 개발, 지역대학과 연계한 지역문화인재 양성 등을 기획하고 있다. 따라서 미래세대는 각 지역의 고유문화를 기반으로 한 개성 있고 다양한 로컬콘텐츠를 경험하며, 아우라를 느낄 수 있을 것이다.

#역(逆)트렌드(Counter Trend)

"어떤 트렌드의 반작용으로 만들어진 트렌드"로 변화 과정에서 한쪽으로의 쏠림이 심화되면서 동시에 이를 거부하는 반작용이 나타나는 현상이다. 로컬에 대한 관심은 기술과 감수성의 역트렌드로 디지털의 피로도와 공허함을 보완하고 새로운 경험을 전달하는 아날로그를 지향함에 따라 나타났다. 디지털과 비교하여 느린, 따뜻한, 불편한, 인간적인 아날로그가 트렌드가 된 것이다.

참고문헌

가마나무 · 최정자. 〈경주 황리단길의 장소 경험과 아우라간 영향관계: 방문객 거주민 상인의 단일집단과 다집단 비교 분석〉. 《동북아관광연구》 17(1), 동북아관광학회, 2021.

박기수. 〈트랜스미디어 스토리텔링, 역동적 참여와 융합 그리고 공유의 즐거움: 콘텐츠IP 비즈니스를 중심으로〉. 《인문콘텐츠》 62, 인문콘텐츠학회, 2021.

변찬복. 〈벤야민의 아우라 개념으로 본 관광의 진정성〉. 《인문학논총》 32, 경성대학교 인문과학연구소, 2013.

손수연 · 황기식. 〈유럽문화에서 글로컬의 의미〉. 《유럽연구》 36(1), 한국유럽학회, 2018.

이명수. 〈로컬, 로컬리티 그리고 인문학적 공간: 로컬리톨로지 도달에 관한 동양학적 전망〉. 《로컬리티 인문학》 3, 부산대학교 한국민족문화연구소, 2010.

이승민 · 나은선 · 이평구. 〈알파(Alpha) 세대 유아의 특징에 대한 조사연구: 사립 유치원 유아 교사의 인식을 중심으로〉. 《학습자중심교과교육연구》 22(17), 학습자중심교과교육학회, 2022.

정수희 · 이병민. 〈'로컬'의 인문학적 의미와 실천을 통한 지역발전: 한국과 일본 '로컬크리에이터' 사례 비교를 중심으로〉. 《아태연구》 30(1), 경희대학교 국제지역연구원, 2023.

김미경. "문화시설 이전, 슬세권 1만곳…尹 '문화'로 지역소멸 막는다". 이데일리, 2023.03.23, www.edaily.co.kr/news/read?newsId=02154966635546272&mediaCodeNo=257&OutLnkChk=Y

김희연. "MZ세대에게 먹히는 새로운 마케팅 키워드 '로컬'". 캐릿, 2022.08.24. https://www.careet.net/854

밀양문화관광재단 홈페이지. www.mycf.or.kr

서미영. "'로코노미(로컬+이코노미)' 트렌드 반영한 간편식". 디지틀조선일보, 2023.03.11. digitalchosun.dizzo.com/site/data/html_dir/2023/03/09/2023030980211.html

손광표. "트렌드를 뒤집는 역트렌드(Counter-trend)". KB금융지주 경영연구소, 2020.08.26. www.kbfg.com/kbresearch/vitamin/reportView.do?vitaminId=2000187

이지윤. "씨간장 버거-주상절리 파이… 외식업계 '로컬' 바람". 동아일보, 2022.08.29. www.donga.com/news/article/all/20220828/115186231/1

한국민속대백과사전. "아랑각". https://folkency.nfm.go.kr/topic/detail/5577?pageType=search&keyword=%EC%95%84%EB%9E%91%EA%B0%81

9
로컬여행
Local Travel

바란 로나히

#로컬답게 #체험여행 #힐링 시간 #로컬문화 #로컬음식

시간이 흐르면서 트렌드에 따라 여행 방식이 달라지고 있다. 이제 여행은 관광지를 수동적으로 구경하는 것을 넘어 더 큰 의미를 갖게 되었다. 새로운 곳을 발견하며, 그곳의 특성을 느끼기 위해 체험을 선택하는 사람들이 많아지고 있다. 예전에 눈길도 주지 않았던, 그리고 발견하지 못했던 지역을 찾는 '로컬여행(local travel)'이 그중 하나다. 로컬여행은 지역의 특성, 문화 그리고 자연을 자신의 취향대로 체험하고, 숨겨져 있는 매력을 찾아내는 여행의 새로운 패러다임이 되고 있다.

로컬로 부는 여행 바람

사람들은 여행지를 선택할 때 인기 있는 해외 명소나 수도, 대도시를 선택하는 경향이 있었다. 하지만 지구 전체를 휩쓸고 여행 생태계에 균열을 가져온 코로나19 팬데믹은 국경 봉쇄라는 장애를 만들었으며, 해외여행에 제동이 걸렸다. 사람들의 이동과 운집이 제한되면서 해외여행이 불가능해지자 '로컬여행'이 관심을 끌었다. 해외가 아닌 국내로, 먼 곳이 아닌 근교로, 그리고 사람이 몰리지 않는 지역과 그곳의 문화와 독특한 매력에 관심을 갖기 시작했다. 이른바 '로컬로의 여행'이라는 바람이 불기 시작했다.

한국관광공사는 로컬관광을 "지역주민과 소통하거나 지역 콘텐츠를 소비하면서 지역만의 특색을 알아가는 것"이라 정의했다. 새로움을 위해, 또 무언가를 보러 이웃 나라 혹은 물리적 거리감이 먼 곳으로 여행하던 사람들은 자신의 나라 혹은 이웃 지역이 최고의 여행지가 될 수 있음을 깨닫게 되었고, 로컬(local)에서 의미를 찾게 된다는 것이다.

로컬여행의 바람은 국내 투어 및 패키지여행 개발로 이어졌고, 여행자들의 로컬 경험과 여행은 팬데믹 상황에서 각각의 나라마다 새로운 시장을 형성하며 전 세계적으로 엄청나게 성장했다.

이에 따라 WTTC*에 의하면(표 9.1), 2021년 전 세계적으로 국내여행이 선호됨을 알 수 있다. 영국 96.2%, 아르헨티나 98.9%, 인도 94.5%, 중국 97.0%, 미국 94.8%, 일본 99.3%, 브라질 96% 등 각국의

* World Travel & Tourism Council.

표 9.1 G20 국가: 여행 및 관광 지표 선택

구분		GDP에 대한 T&T 기여도 (미화 10억 달러)	2021년 GDP 대비 T&T (%)	2021년 T&T GDP 변화 (%)	2021년 총 T&T 지출 (%)		2021년 T&T 지출 변화 (%)	
					국내	국제	국내	국제
1	미국	1,271.2	5.5	22.0	94.8	5.2	28.0	14
2	중국	814.3	4.6	16.9	97.0	3.0	25.5	-27.4
3	독일	251.0	6.4	5.0	89.6	10.4	5.8	11.8
4	일본	206.3	4.2	22.9	99.3	0.7	40.5	-90.8
5	이탈리아	179.0	9.1	58.5	83.8	16.2	76.4	19.8
6	인도	178.0	5.8	43.6	94.5	5.5	55.7	-39.1
7	프랑스	177.9	6.5	40.6	70.0	30.0	51.5	33.2
8	멕시코	168.8	13.1	23.6	86.4	13.6	20.7	58.6
9	영국	157.5	5.7	40.3	96.2	3.8	57.5	-48.8
10	스페인	113.1	8.5	52.5	59.5	40.5	52.3	70.1
11	브라질	103.5	6.4	21.7	96.0	4.0	29.9	-10.6
12	캐나다	88.0	4.4	24.4	85.5	14.5	33.3	4.2
13	오스트레일리아	76.5	4.7	-6.8	98.0	2.0	-1.8	-82.2
14	러시아	66.0	3.7	32.8	86.9	13.1	48.3	12.6
15	튀르키예	59.3	7.3	60.6	38.0	62.0	37.4	104.4
16	사우디아라비아	51.5	6.5	1.4	72.8	27.2	26.7	-7.0
17	한국	48.8	2.7	3.0	71.4	28.6	23.6	-23.3
18	아르헨티나	33.7	7.0	39.3	98.9	1.1	55.8	-82.1
19	인도네시아	28.9	2.4	-10.3	94.8	5.2	7.3	-81.1
20	남아프리카공화국	13.2	3.2	8.4	81.9	18.1	47.2	-40.4

출처: World Travel & Tourism Council, "Travel & Tourism Economic Impact 2022 report."

국내 여행 비중은 놀랄 만한 수치다.

또한 로컬여행 수치가 38%로 매우 낮은 튀르키예도 국외 여행보다 로컬여행인 국내 여행이 인기를 끌고 있다. 튀르키예는 다양성 때문에 지역별로 문화 차이가 크다. 그래서 색다른 문화를 체험하고 싶은 사람들은 해외가 아닌 인근의 흑해, 카파도키아, 지중해, 동아나톨리아 등으로 지역 투어를 떠난다. 그래서 이동이 어렵거나 혼자 여행 가고 싶지만 엄두가 나지 않는 사람들을 위해 저렴한 프로그램도 여럿 있다. 예산에 따라 비행기나 버스 이동을 고르고 몇 박 며칠간 여행할지를 선택하면 된다. 음식, 이동 경비, 숙소 등을 포함해 많은 사람이 저렴하게 로컬여행을 할 수 있도록 기회를 제공한다.

〈그림 9.1〉은 한국관광공사에서 집계해 발표하는 '빅데이터를 활용한 2023 관광트렌드'로 여행시장에서 중요한 키워드를 뽑아 'MOMENT'라는 단어를 만들었다. 첫 번째 철자인 M은 'Meet the local'로 로컬여행이 관광트렌드의 선두에 자리한다. 로컬 여행지는 예전에 실버세대가 찾던 곳이나 코로나19 이후 더 안전하고 편안한 여행 경험에 관심을 갖게 된 밀레니얼세대가 선호하는 장소로 변화했다.

그림 9.1 사회 · 여가 · 소비 · 환경 · 노동 분야의 주요 변화를 토대로 선정한 2023년 유망 여행 테마 여섯 가지

로컬이 되고 싶다는 욕망

오늘날 로컬여행은 여러 면에서 여행자들을 만족시키는 중요한 요소를 갖고 있다. 로컬여행은 여행자들에게 대도시에서 벗어나 숨겨진 여행지에서 '자신'에게 시간을 내는 역할을 한다. 자연환경이 잘 어우러져 있는 곳을 걸으며 힐링 시간을 갖고 마음의 상처를 치유하거나 간단한 야외활동으로 자신에게 '생각의 기회'를 주기도 한다. 다양한 삶의 방식을 이해하려는 로컬여행은 자연과의 상생뿐만 아니라 지역주민과도 소통하여 로컬에서의 삶을 체험할 기회를 준다.

이러한 흥미와 즐거움을 중시하는 경향은 잘 알려지지 않은 비인기 지역에서의 '새로운 일상 경험'에 대한 욕망을 증가시켰다. 지역민의 생활을 향유하며 '오늘은 나도 로컬이 되고 싶다'는 욕구가 사람들을 로컬여행으로 이끈다. 특히 나만의 취미를 경험할 수 있는 로컬여행이라면 더욱 잊을 수 없는 추억을 만들 수 있다.

로컬 여행자들이 로컬에서 무엇을 기대하고 원하는지 구체적으로 알아보자. 한국관광공사 보고서에 따르면 〈표 9.2〉처럼 로컬관광과 관련된 주요 단어로 '맛집'과 '음식'이 높게 나타난다. 로컬여행 선택에 영향을 미치는 중요한 요소 중 하나는 로컬음식에 대한 호기심이다. 음식은 지역문화를 나타내는 중요한 부분이고, 여행자는 여행지로 문화적 다양성을 경험하러 간다. 지역마다 고유한 식재료와 조리법을 가지고 있으며, 지역에서만 맛볼 수 있는 특별한 음식들이 존재하기에 그 지역을 여행하는 사람들은 로컬맛집을 찾아 로컬음식을 맛보는 것이 로컬여행의 매력이 된다. 이러한 경향에 힘입어 로컬과 음식을 결합한 콘텐츠들이 여행객을 유인하고 있다.

표 9.2 로컬관광 연관어 변화

No.	엔데믹	언급량	순위 변화
1	음식	391,815	⬆1
2	맛집	346,533	⬇2
3	현지	267,455	-
4	프로그램	260,370	-
5	문화	194,427	-
6	마을	178,801	⬆1

출처: 한국관광 데이터랩, "2023 관광트렌드 전망 설문조사 및 데이터 종합분석 통합 보고서"를 참조하여 재작성.

그림 9.2 지역의 음식 축제 및 쿠킹 클래스의 예

맛집을 찾은 관광객들은 〈그림 9.2〉처럼 그 지역의 특별한 음식을 체험할 수 있는 음식 축제나 쿠킹 클래스 등에 많은 관심을 가지고 있다. 여행자들은 이러한 음식 축제에서 특별한 요리 재료를 만날 수 있고 이를 이용해 로컬음식을 만들어 먹어볼 수 있다. 그렇기 때문에 지역 특산물을 이용한 쿠킹 클래스 체험이 증가하고 지역의 정체성과 사회적 의미를 대표하는 음식 축제가 기획 · 진행되는 것이 로컬여행 트렌드의 한 가닥이다.

그러나 때로는 축제처럼 사람이 많고 시끌벅적한 곳보다 조용하게 로컬 음식문화를 경험하고 싶어 하는 사람들도 있다. 이러한 사람들을 위한 로컬여행의 음식 관련 콘텐츠로 잇위드(Eatwith)라는 앱(그림 9.3)이 있다.

잇위드는 지역주민과 편하게 만나면서 다양한 음식 프로그램에 참여할 수 있는 앱으로 파리, 로마, 바르셀로나, 뉴욕, 샌프란시스코, 시카고, 런던, 리스본 그리고 암스테르담을 포함해 많은 지역에서 사용할 수 있다. 앱 활용 방식은 여러 가지인데, 첫 번째는 가이드나 게스트로 앱에 가입한 후 그 지역 사람들의 집에 초대받거나 하는 방식이다. 집에서 같이 밥을 먹을 수도 있고 로컬음식을 만들어 먹을 수

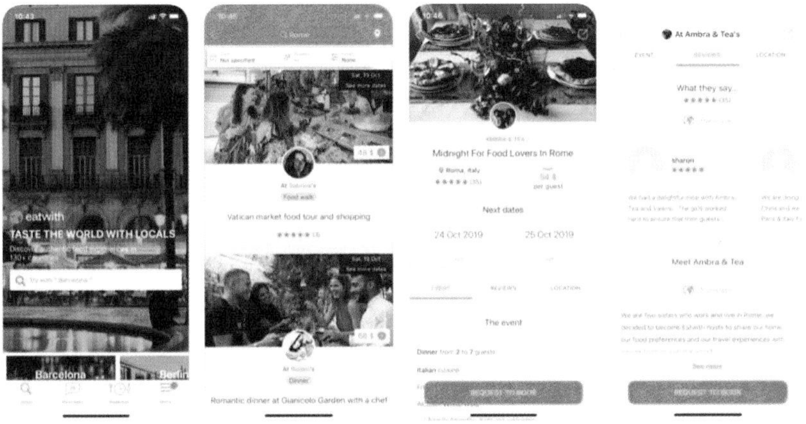

그림 9.3 잇위드(Eatwith) 앱

도 있다. 집에서 만나고 싶지 않은 사람들은 함께 로컬음식 투어를 하거나 지역민이 추천한 식당에서 식사할 수도 있다. 같이 음식을 만들거나 식사하며 재미있게 시간을 보내는 것으로 그 지역 사람들의 삶의 방식도 알 수 있다. 음식을 매개체로 게스트는 음식과 문화를 경험하고, 호스트는 돈을 벌 수 있는 상생의 콘텐츠다. 잇위드 앱은 한 지역의 음식과 함께 그 지역의 다양한 문화를 공유하는 데 큰 역할을 한다.

로컬 맞춤 전용 앱

로컬여행의 인기가 증가하고 국내 경제에 기여한다는 점을 감안하면 로컬여행에는 지역주민의 참여가 매우 중요하다. 그런 면에서 커뮤니티 기반 관광에 초점을 맞춘 〈그림 9.4〉와 같은 태국의 사회적 기업 로컬얼라이크(Local Alike)는 소개할 만하다.

로컬얼라이크는 200개 이상의 지역 커뮤니티와 함께 60개 이상 주에서 다양한 투어를 제공한다. 로컬 투어를 특별하고 진정한 여행으로 만들기 위해 로컬얼라이크는 지역 커뮤니티와 함께 세심하게 로컬 경로를 만든다. 여행자는 취향에 따라 음식 투어, 관광지 투어, 체험 투어 등을 선택할 수 있다. 로컬얼라이크에서 투어는 며칠인지, 투어 기획에 무엇이 포함되는지 확인하고 예약할 수 있다. 또 지역민 가이드와 함께 태국 각 지역의 문화, 음식 등을 경험할 수 있는 기회를 제공받을 수 있고 여행 후에는 경험에 대한 리뷰를 작성할 수 있기 때문에 다른 사람들은 앱을 통해 추천 투어나 리뷰를 보고 프로그

그림 9.4 로컬얼라이크(Local Alike) 웹사이트

램 정보를 얻을 수 있다. 지역민과 여행자에게 모두 이익이 되는 구조의 앱이다.

그런데 로컬여행을 할 때 꼭 지역민과 만나야 할까? 현지인과 만나고 싶지 않지만 지역민처럼 숨겨진 특별한 장소에 가고 맛집에서 맛있는 음식을 먹고 싶은, 위시리스트가 있는 사람들도 있다. 이런 사람들이 사용할 수 있는 앱으로 〈그림 9.5〉와 같은 리브라이크로컬(Live Like Local)은 휴대폰이 여행자의 가이드가 되어 여행자가 가입하고 자신의 취향과 위치 등을 공유한 다음 원하는 정보를 실시간으로 받을 수 있는 소셜 미디어 같은 앱이다. 개인 셰프, 보트 대여, 스포츠 활동, 현지 체험, 건강과 웰빙, 쇼핑, 자동차 및 오토바이 대여, 환승 및 교통, 관광 명소, 행사 및 축제, 해변 등 현지인을 만나지 않고도 정보를 얻을 수 있다. 손가락 터치만으로 최고의 로컬맛집, 최고의 로컬해변 및 레스토랑과 숙소 예약까지 많은 것을 할 수 있어 로

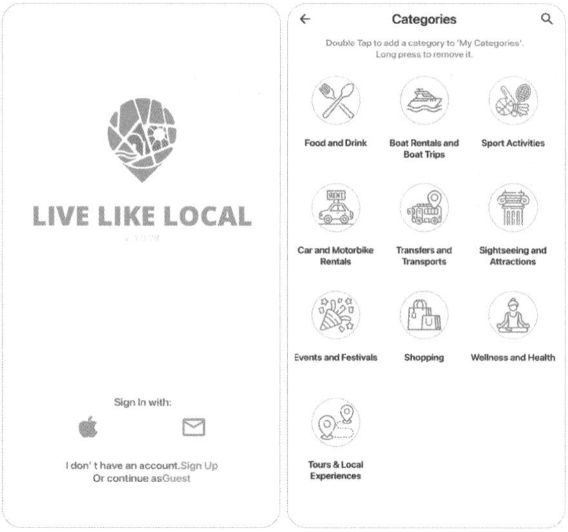

그림 9.5 리브라이크로컬(Live Like Local) 앱

컬을 처음 방문하는 사람에게 매우 편리한 앱이다.

| 로컬콘텐츠로 즐기는 여행

지친 일상을 위로받거나 치유받는 로컬여행이 주목을 받으며 로컬 여행자의 요구에 부응하는 다양한 콘텐츠가 생겨나고 있다. 특히 코로나19 이후 짧은 휴가를 즐길 수 있는 지역의 마을 호텔이나 한옥 고택 등에 대한 관심이 커지고 있다. 또한, 지역 고유성에 대한 호기심이 높아지면서 젊은 층은 로컬의 독특한 경험을 추구하는 경향을 보여준다. 동적인 것뿐만 아니라 정적인 여행도 매우 인기를 끄는 로컬여행 아이템이다. 복잡하고 힘겨우며 스트레스가 많은 현대인은 사건사고뿐 아니라 코로나19로 인한 불안감도 증가했다. 몸과 마음에 치유가 필요하며, 로컬의 웰니스(wellness) 여행은 유용한 방법 중 하나다. 온천과 스파는 몸과 마음을 편안하게 해주는 공간이며, 스파가 아니더라도 지역민과 소통하며 형성되는 친밀한 관계는 마음을 편안하게 해주고 새로운 인연을 만들어주기도 한다.

이러한 수요에 부응해 자연 속에서 여유로움과 편안함을 제공하는 마을 스테이도 많아지고 있다. 주민들이 참여하고 마을 자원을 활용하는 캠핑, 산책, 웰빙 식당 등을 향유하는 체험 활동형 로컬 콘텐츠도 있다. 각종 서비스를 제공하는 마을 스테이는 여행자들에게 잊지 못할 로컬의 추억과 평화로움을 선사한다.

로컬여행에 미치는 콘텐츠의 영향

로컬여행 수요가 발생하는 원인은 문화적 동기, 새로운 경험, 편함을 의미하는 힐링 찾기, 음식에 대한 호기심을 들 수 있다. 로컬여행 관련 검색어는 로컬맛집, 자유 시간, 힐링, 새로운 경험, 지역별 문화 등으로 나타나며 이러한 요구의 증가는 관련된 새로운 콘텐츠의 출현을 이끌었다. 호기심이 여행의 중요한 동기이자 요소이니 여행자를 유치하고자 로컬은 흥미로운 아이디어를 내놓았다.

대중매체 이용이 증가함에 따라 사람들은 정보에 쉽게 접근할 수 있게 되었다. 지역의 전통문화, 음식문화, 체험 프로그램, 축제 등을 통해 새로움을 추구하거나 지역에 호기심을 갖고 있는 사람들에게 가장 빠르고 효과적으로 지역 정보를 전달하는 방법은 소셜 미디어 또는 TV 프로그램이라고 할 수 있다. 특히 여행 경험을 공유할 수 있는 유튜브 콘텐츠는 모르는 곳에 대해 알려주는 것뿐만 아니라 직접 가고 경험하고 싶게 하는 데 큰 역할이 있다. 영상 콘텐츠는 시청자에게 흥미로운 시간을 보낼 수 있다는 지각을 전달하는 데 매우 효과적이기 때문이다.

그래서 로컬여행 영상 콘텐츠는 유튜브에서만이 아니라 넷플릭스 같은 OTT 플랫폼과 TV 프로그램에서도 자주 접할 수 있다. 온라인상에서 여행 이야기를 재미있고 흥미롭게 보여주기 때문에 여행 경험 콘텐츠는 예비 여행자들에게 로컬의 특성을 알리고 호기심을 불러일으키며 해당 지역을 여행하도록 설득하거나 영감을 주는 등 도움이 되고 있다. 이렇듯 로컬 방문자, 로컬콘텐츠의 만족감, 로컬에 대한 정보 공유 영상, 새로운 방문자 유입의 선순환 구조와 지역 활성화 간에 긴밀한 연결이 있다고 할 수 있다.

이러한 로컬여행의 트렌드 변화를 이해하기 위해서는 항상 사회와 '나'를 중심으로 자신의 취향에 맞는 삶의 방식을 찾으려는 경향도 살펴야 한다. 기술의 발전으로 많은 일이 빠르고 쉽게 처리되어도 인간은 여전히 무언가 부족함을 느낀다. 이러한 이유로 많은 사람은 로컬여행을 통해 평화롭고 즐거운 경험을 찾고 있다.

정부가 발표한 제6차 관광진흥기본계획에서는 방한 관광 활성화를 비롯해 각종 분야에서 2023~2024년을 '한국 방문의 해'로 선포했다. SNS나 여타 플랫폼을 통해 한국의 로컬 매력은 해외 여행자들의 호기심을 높이고 있으며, 인기 있는 방문지가 될 것이다. 그들을 위해 지역에 숨겨져 있는 매력적인 가치들을 발굴해내고 다듬는 일에 힘써야 한다. 시대가 바뀌어도 전통은 신기하고 매력적이기 때문이며, 로컬의 전통문화와 축제, 공예 체험 콘텐츠는 지역 자원으로 생각해야 한다. 여행자의 트렌드에 따라 로컬여행에서 나타나는 콘텐츠가 달라지며 다양해질 것이다. 또한, 인공지능 기술의 발전 등으로 인해 로컬여행 콘텐츠는 개인 맞춤형으로 제공될 가능성이 있다. 여행자의 취향이나 관심사를 분석하여 맞춤형 여행 코스를 제공하거나, 여행자가 이미 방문한 장소나 체험을 기록하여 추억을 되새기게 하여 재방문을 유도할 수도 있다. 또한 증강현실(AR)이나 가상현실(VR) 기술을 활용한 로컬여행 콘텐츠도 많아질 것으로 보인다.

#네이처 여행

자연 속에서만 찾을 수 있는 유기농을 제공하는 여행

#진정한 여행(authentical)

다른 곳에서 느끼지 못하는 분위기를 오로지 지역에서만 느낄 수 있는 여행

#당일여행

짧은 시간에도 여행 욕망이 있으면 국내에서 고유한 문화를 갖고 있는 지역을 방문할 수 있는 여행

참고문헌

김경희 · 황대용. 〈농촌 치유관광에서의 회복경험〉. 《한국농촌지도학회》 26(3), 2019.

조상리. 〈지역 호기심에 영향 미치는 여행 요인에 관한 연구: 성별의 조절효과를 중심으로〉. 《대한경영정보학회》 39(4), 2020.

Kurt Wilson, S. Arias, Paul Anthony, A. Angob, Wiro Glenn, R. Ereje. 〈The Influence of Travel Vlogs on Millennials' Decisions to Visit Local Travel Destinations〉. *International Journal of Social Science and Humanities Research*, 10(3), 2022.

남도음식문화큰잔치 홈페이지. http://m.namdofood.or.kr/page/page1

노윤정. "나의 여행을 조금 더 특별하게, 지역과 '더불어' 여행하다". LIFEIN, 2022.07.22. http://www.lifein.news/news/articleView.html?idxno=14414

박소연. "지역관광산업의 활성화, 관광법령과 제도개선으로 지속가능한 대안을 모색해야 할 때". 월간인물, 2023.03.03. https://www.monthlypeople.com/news/articleView.html?idxno=468173

어마어마 홈페이지. "프로젝트". https://www.umum.co.kr/adverts?sca=%EB%86%80%EC%95%84%EB%B3%B4%EA%B8%B0&page=3#

이상인. "한국관광공사가 발표한 2023년 국내관광 트렌드 '일상의 모든 순간이 여행'(M.O.M.E.N.T.)". 티티엘뉴스, 2023.01.31. https://www.ttlnews.com/article/travel_report/13203

이은지. "2023-2025년 엔데믹 시대의 여행 트렌드는?". 여행신문, 2022.12.28. https://www.traveltimes.co.kr/news/articleView.html?idxno=403678

한국관광 데이터랩. "2023 관광트렌드 전망 설문조사 및 데이터 종합분석 통합 보고서". 한국관광공사, 2023.01, 13쪽. https://datalab.visitkorea.or.kr/common/board/Download.do?bcIdx=302755&cbIdx=1129&streFileNm=17bae29a-8b1f-4f3a-ba95-27ed3fc9547c.pdf

______, "빅데이터를 활용한 2023년 국내 관광트렌드", 한국관광공사, 2023.01.31. https://datalab.visitkorea.or.kr/site/portal/ex/bbs/View.do?cbIdx=1129&bcIdx=302755

______. "2023 관광트렌드 소셜 데이터 분석". https://datalab.visitkorea.or.kr/site/portal/ex/bbs/View.do;ksessionid=RPq-klW0gu97DtBDuQ6T-gJhcykS2UGFKc2yaNEb.wiws02?cbIdx=1129&bcIdx=302812&cateCont=tlt02&searchKey=&searchKey2=tlt02&tgtTypeCd=CATE_CONT

Apple Appstore. "Eatwith application." https://apps.apple.com/us/app/eatwith-food-experiences/id1076274943

Live Like Local 홈페이지. https://www.livelikelocal.app/

Local Alike 홈페이지. https://localalike.com/about-us/

The Yale Ledger. "Travel at Home: The Benefits of Domestic Tourism, The Yale Ledger". https://campuspress.yale.edu/ledger/travel-at-home-the-benefits-of-domestic-tourism/

World Travel & Tourism Council. "Travel & Tourism Economic Impact 2022 report." https://wttc.org/Portals/0/Documents/Reports/2022/EIR2022-Global%20Trends.pdf

10 노포(老鋪)와 로컬크리에이터

Old Store and Local Creator

송주연

#노포 #로컬크리에이터 #로컬콘텐츠 #장소성 #OSMU(One Source Multi Use)

로컬아우라가 형성되기 위해서는 사람들이 로컬의 고유한 특성을 경험할 수 있는 콘텐츠가 필요하다. 노포는 뉴트로 문화와 맞물려 로컬만의 장소성을 매력적으로 보일 수 있게 했으며, 로컬크리에이터는 트렌디한 시각으로 로컬 자원을 해석하고 경험할 수 있는 콘텐츠를 만들어 외부에 알림으로써 대중의 관심을 끌고 있다. 이렇게 로컬에는 매력적인 콘텐츠를 만드는 2개의 주요 축으로 '노포(老鋪)'와 '로컬크리에이터(Local Creator)'가 있다. 이들이 만들어나가는 로컬 사례와 인문학적 가치, 의미를 짚어보고자 한다.

힙함을 만들어준 '노포'

노포(老鋪)는 한자어로, 말 그대로 '오래된 점포'를 의미한다. 이는 한국, 일본, 중국에서 사용하는 용어로, 그 외 국가에서는 '장수기업'이라는 용어를 사용한다. 대개 100년 이상의 역사를 가지고 있고 식음료, 의류, 숙박, 생활용품 등 의식주 전반의 다양한 산업이 존재하며 지역의 주요 문화자산으로 인지되고 있다. 그러나 우리나라의 경우 일제강점기, 한국전쟁 등을 거치며 지역 내 많은 시설물이 파괴되어온 시대적 상황상 30년 이상만 되어도 노포로 인식하고 있다. 또한 뒤늦은 산업화로 대기업 중심으로 경제를 견인하고, 상인을 천시하며, 화이트칼라 직업을 중시하는 유교적 관습으로 다양한 가업이 이어지지 못했다. 이는 취업자 중 자영업자 비중 통계를 살펴보면 여실히 드러난다. 처음 통계를 냈던 1963년 37%에서 최근 20%까지 감소했다(그림 10.1).

특히 코로나19의 영향이 크며, 그중에서 노포와 관련된 통계는

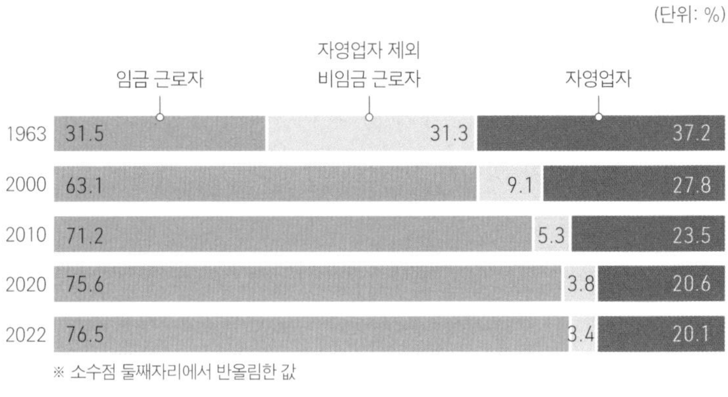

그림 10.1 취업자 중 자영업자 비중 통계

없으나 신촌 지역 상인의 인터뷰에 따르면 30년 이상 유지해오던 노포의 25%가량이 문을 닫았다고 한다.

이러한 시대적 어려움 속 일종의 역트렌드로 2010년대 후반부터 시작된 뉴트로 문화 활성화에 따라 로컬 감성을 채울 수 있는 의미로서 노포에 대한 소비자의 관심이 커졌다. 대표적인 사례로 을지로는 노포를 비롯한 오래된 건축물을 활용한 뉴트로 열풍으로 전통과 새로움이 공존하는 이색적인 분위기를 만들어 일명 '힙지로'로 불리게 되었다. 이러한 현상은 그동안 전통이나 오래된 것들의 가치를 촌스럽게 보는 시각에서 새로운 감성을 채우는 시각으로 변화함을 보여준다. 이제 허름한 간판과 세월의 흔적이 곳곳에 묻어나는 노포는 그 자체로 매력적이다. 또한 요즘의 젊고 세련된 외식사업가들이 내지 못하는 맛, 규격화되지 않은 맛, 노포 주인의 성실한 삶의 태도 등 노포가 지닌 가치는 깊고 풍부하다.

우리나라의 노포는 음식점이 많은데, 이는 지역의 장소성을 드러낸다. 지역의 대표 음식으로 홍보되는 것과 상이한 결과로 나타나 잠재된 장소성을 발견할 수 있는 것이다. 예를 들어 '속초' 하면 바다가 떠오르며 물회, 대게 등 해산물이 대표 음식으로 인기가 많은데, 속초의 노포로는 냉면 음식점이 많다. 한국전쟁 이후 월남한 실향민들이 많이 거주하면서 국내에서 함흥냉면을 최초로 개발한 음식점이 속초에 있으며, 가업승계 등을 통해 지금까지 운영되고 있다. 또한 '원주'의 경우 혁신도시 이미지가 크고, 대표적인 특산음식은 딱히 떠오르지 않는다. 그러나 노포는 의외로 통닭과 짬뽕 음식점이 많다. 이는 한국전쟁의 영향으로 주요 군부대가 주둔하면서 원주민보다 군인, 군인 가족, 군부대 관련 외지인을 위해 지역 고유의 음식보다는 통닭, 짬뽕 등 누구나 좋아하는 음식을 판매하는 음식점이 많았기 때문이다.

백년가게, 오래가게 노포 사례

노포와 관련된 대표정책은 중소벤처기업부의 '백년가게 육성사업'이다. 30년 이상 또는 20년 이상 점포 중 국민추천제를 거쳐 그 대상이 되며, 100년 이상 존속하고 성장할 수 있도록 육성하는 정책이다. 2023년 5월 현재, 전국에 1,346개의 백년가게가 선정되었으며, 그중 음식점이 64%(857개)로 가장 많다. 여기서 특이한 점은 건설업, 농업, 축산업은 노포가 각 1개씩 유일하고, 숙박업은 3개뿐이라는 것이다. 〈표 10.1〉과 같이 이러한 노포가 백년가게가 되고, 해당 업종이 점차 많아진다면 우리나라도 해외 우수사례처럼 다양한 산업의 노포 생태계로 발전할 수 있을 것이다.

각 지역에서도 노포를 가치 있게 바라보는 시각으로 변화하고 있다. 먼저 서울시 오래가게는 '오래된, 그리고 더욱 오래가길 바라는 가게'를 뜻하는 우리말로, 노포라는 한자어 대신 서울시민의 의견으로 만든 브랜드다. 서울지역 내 30년 이상의 역사를 가졌거나, 2대 이상 대를 이어 운영하는 곳 또는 무형문화재 등 명인과 장인이 기술과 가치를 이어가는 가게를 기준으로 하며, 2017~2021년 6년간 총 117곳이 선정되었다. 이를 지도로 만들어 탐방 코스를 소개하고 있다.

표 10.1 백년가게 육성사업의 특별 사례

구분	지역(창립연도)		사례
건설업	부산(1982)	홍림토탈 인테리어	• 리모델링 및 도배/장판 시공 전문 노포 • '절대 친절', '한 분의 고객은 200명이다'라는 신념을 가지고 경영 중
농업	원주(1968)	강원밀봉	• 50년 이상 양봉업계에 종사하며, 양봉학회 및 양봉농협 월간지 등에 선진 양봉기술 공유 • 벌꿀, 화분, 로열젤리 등 제품 취급
축산업	홍성(1979)	비전농장	• 미생물을 활용해 축사 내 악취와 해충 등 환경오염을 줄인 친환경 축산 실현 • '대한민국 최고농업기술명인'에 선정되었고, 아들이 가업승계를 할 예정
숙박업	전주(1980)	호텔한성	• 1949년 전라북도 최초의 여관인 '한성여관'에서 국악인을 위한 숙박업소로 시작, 1980년 현재의 호텔로 승격하여 운영 중 • 전통을 잇기 위해 객실 내 전통가구, 스테인리스 욕조, 아날로그 키 등을 고수 중
	평창(1996)	휘닉스 그린텔	• 봉평 피닉스파크 인근에서 2대째 이어오고 있는 숙박업소로, 자체 부지에 아버지가 건물을 올리고 아들이 물려받아 '작은 리조트'를 꿈꾸며 운영 중
	속초(1983)	스마일 호스텔	• 1983년 창업하여 설악동의 흥망성쇠를 모두 경험한 유일한 곳임 • 최근에는 설악동 게스트하우스 1호점으로 변신했고, 관광과를 졸업하여 영어, 일어에 능통한 아들이 경영에 참가하여 외국인도 편안하게 서비스받을 수 있음

출처: 백년가게 · 백년소공인 홈페이지.

또한 강원도민일보에서는 2022년 5월부터 2023년 5월 현재까지 매달 3회 정도 '오래된 미래 강원 노포 탐방'이라는 주제로 강원도 지역 노포 인터뷰 자료를 배포하고 있다. 이를 통해 각 노포만의 특별한 스토리를 접할 수 있는데, 그중에서도 다른 지역에서 지원 정

표 10.2 오래된 미래 강원 노포 사례

구분	지역(창립연도)	사례	
지역 상생	춘천(1979)	예쁘다의상실	• 수십 년간 70~80대 단골손님의 사랑방이자 현재 도립예술단 공연 의상 제작
	동해(1967)	천일서점	• 서점 건물의 한 층을 지역 어머니회 · 독서회 등 문화단체들의 발표회 등으로 활용할 수 있는 문화공간으로 조성
	춘천(1973)	황소국수	• 면이 필요한 음식점에 맞춤형 제품을 납품하고 있는데, 예를 들어 국숫집에는 메밀과 밀가루의 배합과 건조를 맞춘 면 납품, 닭갈비집에는 우동면보다 두꺼운 사리면 납품
문화 콘텐츠 창출	영월(1975)	곰세탁소	• 영화 〈라디오스타〉의 촬영지로 외지인에게 알려진 곳. 50년 세월때 묻은 브라더미싱과 연탄불에 달군 쇠다리미가 명물이 됨
	인제(1964)	금성여인숙	• 2021년 12월 금성여인숙의 에피소드를 담아 서울 혜화동 소극장에서 연극이 개최되었고, 이어 금성여인숙 골목문화제에서 초청공연작으로 활용* • 웹툰 작가 강영민이 금성여인숙에서 장기 투숙하며 〈꼬부랑게하〉 연재

출처: 강원도민일보 홈페이지.

책으로 참고할 만한 '지역상생'과 '문화콘텐츠 창출' 사례를 소개한다(표 10.2).

---

* 극 속에서 여인숙 주인인 강부민은 월북한 아버지 때문에 여인숙을 운영하고 있다. 고속도로에서 아들 내외와 싸우고는 충동적으로 아무 버스나 타고 이동한 유순희는 인제에 도착하고 버스 기사에게 아주 저렴한 숙소를 물어 금성여인숙에 묵게 된다. 일용직 노동자, 드랙 아티스트, 송이 캐는 사람 등 각기 다른 다양한 사람들이 이곳에 함께 지내고 있다. 모두 함께 모여 막걸리 한잔을 걸치려는 순간, 코로나19 확진자와 접촉한 사람으로 인해 여인숙에서 자가격리를 하게 되는 스토리다.

로컬 OSMU 실현가, '로컬크리에이터'

감소해가는 노포에 대한 대안으로 로컬크리에이터에 주목하고자 한다. '로컬크리에이터'라는 용어는 신조어로 민간 업계에서 "도시문화를 기반으로 로컬콘텐츠를 만드는 창업가"라는 의미로 쓰이기 시작했다. 그리고 2020년 이후 정부의 로컬크리에이터 육성 정책으로 용어가 정착되었다. 로컬크리에이터는 지역 자원을 창의적으로 해석하여 사업화함으로써 지역에 경제적 · 사회문화적 가치를 창출하며, 지역을 발전시키는 창업가다. 이러한 역할은 마치 문화콘텐츠산업을 일컫는 OSMU와 닮았다. OSMU(One Source Multi Use, 콘텐츠의 다목적화)는 원천 콘텐츠를 다양한 문화콘텐츠 산업 분야로 활용하는 것이다. 즉, 로컬크리에이터가 로컬의 자원인 원천 콘텐츠를 관련 산업, 관광, 교육, 문화예술 등 다방면으로 활용한다는 점에서 로컬 OSMU 실현가라 할 수 있다(그림 10.2).

이를 통해 로컬크리에이터가 새롭게 만들어나가는 로컬의 모습을 사례와 함께 정리해보았다. 로컬 비즈니스 전문 미디어 '비로컬'에 담긴 다양한 로컬크리에이터 인터뷰 자료를 참고했다(표 10.3).

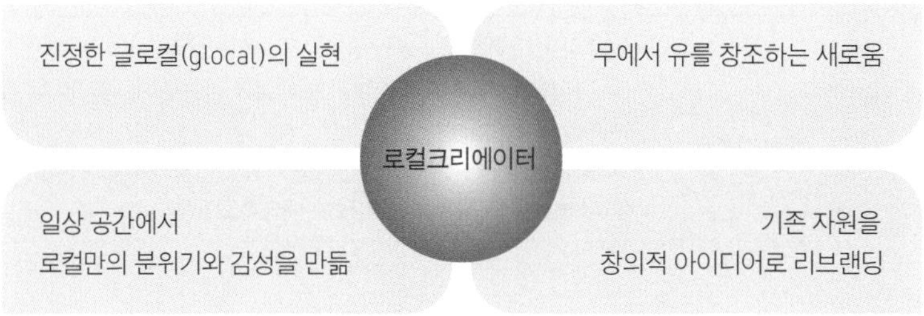

그림 10.2 로컬크리에이터가 만드는 로컬의 특성

표 10.3 로컬크리에이터 사례

구분		사례
진정한 '글로컬' 실현	강릉 송림도향	• 소나무를 활용해 전 세계에 소나무차, 소금, 아이스크림, 음료, 술 등 상품을 판매하고 있으며, 소나무를 천연물 원료 소재로 활용할 수 있는 연구와 숙취 해소, 간 기능 개선, 뇌 건강 개선 제품 등을 개발하고 있음 • 이를 통해 캐나다 하면 단풍나무, 핀란드 하면 자작나무, 일본 하면 히노키를 떠올리듯 대한민국 하면 소나무를 떠올릴 수 있도록 기여하고자 함
	춘천 감자밭	• 닭갈비에 이어 춘천의 또 다른 마스코트가 된 감자빵 개발 • 우연히 해외 콘퍼런스에서 우리나라의 보라색 감자를 칭찬하는 것을 보면서 왜 하얀색 감자만 팔리는 것인지 의문을 가지고 다양한 컬러의 감자를 활용한 빵을 만들어 카페를 운영하기 시작했고, 연간 60만 명 이상이 찾는 곳이 됨
무에서 유로, 로컬의 새로움 창조	태백 고백캔들	• 눈 내리는 마을에 포근한 오두막 같은 양초 공방을 꿈꾸며 태백의 자연에서 나는 것들을 그대로 가져다 향초로 만들고 있음 • 산에서 도토리 머리, 측백나무 열매, 편백나무 열매, 도토리 등을 주워 와 태백만의 자연 감성을 만들고 있음
	세종 세종시 삼십분	• 신도시 세종시에서 '세종스러움'이란 무엇일까 고민하며 다양한 시도를 하고 있음 • 음식에 로컬 식재료를 사용하고, 조치원 복숭아를 활용해 '세종 피치에일'이라는 지역 맥주를 만들었으며, 앞으로도 이러한 시도를 통해 세종스러움을 찾으려 함
일상 공간 속 로컬만의 분위기와 감성 실현	영월 약사세요 약국	• 단골손님들이 평소 먹는 영양제를 체크해주고, 우리 몸과 부위별로 좋은 의약품을 만화로 그려 약국에 전시함 • 수능 대박 기원 세트, 김장 피로회복 세트 등 캐릭터를 그려 디자인한 상황별 재미있는 상품도 만들었고, 주민들은 마치 친한 이웃집에 놀러 오듯 약국에 방문하고 있음
	청주 새벽다섯시	• 충북대학교 재학생과 졸업생이 모여 만든 브랜드로 외지에서 와 아침밥을 차려 먹기 힘들다는 경험을 공유하며, 아침밥 배달 서비스를 시작함 • 매일 농산물시장에서 신선한 재료를 구입하고, 새벽 2~3시부터 음식을 만들어 자가용을 이용해 배송하고 있음

구분		사례
기존 자원을 창의적인 아이디어로 브랜딩	제주 해녀의 부엌	• 해녀의 삶을 담은 공연과 제주 해산물 밥상을 즐길 수 있는 극장식 레스토랑을 운영하고 있음 • 해녀들이 채취하는 해산물이 국내 소비 시장을 창출하지 못하고, 일제강점기부터 일본에 판매하며 현재도 의존도가 높은 문제를 해결하기 위해 문화예술과 브랜딩을 접목한 것임
	평창 브레드메밀	• 평창은 예부터 메밀 산지이자 이효석의《메밀꽃 필 무렵》의 무대임 • 대표적인 특산물인 메밀가루를 활용해 빵 반죽을 하고, 봄에는 곤드레나물, 여름에는 멜론 등 계절별 식재료를 넣어 지역민들에게도 익숙한 디저트이자 관광객에게도 어필할 수 있는 디저트로 브랜딩함

출처: 비로컬 홈페이지.

복제되지 않는 로컬을 만드는 이들

우리는 복제가 쉬운 세상에 살고 있다. 새롭고 핫한 것은 여지없이 복제된다. 그러나 오랜 문화를 지닌 고유한 로컬은 복제될 수 없으며, 그 안에서 고유한 콘텐츠를 만들어가는 노포와 로컬크리에이터의 존재는 중요하다. 따라서 노포와 로컬크리에이터가 서로 부족한 부분을 보완하며 상생하는 것이 필요하다.

먼저 노포는 오랜 노하우를 바탕으로 로컬크리에이터가 지역에서 자리 잡을 수 있도록 활로 개척 등을 도움으로써 장인으로서 자존감을 지켜나가야 한다. 또한 변화하는 환경에서 지속적으로 살아남을 수 있도록 젊은 시각을 지닌 로컬크리에이터와 브랜딩 작업이 필요하다. 로컬크리에이터는 지역민과 외지인 모두 사랑할 수 있는 콘텐츠를 만들어야 하며, 장인정신을 통해 로컬콘텐츠를 지탱할 미래의 노포로 성장해야 한다.

#로코노미(loconomy: local+economy)

로컬과 이코노미를 합친 신조어로 도심의 거대 상권이 아닌 특정 동네, 즉 현지에서 소비 등을 포함한 경제생활이 이루어지는 현상을 뜻한다. 누구나 다 아는 보편적 가치보다 나만 알고 있는 희귀한 것의 가치가 부상하고 있다. 익숙해서 지나쳐온 동네의 이야기가 귀한 콘텐츠가 된 것이다. 이제 소비자는 자신의 라이프스타일과 취향에 맞추어 다양하고 고유한 가치를 지닌 로컬콘텐츠를 적극 소비한다.

참고문헌

김옥현 · 차종석. 〈한국 외식노포(老鋪)의 장수 DNA에 관한 질적 연구: 근거이론의 관점에서〉. 《외식경영연구》 23(2), 한국외식경영학회, 2020.

송주연 · 이병민. 〈로컬크리에이터의 지역정착 지원방안: 진입경로 유형별 특성을 중심으로〉. 《인문콘텐츠》 67, 인문콘텐츠학회, 2022.

신성환 · 유춘동. 〈강원지역의 오래된 음식 가게[노포(老鋪)]의 현황과 특성〉. 《철학 · 사상 · 문화》 36, 동국대학교 동서사상연구소, 2021.

이창길. 〈노포와 상생하는 인천 개항로프로젝트〉. 《우리 동네 도시재생 이야기》 474, 국토연구원, 2021.

이창욱. 〈OSMU를 중심으로한 문화콘텐츠의 다목적 활용에 관한 연구〉. 《한국디자인문화학회지》 14(3), 한국디자인문화학회, 2008.

강주영. "[오래된 미래 강원 노포 탐방] 41. 춘천 예쁘다의상실". 강원도민일보, 2023.04.05. www.kado.net/news/articleView.html?idxno=1176839

미래에셋증권 매거진 홈페이지. www.openads.co.kr/content/contentDetail?contsId=10460

방기준. "[오래된 미래 강원 노포 탐방] 7. 영월 곰세탁소". 강원도민일보, 2022.07.07. www.kado.net/news/articleView.html?idxno=1134040

백년가게 · 백년소공인 홈페이지. www.sbiz.or.kr/hdst/main/mainPage.do

비로컬 홈페이지. www.belocal.kr

빅카인즈 홈페이지. www.bigkinds.or.kr

서울시 오래가게 홈페이지. seoulstory-contest.kr

전인수. "[오래된 미래 강원 노포 탐방] 39. 동해 천일서점". 강원도민일보, 2023.03.22. www.kado.net/news/articleView.html?idxno=1174580

진교원. "[오래된 미래 강원 노포 탐방] 5. 인제 금성여인숙". 강원도민일보, 2022.06.23. www.kado.net/news/articleView.html?idxno=1131985

황선우. "[오래된 미래 강원 노포 탐방] 9. 춘천 황소국수". 강원도민일보, 2022.07.21. www.kado.net/news/articleView.html?idxno=1136160

황지윤. ""30년된 신촌 유명 노포들도 줄폐업" 추락하는 자영업". 조선일보, 2023.01.17. www.chosun.com/economy/economy_general/2023/01/16/DMDWJA5ZGRCM7EC5WB3JOGKZSQ/

11 하이퍼로컬

Hyper Local

한수연

#로컬택트 #뉴어바니즘 #복합문화공간 #스몰 브랜드 #제3의 장소

공간과 사람의 관계는 밀접하게 연결되어있다. 사람에게 '공간'은 편안한 집 같은 분위기를 풍기는 것도 중요하지만, 다양한 사람들과 모여서 이야기하고, 상호작용의 욕구를 풀 수 있는 장소를 의미한다. 우리의 일상은 '온택트(on-tact)'에서 '홈택트(home-tact)'로 그리고 '로컬택트(local-tact)'로 변화하고 있다. 로컬 트렌드의 큰 흐름 중 하나는 라이프스타일이다. 앞으로의 오프라인은 동네 중심으로 성장하는 추세를 보일 것이다. 이와 같은 현상을 '하이퍼로컬'로 정의하며, 이는 "아주 좁은 범위의 특정 지역에 맞춘"이라는 의미를 갖는다. 기존의 로컬보다 더 좁은 동네 생활권을 들여다보자.

트렌드 변화의 시작, 로컬지향 현상

보종린 교수의 《머물고 싶은 동네가 뜬다》에 따르면 로컬지향 현상을 다섯 가지 변화로 바라볼 수 있다. 우선 귀농 · 귀촌은 기성세대도 적극적으로 참여하는 로컬지향 현상이다. 한국농촌경제연구원의 2017년 통계를 기준으로 귀농 · 귀촌 인구는 처음으로 50만 명을 웃돌았다. 최근에는 코로나19로 탈도시화가 가속화되면서 귀농 · 귀촌도 동반 상승하는 모습을 보였다. 두 번째로 제주도 이민 현상을 살펴볼 수 있다. 제주 이민 현상은 2010년 이후 지속적으로 발생한다. 따라서 제주도는 로컬과 탈서울 운동의 중심으로 자리매김하고 있다. 다양한 세대가 제주도로 이민 간 경우가 많은데, 최근에는 제주도가 아닌 다른 지역으로 '한 달 살기', '1년 살기'를 경험하고 오는 사람들이 증가하고 있다.

세 번째로 최근 신조어에서도 알 수 있듯이 동네지향 현상에 주목한다. 이는 슬리퍼를 신고 활동할 수 있는 지역을 일컫는 말인 '슬세권', 스타벅스 매장이 가까이 있는 지역인 '스세권', '홈 어라운드(home-around) 소비'* 등 코로나19 팬데믹을 지나오면서 빠르게 변화한 로컬 라이프스타일을 말한다. 동네 중심으로 생활하는 것이 하나의 문화가 되었다. 뒤에 언급할 생활권 도시의 가장 최적화된 도시를 말하는 '15분 도시'라는 개념도 같은 맥락이다. 네 번째로는 특정 장소를 지향하는 개념이 있다. 여행객들은 '나다움'을 표현하고 나를

---

* 집에서 이동 수단의 도움 없이 걸어서 갈 수 있는 거리에 유통매장, 식료품 등 기타 생필품을 구매하는 소비 방식

보여줄 장소를 원한다. 이를 표출하는 방법으로 핫플레이스와 포토존을 예시로 들 수 있다. 어느 공간과 가게를 가더라도 사진을 찍는 기록을 통해 다양한 나다움을 표현할 수 있다. 마지막으로 고향지향 현상이다. 서울과 지방의 고향에 대한 청년들의 인식은 과거와 많이 달라졌다. 청년들 사이에서 '고향 회귀'가 새로운 현상으로 뜨고 있다. 리서치코리아(2018) 조사에 따르면 대구 출신 서울 청년 중 42%가 귀향하고 싶다는 의사를 표명했다. 복잡한 서울 생활과 높은 주거 임대료, 높은 물가 등이 귀향 의사를 더욱 높였다. 이들 중에는 농촌 생활에 적응하며 로컬크리에이터로 창업하는 사람들도 늘어났다.

이렇듯 공간을 중심으로 생활하고 문화를 향유하는 시대에 '로컬'이 부상한 배경에는 '삶의 질'에 대한 욕구를 빼놓을 수 없다. 사람들은 같은 장소라고 하더라도 각기 다른 경험이나 개성으로 이미지가 형성되어 정체성을 부여하기 때문에 삶의 질에 대한 욕구를 충족하고 싶어 한다. 귀농 · 귀촌, 제주 이민, 골목길 상권 부상, 동네지향, 고향 회귀 현상 등 다섯 가지 형태의 로컬지향 현상은 공간과 사람의 관계를 더욱 명확하게 보여준다.

하이퍼로컬과 새로운 시대정신

〈그림 11.1〉과 같이 2019년 사회적 거리두기의 영향으로 오프라인 매출은 전체적으로 감소했지만, 집 근처에 있는 동네 가게를 찾는 홈 어라운드 소비는 증가한 것으로 나타났다. 사람들은 더욱더 자신의 동네 안에서 라이프스타일을 확립하기 위해 소비하고 생활한

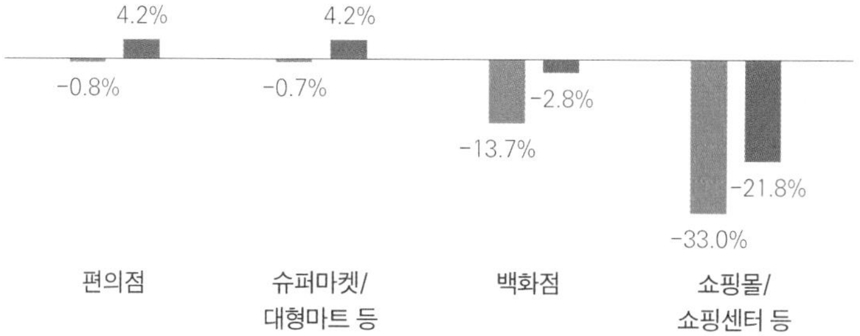

그림 11.1 전년 동기 대비 집 근처 구매 소비 증가율

다. 원거리 연결을 지향하던 플랫폼 경제에서 더 좁고 밀착된 공간 속 사람 간의 연결을 도모하는 하이퍼로컬 플랫폼을 새로운 산업의 가능성으로 보게 했다.

로컬 중심의 삶은 친환경, 다양성, 개성, 상호작용 등 삶의 질을 향상시키는 것들을 실현할 수 있는 라이프스타일이다. 또한 다양한 분야에서 활동 중인 로컬 창업가들은 정부의 지역 창업 지원사업 프로그램을 중심으로 하나의 커뮤니티를 형성한다. 그리고 그 안에서 상호작용이 일어나는 '하이퍼로컬 서비스'가 급증하고 있다. 그만큼 상권과 인프라가 머물 수 있는 동네를 만들었음을 의미한다. 최근 세대의 로컬지향적 현상은 글로벌 현상이라고 표현할 수 있다. 다양성과 창의성을 발견하여 나를 표현하는 특징을 가진 세대들의 로컬 라이프스타일은 새로운 시대정신을 보여준다.

세분화된 도시와 실용 가능성

코로나19 위기로 위생과 쾌적성에 대한 사람들의 인식이 높아졌고, 디지털 전환, 동네 경제의 중요성을 알게 되면서 이를 중심으로 관련 산업들이 늘어났다. 또한 안전에 대한 의식이 높아지고 온라인의 편리함을 지각한 사람들은 더욱더 공간의 안정성을 더한 온·오프라인 융합을 요구한다. 이렇게 사람들의 생활반경이 줄어들면서 횟수가 늘어난 동네 소비도 우리 일상의 한 부분으로 자리 잡고 있다.

'동네'라는 단어의 의미를 생각해보자. 도시, 사회, 지역보다는 친근한 어감으로 다가온다. 따라서 그때의 기억이 추억으로 만들어진 공간으로 '동네'를 바라볼 수 있으며, 동네는 추억이라고 말할 수 있다. 어떤 공간이 나의 동네가 되기 위해서는 경험을 떠올릴 수 있어야 하고, 그 공간과의 상호작용이 있었을 때 동네라고 할 수 있다.

일본 도야마의 '콤팩트 도시'와 프랑스 파리의 '15분 도시'의 등장은 동네라는 이미지와 더 나은 삶의 질에 대한 열망이 커지고 있음

그림 11.2 유현준 교수의 저밀도 지방 도시와 콤팩트 시티

을 반영한다. 유현준 교수는 '콤팩트 시티(Compact City)' 개념도를 이야기한다. 그의 개념도 〈그림 11.2〉와 같이 저밀도 지방 도시에 비해 콤팩트 시티 개념도는 주거공간과 편의시설이 더욱 근접해있는 것을 알 수 있다. 즉, 생활하고 있는 동네를 중심으로 중고거래를 하고 주거, 상업지역이 발달하여 걸어갈 수 있는 반경 내에 편의시설을 모두 누릴 수 있는 도시다. 콤팩트 시티는 인구 변동 시대에 지방이 쇠퇴하는 것을 막고, 수도권에 집중적으로 인구가 모이는 현상을 완화하는 대안을 갖춘 일본 도야마시의 지역 성공 사례다. 또 하나 각광받고 있는 도시의 개념은 프랑스에 위치한 소르본대학교의 카를로스 모레노 교수가 정립한 '15분 도시'다. 〈그림 11.3〉과 같이 집, 직장, 학

그림 11.3 카를로스 모레노 교수의 '15분 도시'

교, 의료기관, 상점, 편의시설 등을 자전거나 도보로 15분 이내에 갈 수 있도록 하는 도시 설계다.

이 두 가지 사례는 짧은 거리 내에서 필요한 모든 활동 공간에 쉽게 접근할 수 있는 작고 걷기 좋은 동네를 만드는 것의 중요성을 보여준다. 사람들이 지역사회 내에서 의미 있는 상호작용과 추억을 만들고자 할 때 콤팩트 도시와 15분 도시의 형태는 지속가능성, 지역경제 등을 지원하는 실용적인 솔루션을 제공한다.

도시 유목민과 뉴어바니즘(new urbanism)

도시에는 수많은 유동 인구가 있다. 우리나라는 잦은 주기로 이주해야 하는 이들이 수도권 지역에 몰려 생활한다. 도시가 세분화되어 다양한 기능을 함에 따라 교육, 의료, 고용 기회 및 개선된 도시 인프라에 대한 접근성이 좋아지면서 도시 유목민이 증가한다. 도시 간의 자유로운 이동이 커질수록 도시의 성장도 강화되지만, 역설적으로 도시의 불안정화는 심화된다. 따라서 도시 간에도 무한 경쟁 시대를 초래해 어느 도시는 인재를 빼앗기고 도태되는 현상이 일어난다.

수도권 같은 거대도시에 사는 사람들은 자신의 동네라는 개념이 부족해질 것이다. 타 지역에서 이주한 2030세대에게 서울은 분주함과 주택문제로 매력을 상실한 도시일 수도 있다. 탈서울 인구의 1/2 정도가 2030세대이며, 전출 사유는 직업(20대)과 주택(30대) 문제라고 한다. 이는 앞의 로컬지향 현상의 '고향 회귀' 이유와도 동일하다.

자유로운 삶의 속도를 결정하고 더 높은 삶의 질에 대한 열망은 지속가능한 지역 경험을 추구하는 '도시 유목민(urban nomad)'의 부상으로 이어진다. 도시 유목민의 라이프스타일이 확산되고 정착됨에 따라 동네 전체가 커뮤니티 복합문화공간으로 변화하고 있다. 지역에 크리에이터들이 모여들고 상호작용하면서 그들의 공간과 브랜드가 여행자를 유치하고, 동네 경제를 활성화하는 주인공들이 된다. 이와 같은 현상은 다양한 주택과 직업 유형을 포함하는 도시이며, 걷기 좋은 이웃을 만들어 환경 친화적인 습관을 장려하는 도시 디자인 운동을 뜻하는 '뉴어바니즘(new urbanism)' 형태의 도시화라고 할 수 있다. 신도심주의를 뜻하는 뉴어바니즘은 도심 속에서 교통 분산과 보행의 편리성을 추구하기도 하고, 도시경관을 생태적으로 지속가능하게 하는 방법 등 공동체적인 삶 속에서 다양한 형태를 만들어낸다. 동시에 이 지역 사람들은 지역의 문제점인 인간소외 문제, 계층 간의 갈등, 환경문제 등을 지속적으로 경험하면서도 도시에서 살아가려고 한다. 도시 유목민은 도시에 살면서 '나다움'을 표현하고, 지역산업을 다양화하며, 지역 중심적으로 만들어가는 방향에도 긍정적인 영향을 미치고 있다.

스몰 브랜드의 힘

도시 유목민인 노마드(nomad)의 특징은 이동성이다. 로컬 노마드는 이동성에서 자기정체성을 찾고, 공유적 생산과 소비를 통해 새로운 방식으로 물질적 성공을 추구한다. 앞서 말한 로컬지향 현상과 지역 상생을 위한 창조적 활동을 하는 도시 유목민, 즉 로컬크리에이터들의 성장은 스몰 브랜드 성장세라는 도시 비즈니스적 측면도 나타난다. 지속가능한 소비 의식이 높아지면서, 스몰 브랜드는 소비자에게 더 매력적인 대안으로 부상했다. 자신만의 정체성을 담은 디자인과 지속가능한 소재 사용 등을 특징으로 소비자의 니즈에 부합하며, 로컬 상점에서도 쉽게 구할 수 있어 인기를 끌고 있다. 대량생산, 대량소비 사회의 대안으로 스몰 브랜드가 등장했다고 해도 과언이 아니다.

새로운 공간 콘텐츠와 로컬 커뮤니티

로컬 상생을 위한 생산자 · 사업자와 향유하는 사람들의 만남, 그리고 연결은 하이퍼로컬 비즈니스의 키워드다. 즉, 커뮤니티를 구축하는 것이며 로컬 비즈니스의 핵심 경쟁력은 지역 크리에이터들과 공간 콘텐츠라고 할 수 있다. 공간 창업은 소매점, 외식업체, 숙박업소, 디자인 패션 업체, 편집숍, 서점, 갤러리 등 매장을 기반으로 운영되는 상업시설이다. 공간을 임대하거나 공유하는 개념도 공간 창업의 일종이라고 볼 수 있다. 이러한 도시 유목민의 라이프스타일은 개인의 취향에서 그치는 것이 아니라 문화공간으로서 동네 전체를 아우를 수 있는 플랫폼이 형성된다.

개념적 정의보다 하나의 유행, 트렌드로 먼저 자리 잡은 복합문화공간은 주로 정부 기관이나 지방자치단체가 설립한 전시관이나 홍보관 등 문화공간이라고 부르는 말과 유사했다. 그러다가 상업시설과 예술문화를 함께 즐길 수 있는 대형 쇼핑몰, 동대문디자인플라자(DDP), BTS 소속사인 '하이브 인사이트(HYBE INSIGHT)' 같은 박물관 등으로 한층 진화되었다. 대부분 전시 · 공연 · 휴식공간 · 커뮤니티 공간 그리고 카페 등이 혼합된 형태로 구성된다. 즉, 문화예술의 전반적 활동을 수용할 수 있는 다목적 공간의 성격을 보인다.

최근에는 버려진 건물들을 재탄생시키거나 복합문화공간에 체험 마케팅을 통해 소비자에게 브랜드를 알리는 형태로 기획되고 있다. 소규모 독립기업들도 브랜드 확장을 위해 층마다 다른 분위기를 연출하거나 비슷한 스몰 브랜드 창업자들과 함께 건물을 나누어 사용하는 복합문화공간 형태도 늘어나고 있다. 특정 매장에 카페를 설치하는 트렌드는 서점에서 시작되었는데 지금은 갤러리, 옷가게, 편집숍, 코워킹 스페이스(co-working space), 세탁소 등 리테일 전 업종으로 확산하고 있다.

하이퍼로컬이 몰고 온 동네의 미래

도시가 하이퍼로컬화되면서 동네 중심 커뮤니티 서비스도 급증하고 있다. 동네 기반 중고거래 플랫폼, 동네 배달, 지역 맞춤형 일자리 서비스, 동네 정보 공유 커뮤니티 서비스 등 형태가 매우 다양하며 서비스 경쟁도 치열해지고 있다. 로컬 라이프에서 특별한 비즈니스 모델로 성장하기 위해서는 지역 정체성과 지역 기반, 지역 대표성을 발굴해야 한다.

밀레니얼세대는 로컬을 시골 변두리 지방이 아닌 새로운 공간을 경험할 수 있는 라이프스타일 장소로 여긴다. 어떠한 공간에 애정을 느끼고 동네라고 인식되기 위해서는 특정적인 매력 요소나 내재화된 추억이 필요하다. 특정한 공간을 머물고 싶은 동네로 이끌기 위해 지역성을 담은 로컬 비즈니스와 로컬 공동체 문화, 그 안의 주민과 로컬크리에이터가 상생하는 도시를 구상해야 한다. 이것이 하이퍼로컬 라이프의 활성화를 촉진하는 기술이다.

레이 올든버그는《제3의 장소》에서 제3의 장소를 "휴식과 재충전을 할 수 있는 집처럼 편안한 비공식적 공공장소"라고 정의했다. 사회적 개념으로서 '제3의 장소'는 급변하는 오늘날의 사회에서 가정과 직장 사이의 전통적인 경계가 모호해지면서 사회 환경에 대응하기 위해 등장했다. 이러한 영향 중 하나로 지역이 하이퍼로컬화되어 다양한 배경을 가진 사람들이 모여 교류하는 새로운 공간에 대한 필요성이 대두되고 있다. 앞으로 '제3의 장소'는 우리에게 어떤 공간으로 다가오며 우리 삶에 어떠한 영향을 미칠지 궁금해진다.

참고문헌

나인수. 〈국내신도시 사례를 통해서 본 뉴어바니즘 도시설계요소 분석: 서울시 은평뉴타운 1구역을 중심으로〉. 《한국BIM학회논문집》 11(1), 2021.

레이 올든버그. 《제3의 장소》. 김보영 역. 풀빛, 2019

모종린. 《머물고 싶은 동네가 뜬다: 온라인이 대체할 수 없는 로컬콘텐츠의 힘》. 알키, 2021.

옥승철 외. 〈도심 내 파크골프장의 장소이미지: Relph의 형상학적 장소론 관점에서〉. 《한국스포츠학회지》 17(4), 2019.

왕치현 · 김아영. 〈장소성 개념을 통한 인천 구도심 도시재생 전략 연구: 현상학적 장소론을 중심으로〉. 《문화교류와 다문화교육》 9(2), 2020.

유현준. 《어디서 살 것인가》. 을유문화사, 2018.

서울연구원 홈페이지. "코로나19가 바꾼 2020년 서울 시민의 소비 I". 2021.04.12. http://www.sdi.re.kr/node/64617

위키백과. "new urbanism". https://en.wikipedia.org/wiki/New_Urbanism

이경주. "맨허튼 상가 텅텅, 동네 장터는 핫플로… '15분 도시'가 다가왔다". 서울신문, 2022.01.09. https://www.seoul.co.kr/news/newsView.php?id=20220110017009

프럼에이 Acticles. "동네를 바라보기 시작한 도시: 하이퍼로컬". fromA, 2022.06.29. https://froma.co/acticles/743

pmg 지식엔진연구소 시사상식사전. "하이퍼 로컬". https://terms.naver.com/entry.naver?docId=6417121&cid=43667&categoryId=43667

DECONSTRUCTING BOUNDARIES

Hyper Society-Active Audience
Sustainable Creative Industry
Decentralized Gaming
Cinematravelgram

AI

AI-Creator
AI Communication
Unleashing Creativity

LOCAL

Local Aura
Local Travel
Old Store and Local Creator
Hyper Local

Cultural Content Trend Watch

Future society viewed through 5 issues, from deconstructing boundaries to AI

경험 비즈니스

NEXT COMMUNICATION
Text Communication
Abbreviated Culture
Fast Movie
Over the Screen

EXPERIENCE BUSINESS
Liquid Consumption
Solo Travel
Random Box Marketing
Limited Edition Experience

12
리퀴드 소비
Liquid Consumption

심정애

#리퀴드 소비 #바이럴 마케팅 #비물질적 가치 #경험 #공유

끊임없이 달라지는 소비 트렌드에 반영된 소비자의 심리 변동에 따라, 유행하는 커뮤니케이션의 방법에 따라 소비자의 지갑을 열게 만드는 마케팅도 같이 변화한다. 최근 나타나는 유동적이고 일시적인 소비문화는 MZ세대가 주도하고 있다. 이들의 소비는 소유가 아닌 감성이나 경험을 공유하는 것에 중점을 두며, 매체를 이용한 공유가 빠른 속도로 이루어진다. 새로운 인터넷 광고 형태들이 떠오르기 시작하면서, 기업이 직접 홍보하기 위해 제작하는 광고와 달리 소비자 당사자들, 즉 직접 체험한 이들이 자발적으로 광고 효과를 내는 콘텐츠를 만들어 전파하는 마케팅 기법이 더 큰 반향을 일으키고 있다.

리퀴드 소비란

리퀴드 소비(Liquid Consumption)는 구매 패턴이 정해져 있지 않아 소비자 행동을 종잡을 수 없다는 최근의 환경변화가 반영된 소비 트렌드 개념이다. 이 개념은 처음 지그문트 바우만(Zygmunt Bauman)의 《리퀴드 모더니티》*에서 언급되었다. 그는 사회적인 면에서 유동성은 불확실하고 유익하지 않은 부정적인 측면을 가진다는 논의를 내놓았는데, 이후 샘 빈클리(Sam Binkely)는 반소비주의에 대한 논문에 이 개념을 비슷한 논조로 언급했다. 그리고 최근 플루라 바르디(Fleura Bardhi)와 지아나 에크하르트(Gianna M. Eckhardt)가 다시 이 개념을 현재의 소비 환경에 맞게 조명하면서 소비 트렌드를 표현하는 용어로 사용하게 되었다. 이들은 솔리드 소비와의 개념적 비교를 통해 리퀴드 소비의 내용이 명확하게 전달되도록 설명하고 있다. 논문에 언급한 리퀴드 소비와 솔리드 소비(Solid Consumption)의 간단한 정의를 비교해 보면 〈표 12.1〉과 같다.

표 12.1 리퀴드 소비와 솔리드 소비의 정의 비교

리퀴드 소비	솔리드 소비
유동적	고정적
일시적	지속적
접근에 기반	소유에 기반
비물질적인 것	물질적인 것

* 지그문트 바우만(1925~2017)은 폴란드 출생의 사회학자이자 철학자로, *Liquid Mordernity*(2002) 외 유동성과 관련된 여러 저작을 통해 사회、문화적 유동성을 조명했다.

고정적이고 정형화되어 쉽게 변하지 않는 소비형식인 솔리드 소비와 대비되는 리퀴드 소비는 일시적이고 유동적인 소비 개념으로 정의된다. 솔리드 소비는 고정적이고 지속적인 소비현상으로 물질적인 것을 소유하는 개념에 기반하는 반면, 리퀴드 소비는 디지털 환경과 접근을 기반으로 하며, 글로벌 이동성 조건에서 유연성, 적응성, 유동성, 가벼움 및 속도에 대한 소비 지향성을 강조한다.

유동적이고 일시적인 소비

이와 같은 리퀴드 소비의 가장 큰 특징은 일시적이고 유동적으로 예측 불가능하게 다음 소비로 이동한다는 점이다. 예컨대 특정 브랜드에 지속적으로 충성하는 '로열티'의 성격을 가지지 않기 때문에 좋아했던 브랜드라도 마음에 안 드는 디자인으로 제품을 내놓는다든가, 마음에 들지 않는 행보를 하면 언제든 바로 다른 브랜드에 눈을 돌릴 수 있다. 이전의 전반적인 소비성향은 브랜드 자체에 대한 충성도가 높은 편으로, 선호하는 브랜드가 내세우는 아이덴티티에 열의를 보내는 고정적인 소비층이 확실히 두꺼웠다고 볼 수 있다. 그러나 지금은 브랜드의 사회적인 작은 이슈나 트렌드에 따라 소비자의 마음이 유동적으로 움직이는 것이 관측되면서, 예측하기 어려워지고 있다.

소비자의 유동적이고 일시적인 성향으로 인해 그들의 구매 패턴을 파악하는 것이 어렵게 되고, 마케팅 또한 더 유연하게 대응해야 할 필요가 있다. 즉, 기존의 예산 규모가 큰 광고는 유동적으로 빠르게 변하는 소비자의 심리를 따라가기에 부적합하며, 변화된 소비 트렌드에 맞고 소비자의 성향을 파악한 다양한 형태의 마케팅이 필요한 이유다.

비물질적 가치, 접근과 공유

유동적인 성향은 물질적인 것의 지속적인 소유에 기반하기보다는 비물질적 가치와 접근을 기반으로 한다. 즉, 리퀴드 소비는 물질적인 소유와 용도보다는 비물질적 가치를 구입하고, 경험과 네트워크로 공유하는 것에 더 큰 관심을 가진다. 공유경제 기반은 리퀴드 소비의 또 다른 특징이다. 소유를 중시하던 과거와 달리 빌리거나 공유할 수 있으면 다른 성격의 소유가 된다는 생각이 소비 심리 저변에 있다. 물질적 물건을 소유함으로써 본인의 정체성을 드러내는 것이 아니라, 내가 어떤 가치를 중요하게 여기며, 어떤 네트워크를 가지고 어떻게 그것들을 공유하면서 살아가는지에 대한 사실 자체가 자신을 드러내는 중요한 정체성이 된다.

바르디와 에크하르트트는 리퀴드 소비와 솔리드 소비에 대해 특징 및 비교를 넘어 제품과 소비 관행 수준에서의 항목별 특성을 정리해둔 표를 제시했다(표 12.2). 이 표를 통해 변화하고 있는 소비성향의 구체적인 특성을 파악할 수 있다. 리퀴드 소비의 키워드는 그 단어의 뜻에서도 알 수 있는 유연함, 일시적, 가벼움, 속도 지향과 함께 공유, 감정적 참여, 체험, 네트워크, 사용가치, 시장과 동일시 등이다.

기존의 솔리드 소비가 가지고 있던 제품에 대한 소비자의 태도

표 12.2 리퀴드 소비와 솔리드 소비 비교

구분		리퀴드 소비	솔리드 소비
제품 수준	소비자 가치	유연, 적응력, 유동적, 이동성, 가벼움, 분리, 속도	크기, 무게, 고정성, 보안, 애착과 헌신
	애착의 성격	유동적 소유 애착, 특정 제품에 대한 애착	소유물에 대한 애착, 정체성에 관련된 물건에 대한 강한 애착
	혜택	사용 가치가 중요	아이덴티티와 연결이 중요
	소유 수준	접근성과 무형의 물건	물질적 소유, 더 많은 소유 추구
	의미	컨텍스트에 따라 다름	컨텍스트를 관통하는 고정가치
소비 관행 수준	소비자 가치	접근, 공유, 대여	소유, 소유권 중심
	지속성	상황에 따른 다양한 관행	다양한 환경에서도 고정적인 관행
	일시성	일시적인 소비자 참여 및 관계	지속적인 소비자 참여 유형 (예: 충성도, 광신, 헌신) 및 관계
	혜택	감정적 참여와 시장과 동일시	브랜드가 제공하는 정체성과 연결 가치
	애착의 성격	소비 관행, 경험, 네트워크 강조	물건에 대한 소비의 애착 측면 강조
	단점	불안정성/불확실성	부담스러움

와 그로 인한 소비 관행의 수준이 바뀌면서, 이러한 트렌드에 맞춘 마케팅이 시도되고 있다. 리퀴드 소비의 특성과 유사한 바이럴 마케팅은 리퀴드 소비의 성향에 부합하는 마케팅 전략으로 부상했다.

빠르게, 멀리: 바이럴 마케팅

바이럴 마케팅(viral marketing)은 마케팅의 양상이 마치 컴퓨터 바이러스처럼 퍼지는 것과 같다는 의미에서 붙여진 이름으로, 바이러스의 형용사인 바이럴(viral)을 사용한 용어다. 다양한 전파 매체와 채널이 증가하고 소비자의 다양한 욕구와 시도들이 광고주, 미디어, 소비자의 경계를 넘어 빠른 속도로, 더 설득력 있게 다가갈 수 있는 마케팅이라 할 수 있다.

바이럴은 흥미로운 상품, 콘텐츠를 접한 소비자가 유튜브 채널이나 인스타그램 같은 소셜 미디어의 다양한 채널을 통해 다른 잠재 소비자에게 전달하는 과정으로 이루어진다. 그리고 이를 접한 이들이 또 다른 그룹의 잠재 소비자에게 전달함으로써 빠른 속도로 퍼져 나가게 된다. 이러한 과정이 반복되다 보면 어느 순간 온라인상에 화제가 되는 상품이나 콘텐츠로 등극하고, 자연스레 마케팅이 이루어지게 된다.

바이럴 마케팅은 기업이 캠페인을 효과적으로 공유할 것으로 예상되는 사용자를 선별하여 바이럴 정보나 콘텐츠를 의도적으로 배포하는 '시딩'이라는 마케팅 기법을 사용하기도 한다. 대부분 소셜 미디어 인플루언서를 시딩 대상으로 선정하여 제품에 대한 소문을 퍼뜨리고 피드백을 요청한다. 이런 경우 자발적인 참여가 아니기 때문에 제품과의 관계 투명성이 중요하다. '제작 협찬' 혹은 '유료광고 포함'이라는 문구를 통해 해당 콘텐츠가 광고성으로 제작되었음을 명시해야 한다. 점점 더 많은 기업이 소셜 네트워크 내의 영향력이 높은 이들을 식별하고, 그들의 바이럴 능력의 가치와 소셜 네트워킹 매체의 잠재력을 활용해 마케팅 전략으로 삼고 있다.

바이럴 마케팅의 종류

바이럴 마케팅은 어떤 형태의 공유를 이용하느냐에 따라 미묘한 차이가 있다. 대표적인 바이럴 마케팅 형태로 블로그 마케팅, 커뮤니티 마케팅, 소셜 미디어 마케팅을 들 수 있다. 블로그 마케팅은 운영과 콘텐츠의 유입 · 유출이 쉬우며, 방문자 수와 댓글, 스크랩 서비스를 통한 파악 등 다른 블로거들이나 방문자의 관심도 확인이 다른 곳보다 즉각적이고 용이한 편이다. 커뮤니티 마케팅은 비슷한 관심사, 취미를 공유하는 사람들의 모임인 커뮤니티를 활용한 마케팅이다. 블로그 마케팅에 비해 확산 속도나 효과는 다소 떨어질 수 있으나, 실제 상품 구매로 이어질 확률은 더 높다는 특징을 가지고 있다. 그 집단에 이미 형성된 서로에 대한 신뢰가 설득력을 높여주는 큰 역할을 하기 때문이다. 바이럴 마케팅의 특성이 가장 두드러지게 드러나는 소셜 미디어 마케팅은 전자적 입소문, 즉 EWOM(Electronic Word Of Mouth) 전략이라고 할 수 있다. 간단한 댓글, 공유 등으로 빠른 속도로 서로 정보를 공유하면서 소문이 나듯이 퍼져나간다. 또한 어느 정도의 관계를 가지고 있는 지인들이 그 내용을 공유하기 때문에 신뢰가 바탕이 된 설득력도 가지고 있다고 볼 수 있다.

바이럴 마케팅의 장단점

바이럴 마케팅을 통해 기업은 기존 마케팅 캠페인이 닿지 못했던 소비자에게까지 도달해서 제품의 더 효과적인 마케팅이 가능하다. 이렇게 확장된 도달 범위를 통해 기업은 새로운 시장으로 진출이 가능하고, 잠재적 고객 기반을 확장할 수 있다. 이러한 효과에 비해 바이럴 마케팅 비용은 기존 광고 캠페인의 극히 일부에 불과하다. 사실, 소비자가 기업의 제품 및 서비스에 대한 긍정적인 경험을 다른 사람들과 전염적으로 공유하는 광고 형태는 본질적으로 무료로 볼 수 있고, 이들과의 협력은 모델을 섭외해서 광고를 제작하고 이를 유포하는 비용보다 훨씬 적은 비용으로 가능하다. 기존의 광고보다 적은 비용이 들지만, 인터넷을 통한 바이럴 마케팅의 콘텐츠 공유는 오히려 기하급수적으로 빠르게 확산될 수 있다.

그러나 이렇게 긍정적인 면이 많아 보이는 바이럴 마케팅은 그 특성으로 인해 단점도 가지고 있다. 기업이 콘텐츠의 성격과 소비, 공유 심리 등을 파악하고 어떤 적절한 방법을 사용하느냐도 당연히 중요하지만, 사전에 파악되지 않는 여러 가지 변수도 존재한다는 점을 유의해야 한다. 때로 바이럴 마케팅은 의도한 것과 반대되는 반응을 불러일으키기도 하기 때문이다. 소비자의 심리는 긍정적인 뉴스보다 부정적인 뉴스를 더 자주, 적극적으로 공유하는 경향이 있으며, 부정적인 뉴스에 더 강한 감정적 반응을 보인다고 한다. 그러므로 의도하지 않은 부정적인 입소문은 비즈니스에 해가 될 수 있으며, 규모에 따라 회복하기 어려운 정도가 될 수 있다.

또한 바이럴 마케팅의 효과는 리드나 판매로 이어졌는지 확인

표 12.3 바이럴 마케팅의 장단점

장점	단점
• 더 넓은 도달 범위 • 더 빠르고 기하급수적 성장 가능성 • 비용 절감	• 부성석 입소문 • 측정이 어려움 • 낮은 바이러스성 우려

할 수 없어 측정하기 어렵다. 아직 마케팅의 성공 여부를 측정하는 방법에 대한 기업 간 합의가 이루어지지 않아 정확한 파악이 어려운 실정이다. 어떤 지점에서 어떤 이유로 확산과 긍정적인 반응을 일으켰는지 파악하기 어렵다.

가벼움과 속도 지향

바이럴 마케팅의 성공은 현재 MZ세대가 주도하는 소비 트렌드인 리퀴드 소비에 기인한다. 유동적이고 일시적이며, 네트워크를 통해 경험된 것들이 가볍고 빠르게 공유되는 소비와 마케팅의 성격은 닮아있다. 현재 소비 성향의 특성을 그대로 반영한 마케팅 전략이 가장 효과적인 방식으로 진행되고 있는 셈이다. 제품, 브랜드의 고정적 이미지를 유명인을 모델을 삼아 만든 광고나 독특한 스토리텔링이나 이미지로 전달하는 광고가 효과가 없거나 거의 없어지고 있다는 이야기를 하는 것은 아니다. 바이럴 마케팅이 기존의 광고에 비해 브랜드나 제품의 인지도를 높임과 동시에 구체적인 내용을 높은 노출성을 통해 빠르게 확산시켜 홍보할 수 있는 저렴하고 효과적인 기법이라는 사실에 주목한다.

기업은 타깃 사용자를 통해 광고 캠페인과 긍정적인 경험을 다른 사람들과 공유하면서 회사의 성장과 신규 시장 진출, 매출 증대에 큰 도움을 받을 수 있다. 비용의 효율성을 가지면서도 유동적으로 변할 수 있고 빠른 속도로 퍼져나가는 장점 이면에, 부정적이거나 비판적인 의견이 함께 공유되는 정보를 통해 같은 속도로 퍼질 수 있어 수익 감소와 기업의 평판이 손상되는 좋지 않은 반대급부적인 결과를 초래할 위험성도 있다. 그럼에도 직접적인 경험을 바탕으로 한 내용을 어느 정도의 신뢰를 바탕으로 한 네트워크에서의 공유가 중요시되고, 자발적이고 적극적인 참여가 트렌드라는 점은 소비행위와 마케팅에서 소비자가 더 적극적인 위치를 선점하게 되었다는 것을 보여준다.

리퀴드 소비와 바이럴 마케팅 같은 현상과 관련하여 최근 가장 많은 양의 콘텐츠가 쏟아지는 환경인 영상 분야의 트렌드에도 비슷한 경향을 볼 수 있다. 왕성하게 영상 콘텐츠를 접하는 MZ세대는 영화를 보는 시간 자체에 가성비를 따지고, 영화를 감상하기보다는 '이 영화를 봤다'라는 소비의 개념으로 받아들이는 것으로 보인다. 콘텐츠에 대한 간략한 내용 혹은 부분적인 내용을 담은 숏폼 콘텐츠가 가볍고 빠르게 통용되며, 더 짧은 바이럴로 소개되고 유포되는 것이 목적이 된다. 콘텐츠에 대한 깊이보다는 유동적으로 흐를 수 있는 간략한 내용들이 '짤'이라는 형태로 여러 상황에 언급되는 것이 바로 이러한 현상을 이해할 수 있는 예라 할 수 있다. 유동적으로 소비하고 쉽게 흐를 수 있을 만한 정도의 콘텐츠도 여러 다양한 트렌드에 맞게 통용되거나 소비되고 있다.

참고문헌

박신의. 〈공감의 바이러스: 예술에서의 바이럴 마케팅(Viral Marketing)〉. 《문화예술경영학연구》 5(1), 2012.

지그문트 바우만. 《액체 현대》. 이일수 역, 필로소픽, 2022.

한국마케팅연구원. 〈바이럴마케팅(Viral Marketing)〉. 《마케팅》 49(5), 2015.

Bardhi, Fleura & Eckhardt, Gianna M. "Liquid Consumption". *Journal of Consumer Research*, Vol. 44, Issue 3, 2017.

Bauman, Zygmunt. Liquid Modernity. Cambridge, UK: Polity, 2000.

Binkley, Sam. "LIQUID CONSUMPTION: Anti-consumerism and the fetishized de-fetishization of commodities." Cultural Studies, 22(5), 2008.

Gulati, A., Sahgal, N., Narayan, N., & Atrey. A. "Mining Influence of people on Viral Markeing." *CrossRef*, 2022.

Marylouise Caldwell and Paul Conrad Henry. "The continuing significance of social structure in liquid modernity." *Marketing Theory*, 20(4), 2020.

경제배움e 시사 · 경제용어사전. "바이럴 마케팅(Viral Marketing)". 2020.08.27. https://econedu.go.kr/mec/ots/brd/view.do?tplSer=4&atcSer=40faf746-ffb4-4739-89a0-e1db1c06aea3&mnuBaseId=MNU0000124

김지섭. "갈대같은 고객마음… '리퀴드 소비'가 세계경제 휩쓴다." 조선일보, 2023.03.23. https://www.chosun.com/economy/weeklybiz/2023/03/23/UVTBJTS55NDOXJKKXRNR557WNY/

박준형. "[시사금융용어] 리퀴드 소비". 연합인포맥스, 2023.03.09. http://news.einfomax.co.kr/news/articleView.html?idxno=4257300

박효주. "[검색폭발 이슈키워드] 리퀴드 소비". 머니투데이, 2023.03.30. https://news.mt.co.kr/mtview.php?no=2023032916311835567

최성락. "물건 잘 팔려도 직원 안 늘리는 기업들… 이유는 '리퀴드 소비' 때문?". 조선일보, 2023.02.24. https://www.chosun.com/economy/weeklybiz/2022/12/22/H6CL2HYIOJHFLL2W3NTQWXT3F4/?utm_source=naver&utm_medium=referral&utm_campaign=naver-news

13
혼행
Solo Travel

바란 로나히

#혼자여행 #나만의 여행 #혼행 콘텐츠 #1인 가구 #1인 여행 시장

여행은 때로는 경험의 과정이며, 때로는 자아를 발견하는 어드벤처다. 여행의 형태는 인간의 요구와 사회 변화에 따라 달라진다. 따라서 지금, 이 순간, 오직 현재의 중요성이 높아지며, 오늘을 위해 산다는 생각으로 여행을 간다. 또 사람마다 여행 동기가 다르다. 어떤 여행자는 새로운 어드벤처를 찾기 위해, 어떤 여행자는 자신을 찾기 위해 여행을 간다. 그중에서도 1인 여행자인 '혼행자(혼자 여행하는 사람)'의 비중이 높아지고 있으며, 혼행(solo travel) 검색량이 꾸준히 증가하고 있다. 이는 새로운 문화로 나타나고 있으며, SNS, 유튜브에도 영향을 미치고 있다.

주목받는 혼자여행

혼자여행은 새로운 용어가 아니다. 그런데 '혼행'이라는 단어가 관심을 얻고 혼자여행자가 급격히 늘어난 이유는 무엇일까? 예전에도 1인 여행은 언급된 용어였지만, 코로나 19 팬데믹과 늘어나는 1인 가구로 인해 혼행이 크게 주목받기 시작했다. 통계에 따르면 한국의 1인 가구는 꾸준히 증가하고 있다. 〈그림 13.1〉을 보면 2017년에 비해 2035년에는 전 세계적으로 1인 가구 구성비가 증가할 것으로 예상되는데, 한국의 증가 속도는 상대적으로 더 높은 것으로 보인다. 한국관광공사의 발표 중 빅데이터를 활용한 혼행 인식변화 및 행태 분석에 따르면, 1인 가구원 수의 혼행 비중이 증가하고 있음을 알 수 있다. 또한, 1인 가구가 약 40%로 높아지면서 전체 혼행 비중도 꾸준히 증가하고 있다. 그리고 1인 가구 증가는 '솔로 이코노미(Solo Economy)'라는 용어를 파생시켰으며, 솔로 이코노미와 혼자여행의 연계는 혼자여행자들의 요구를 위한 새로운 시장을 형성했다. 이러한 결과로

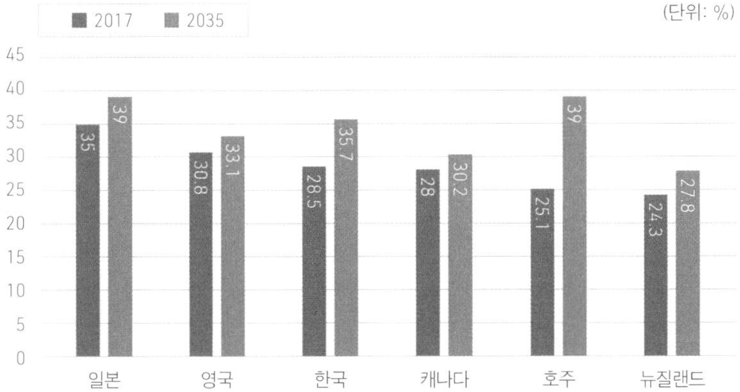

그림 13.1 국가별 1인 가구 구성비

1인 가구는 다른 사람과 함께하지 않는 혼자여행을 하며, 1인 (가구) 여행자가 다인 가구 여행자보다 더 많은 비용을 쓰는 경향도 보이는 등 혼자의 소비를 의미하는 솔로 이코노미와 혼자여행 관계를 확인할 수 있다. 예전에는 숙소와 식당에서 1인 방문객을 위한 서비스가 부족하기 때문에 혼자 여행하는 사람들에게 부담스러웠지만, 이제는 혼자 여행하는 사람이 편하게 밤을 지낼 수 있는 게스트하우스, 캡슐호텔이 많아지고 있고 식당에서도 1인분을 위한 메뉴나 서비스를 선보이고 있다. 이처럼 여행은 점차 개별화되고 여행 행태도 다양해지고 있다.

또한 코로나19는 사람들에게 스트레스와 불안감을 높였으며 일상과 심리에 큰 영향을 미쳤다. 코로나19 때문에 사람들은 밀집한 곳에 들어가지 못하게 되었고, 여행은 감소했지만 한국관광공사의 보고서에 따르면 백신 접종 이후 혼자여행이 증가하는 것으로 나타났다. 2020년 4월 이후 구글에서 혼자여행에 대한 검색은 4배로 증가했으며, 그 외 다양한 통계에서도 혼자여행이 증가하는 것으로 나타나고 있다. 부킹(booking) 데이터에 의하면 코로나19 이전에 14%

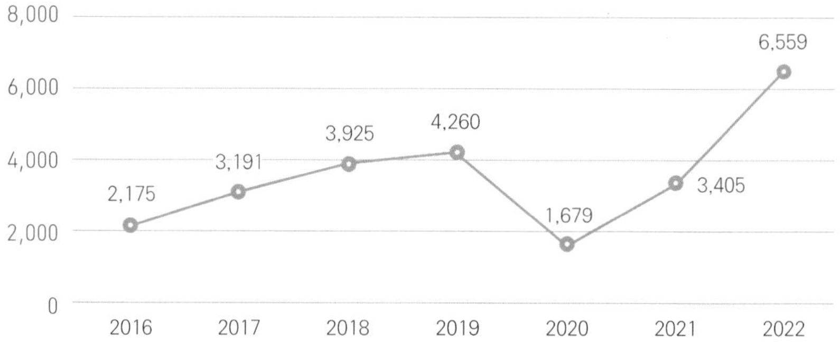

그림 13.2 혼자여행을 위한 온라인 월별 검색

였던 혼자여행은 2021년 23%로 증가했다. 또한 여행 검색 엔진 카약(KAYAK)의 데이터는 1인 여행자 비중이 2022년보다 2023년 36%로 크게 증가했다. 이러한 결과로 코로나19 때문에 사람들은 여행을 잠시 멈췄지만, 코로나19 이후 혼자여행의 비중이 크게 증가하고 있음을 알 수 있다. 〈그림 13.2〉와 같이 혼행자에 대한 온라인 검색이 많아졌으며, MMGY*의 연구 결과에서는 MZ세대의 혼자여행이 앞서고 있는 것으로 나타났다.

‘혼자’를 선택한 개인 여행

1인 가구의 증가와 생활 방식의 변화, 코로나19 같은 비일상적인 상황은 ‘나를 위해 살기’로 변화하고 있다. 더불어 ‘나는 오늘만 산다’, 나의 순간은 ‘지금’ 등 삶의 의미를 찾는 것이 중요해졌다. 이러한 사회적 변화와 영향에 대해 자신감을 보여주는 행동의 한 방식으로 사람들 사이에서는 혼자여행과 마찬가지로 혼자 놀기, 혼자 먹기 등이 유행하고 있다.

한국관광공사의 빅데이터에 따라 혼행과 관련된 키워드를 살펴보면 밥, 술, 등산, 놀이까지 사람들은 모든 활동을 1인을 기준으로 함으로써 혼자여행과 관련된 새로운 키워드가 더욱 증가하고 있다. 이전에도 있었지만 새로이 존재감을 드러낸 ‘혼행’의 동기는 다음과 같다. 혼자 여행을 가겠다고 하면 주변 사람들은 다양한 반응을 보인

* 여행, 관광 및 숙박 산업 분야의 마케팅 커뮤니케이션 및 기술 회사다.

다. '혼자'라는 단어의 의미를 부정적으로 생각하여 친구가 없고 외롭다고 생각하는 경우가 많기 때문이다.

그런데 '혼자여행'에서의 '혼자'는 부정적인 의미만 가지고 있는 것은 아니다. 첫 번째는 독립을 원하는 사람들의 선택이다. 자신을 위한 순간의 요구로 누군가에게 의존하지 않고 자신이 선택할 수 있는 자유로움을 즐긴다. 두 번째로, 일상 속에 자리 잡은 어려움 때문이다. 어려움을 겪으며 삶의 의미와 의욕이 감소하면 자신을 위한 특별한 것을 찾기 위해 혼자만의 시간이 필요하다. 사람들과 함께 있는 것이 반드시 행복한 것은 아닐 수 있으니 취향대로 혼자서 여행하고 자신에게 시간을 내는 것이 행복이 될 수 있다. 세 번째 동기는 혼자여행이 삶에서 큰 역할을 한다는 사실이다. 혼자 하는 여행은 어드벤처이며, 어드벤처는 항상 가르침을 준다. 혼자 시간을 보내고 여행을 가고 있지만, 항상 혼자인 것은 아니다. 여행 과정에서 다른 여행자들과 만나는 경우가 생길 수 있고, 그 과정에서 서로의 동료가 되거나 서로의 여행 스토리를 들음으로써 자기개발에 도움이 될 수 있다. 결국, 사람마다 동기와 의도가 다르더라도 마음속에 있는 불편과 스트레스를 던져버리기 위해 자신만을 위한 힐링을 찾고, 자신을 발견하기 위한 의도로 혼자서 여행을 떠난다. 이 때문에 부정적인 이미지를 갖고 있던 혼자여행이 긍정적인 이미지로 변화하고 있다.

그래서 〈그림 13.3〉과 같이 'HABIT-US'에 따르면 여행은 "나의 특별한 순간"을 만드는 기록이다. 아비투스는 코로나19 이후에 변화가 나타나는 여행 경향을 보여주며, 여행의 정해진 틀을 넘어 누구나 함께 행복할 수 있는 다양해지는 여행 취향을 보여준다. 또 'HABIT-US'는 힘든 시간에서 벗어나고 싶은 사람이 자신을 위로하

그림 13.3 2022 관광 트렌드 'HABIT-US'

는 치유를 찾기 위해 일상을 벗어나고 싶을 때 여행함으로써 자신의 특별한 순간을 만드는 여행 트렌드로 나타나고 있다.

자유를 향한 나만의 여행

그렇다면 혼자여행을 떠나고 싶다는 충동을 느끼는 이유는 무엇일까? 사람들은 특별한 순간을 만들기 위해 여행한다. 혼자서 하는 여행은 특별한 시간과 공간을 만들어주기 때문에 여행 경험과 심리적 상태의 향상 그리고 개선에 긍정적인 영향을 미친다. 혼자여행을 시작해도 새로운 만남이 가능하기 때문에 여행 과정에서 새로운 사람들과 만나면서 자기개발을 할 수도 있다. 여행은 일상 속에서 겪었던 어려움을 먼 곳으로 떠나 새로운 공간에서 새로운 경험을 통해 후련하게 상쇄하고 싶은 기대에 부응해준다. 무엇보다 선택이 자유롭고 빠른 것이 혼자여행의 장점이다. 혼자 자유롭게 여행하고 그 과정에서 사람들과 만나고 소통하며 '새로운 것을 경험하면서 배우기', '자아 찾기', '오늘만산다는 생각으로 어드벤처 해보기', '자유 느끼기' 등과 같은 것은 혼자서도 모두 가능하며 동행인의 시간과 의견 등에서 벗어나 자유롭게 선택하고 결정하고 시도해볼 수 있다. 혼자여행의 중요성이 높아짐으로써 콘텐츠 산업에서 주목을 받아 혼행을 바탕으로 한 많은 콘텐츠가 생산되었다.

① 혼행을 다룬 영화

혼자여행은 다양한 영화의 주제가 되는 경우도 많다. 바쁜 일상에서 벗어나고 싶은 마음으로 특히 자연 속에서 오래 걸리는 도보 여행을 시작하거나 새로운 곳에서 새로운 삶을 시작하는 사람들의 스토리를 바탕으로 한다. 혼자서 다양한 곳으로 떠난 여행자들은 그동안 많은 경험을 얻을 수 있으며, 이를 통해 자신에 대한 답을 찾게 된다. 또한, 혼자여행을 결정하며 자신에 대한 존중도 높아지게 된다.

혼자여행을 주제로 한 많은 영화가 있는데, 그중 영화 〈와일드〉(Jean-Marc Vallée, 2015)는 수년간의 자기파괴적인 행동으로 희망이 없던 주인공이 스스로 4,200km에 달하는 극한의 보도 코스 퍼시픽 크레스트 트레일(PCT, Pacific Crest Trail)을 걷기로 결정한다. 그 과정에서 새로운 사람들을 만나고 자신에 대한 답을 찾음으로써 자신의 과

그림 13.4 영화 〈와일드〉 포스터

거와 자신의 내면아이와 대면한다. 결국 새로운 자아를 만나며 여행을 마치고 집으로 돌아간다. 이와 같이 영화에서는 어떤 이유로 혼자 여행하게 되었는지 스토리를 보여준다.

즉, 주인공은 혼자 하는 여행이 자신에게 어떤 영향을 미치는지 혼자여행의 과정과 방식을 효과적으로 보여준다. 혼자 여행 갈 용기를 내는 사람은 미지의 세상을 만나고 매력적인 새로운 문화와 사람, 장소가 때때로 그의 새로운 인생에 만족도를 높이는 데 큰 역할을 한다. 독립적으로 여행하기 때문에 모든 사람이 그의 친구이고, 모든 장소가 그의 여행지이며, 세상을 발견할 수 있는 더 많은 기회를 갖고 있다. 이러한 영화는 혼행자를 위해서만이 아니라 모든 사람이 보고 즐길 수 있다.

② 혼행자를 위한 가이드북

혼자여행이 인기를 끌고 혼자 여행하는 여성도 늘어나면서 이러한 사람들을 위한 책이나 가이드북이 많아졌다. 여행지를 처음으로 방문하더라도 어려움이 없는 여행이 가능하도록 초보 여행자에게 어디를 어떻게 갈 수 있는지 방법을 알려주고 음식점이나 혼자서도 즐길 수 있는 다양한 활동에 대한 정보도 제공하기 때문에 조금 더 용기 내어 혼행을 시도할 수 있게 한다.

사실 혼자서 여행하는 사람은 어디서 무엇을 먹을지, 어디로 갈지 등 여행에 대한 걱정이 많다. 이러한 이유로 혼자여행이 두려운 사람들에게 혼자여행 준비 방법을 소개하는 가이드북이 잇따라 출간되고 있다. 이러한 가이드북 중에 《혼자 여행하는 여성들을 위한 부산 가이드북》, 《어서 와, 혼자 여행은 처음이지?》 그리고 《혼자 여행 코스북》이 있다(그림 13.5).

한편, 이러한 가이드북 중의 하나인 2019년 발간된 《혼자 여행 코스북》은 한국의 33개 여행지 및 412개 여행 장소를 소개한다. 많은

그림 13.5 혼자 여행하는 이들을 위한 여행서

도시의 여행지, 맛집 그리고 카페를 담고 있으며, 관람 시간과 관람료 같은 기본 정보가 들어있다. 여행지를 효율적으로 구경할 수 있는 팁들도 있고, QR 코드를 확인하면 구글 지도를 통해 쉽게 길을 찾을 수 있다. 이러한 가이드북을 활용하면 가이드 없이도 편하게 여행할 수 있다.

③ 혼행 정보를 공유하는 플랫폼

디지털시대에 맞게 늘어나는 혼행자들이 자신의 여행 경험을 다양한 플랫폼에 소개하면서 혼행 기록들이 공유되고 있다. 이는 예비 혼행자들에게 새로운 지식을 얻는 방법이 된다. 인기 있는 유튜브, 인스타그램 그리고 페이스북 같은 플랫폼에서 혼자 여행하는 사람들이 방문했던 여행지, 특별한 음식 등의 사진과 동영상을 자신의 계정에 업로드로 공유하면서 다른 사람들에게 여행지 정보를 제공한다. 인터넷에서 다양한 경로로 검색하기보다 〈그림 13.6〉과 같이 인스타그램 해시태그를 통해 검색하는 것이 더 쉽고 편한데, 그래서인지 플랫폼 사용이 많아졌다. 그뿐만 아니라 혼자여행을 공유함으로써 사람들의 관심을 끌어 더 많은 사람이 혼자여행을 가기 시작했다. 다른

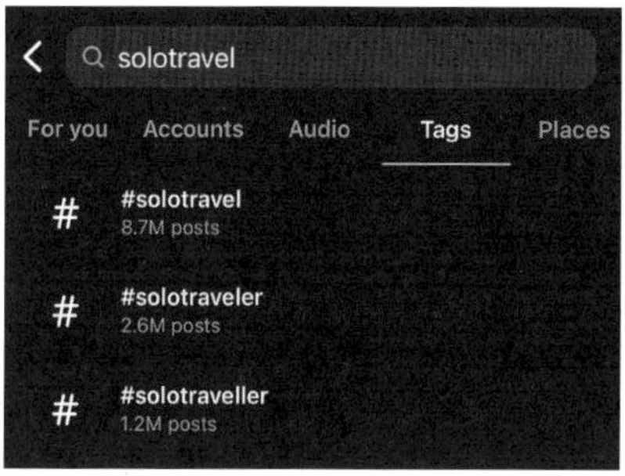

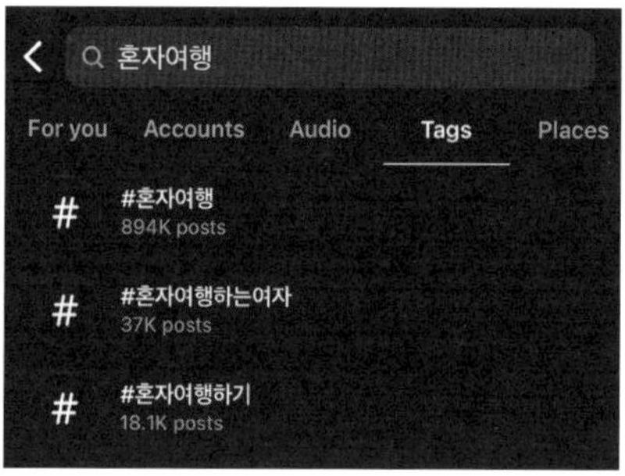

그림 13.6 인스타그램 해시태그 검색

사람들이 모르는 새로운 장소를 찾아 숨겨져 있는 매력적인 콘텐츠를 사진이나 영상을 통해 보여주는 새로운 문화가 생겨났다. 이미 알고 있는 여행지를 자신의 방식으로 새롭고 흥미롭게 소개하거나 자연 속에서 도전하는 등 TV 프로그램에서도 혼자 여행하는 사람들을 흔히 볼 수 있게 되었다. 이러한 상황은 여행 프로그램을 즐기고 여행 정보를 찾는 사람들에게만 흥미롭고 효과적인 것이 아니다. 혼자 여행하는 사람들에게 새로운 경험을 하게 만들면서 혼자여행의 재미가 높아질 뿐만 아니라 여행의 의미가 생길 수도 있다. 이처럼 우리 일상의 일부인 SNS나 TV 프로그램들에서 믿고 소비하는 요즘 소비자의 경향을 볼 수 있다.

④ 혼행의 동반자 애플리케이션

혼자 여행하는 사람들을 위한 애플리케이션도 다양해졌다. '혼행-혼자 아닌 여행'이라는 앱이 혼자 여행자들을 위한 영어 및 한국어로 서비스된다. 혼자 여행할 때 새로운 경험을 해보려는 사람들은 같은 여행지에 있는 다른 혼행자와 모임방을 만들어 여행 커뮤니티를 형성할 수 있고, 그 후 잘 맞는 사람과 만나거나 혼자 여행하면서 숙소나 여행지를 쉽게 찾을 수 있도록 실시간 채팅을 통해 도움을 받기도 한다.

반면에 〈그림 13.7〉과 같이 트래블스마트(Travel Smart) 애플리케이션은 여행할 때 안전을 위해 사용할 수 있고 영어로만 서비스된다. 미국 국무부에서 현지 국가 정보에 접근 시 자연재해 및 테러 경보를 포함한 정부 여행 경고 알림, 현지 관습, 문화적 민감성, 피해야 할 사항 및 위험한 장소에 대한 여행 조언 그리고 지역 경찰에 전화하는 기

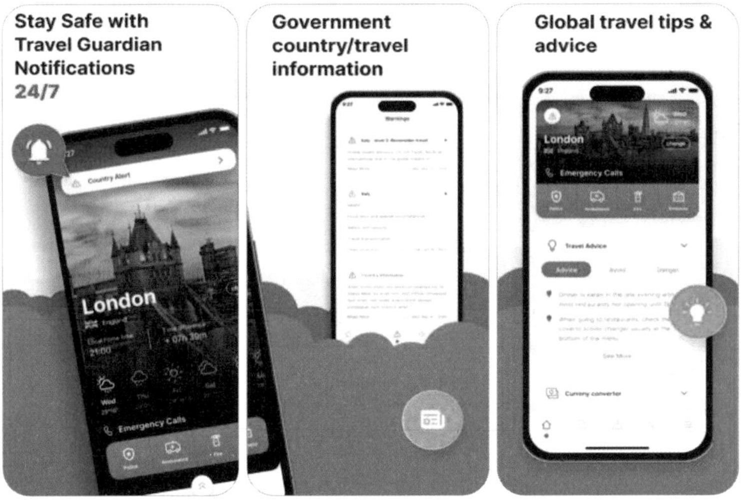

그림 13.7 트래블스마트(Travel Smart) 앱

능까지 제공한다. 멤버십으로 사용이 가능하며 미국 · 영국 · 호주 여행객에게는 자국 대사관에 전화하는 기능도 제공한다. 이 외에 선택한 위치에 대한 일기 예보 및 환율 계산기 기능도 있다. 특히 혼자서 여행하는 경우 위험한 여행지를 모르거나 위기에 처했을 때 도움을 받을 수 있다.

한편, 혼자여행의 단점으로는 숙소 비용이 있다. 예산이 넉넉하지 않은 사람들은 저렴하고 안전한 숙소 및 무료 이벤트를 찾을 것이다. 이러한 여행자는 2004년부터 시작되어 1,200만 명 이상이 가입한 〈그림 13.8〉과 같은 카우치서핑(Couchsurfing) 앱에서 도움을 받을 수 있으며 프랑스어, 독일어, 이탈리아어, 폴란드어, 포르투갈어, 러시아어, 중국어, 스페인어가 지원된다. 카우치서핑 앱은 인구 20만 명 이상의 도시에서 무료로 숙소를 잡는 등 목적지에서 호스트를 찾을 수 있을 뿐만 아니라 로컬 현지인을 만나 진정한 여행 경험도 할

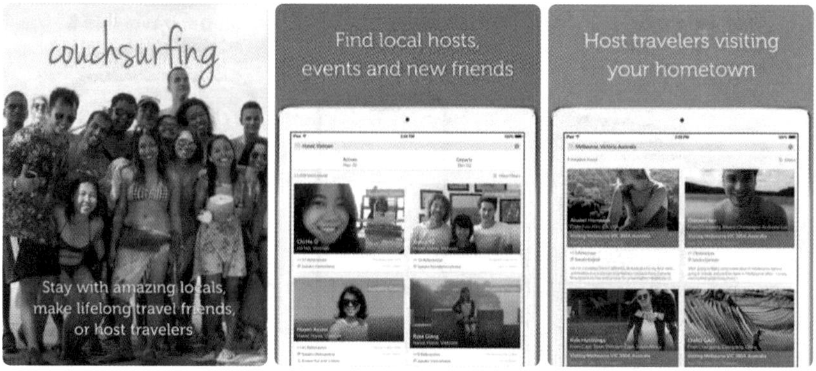

그림 13.8 카우치서핑(couchsurfing) 앱

수 있다. 그리고 현지인과 친구가 될 수 있고, 무료로 안내를 받거나 다양한 이벤트를 찾을 수도 있다. 문화 및 언어를 교환하고 싶은 사람들도 사용하여 세계적으로 다양한 사람과 친구를 사귈 기회를 만들고 있다. 프로필을 만들어 사용할 수 있고 다른 사람에 대한 리뷰도 볼 수 있기에 호스트와 게스트에 대한 파악이 가능해 거절하거나 받아들일 수 있다.

⑤ 여성 특화 애플리케이션

혼행자 중 혼자 여행하는 여성들의 증가로 다양한 콘텐츠, 앱 등이 생기고 있지만 안전 때문에 용기를 내지 못하는 여성들도 아직 있다. 그런 사람들이 안전하게 여행할 수 있도록 정보를 공유하는 앱들이 생기고 있다. 〈그림 13.9〉에서 보는 바와 같이 '노매드헐'(NomadHer)'은 혼자 여행하는 여성들이 같은 도시에 여행하는 여성 여행자들과 만나거나 궁금한 것에 대한 안전한 정보를 제공한다. 단순히 여행지 가이드북이 아니라 여성들을 위한 커뮤니티라고 할 수

그림 13.9 노매드헐(NomadHer: Solo Female Travel) 앱

있다. 노매드헐은 영어, 프랑스어, 한국어를 지원하며, 여성 여행자만 이용할 수 있다. 또한 이 애플리케이션을 사용하는 동안 프로필을 만들어 사진을 찍고 공유하며, 여행에 관해 다양한 정보를 추천하고 받을 수 있다.

부담 없는 혼자여행

혼자 여행하는 사람들이 많아지면서 혼자여행 시장이 커지고 있다. 개인화와 자기중심의 행복을 추구하는 사람들과 1인 가구가 계속 늘어날 가능성이 높으며, 1인 가구 증가에 따라 증가하는 혼행 비중을 고려해보면 '혼행'이라는 개념은 더 커질 것이다. 혼자여행 시장의 연구자들은 2021년부터 2027년까지 연평균 22.6%의 성장률을 예상하고 있다.

혼자 여행하는 사람들의 여행 형식이 다르더라도 자신의 행복과 새로운 경험을 찾기 위해 혼자여행을 선택한다. 물론 혼자여행은 매우 유익하고 독특한 경험을 선사한다. 하지만 혼자여행을 더욱 안전하고 즐거운 경험으로 만들기 위해서는 해결해야 할 점도 있다. 혼자여행을 원하지만 부담이 되는 부분은 크게 세 가지 정도 된다.

첫 번째는 혼자여행의 안전성이다. 혼자여행의 안전 문제는 모든 여행자에게 해당하지만, 상대적으로 혼자 다니는 여성들의 불안감이 더 높은 편이다. 여행하는 나라나 지역의 법이나 문화가 다르고 외딴 지역이나 자연환경에서 혼자 여행하는 사람이 맞닥뜨릴 위험성이 있으며 미처 고려하지 못한 범죄나 사고 등에 노출될 수도 있다. 이를 위해 앞에서 언급한 것처럼 다양한 안전 앱이 나왔지만 미국, 호주 그리고 영국 시민만 사용할 수 있거나 비용 부담이 크기 때문에 모든 여행자들이 사용하기에 적당하지 않을 수 있다. 두 번째는 혼자여행 시 비용 부담이 크다는 점이다. 커플이나 가족 그리고 단체여행을 하는 사람들을 위한 혜택과 할인이 다수 있는 반면, 혼자 여행하는 여행자를 위한 혜택은 아직도 찾아보기 어렵다. 호텔 등 숙소의 경우 1인 여행이지만 2인실 비용을 부담해야 하는 경우도 있다. 렌터카 이용 시에도 여러 명이면 비용을 분담하겠지만 혼자여행은 오롯이 렌터카 전체 비용을 지불해야 한다. 비용 문제의 해결법으로 카우치서핑(couchsurfing) 등이 있지만, 항상 무료 숙소를 제공받을 수 없거나 이러한 앱을 사용하고 싶지 않은 경우도 있다.

또 여행자들은 스트레스를 덜 받고 편함을 찾기 위해 혼행을 가지만, 아직 불편한 시스템이 많다. 식당의 경우 커플을 위한 할인이나 커플 세트 같은 이벤트가 있는 반면에 1인분을 위한 세트 메뉴가 많지 않기 때문에 다양한 음식을 맛보는 등의 음식 선택지가 적다. 이외에도 혼행의 크고 작은 단점이 개선되어야 더욱 많은 사람이 혼자 여행을 즐길 수 있다. 물론 혼자서 여행하는 사람이 많아지면 그 사람들의 요구에 따라 가이드, 무료 체험, 숙소, 친구 만남 등과 같은 다양한 콘텐츠도 많아질 수밖에 없다. 더불어 혼행하는 사람들을 위한 애플리케이션, 1인 혜택, 커뮤니티, 지원 정책 등 앞으로 선보일 다양한 혼행 콘텐츠를 기대해본다.

#독립 여행

다른 사람에게 의존하지 않고 자신의 선택대로 할 수 있는 여행 방식의 하나

#혼자 아닌 혼자(notlonelybutalone)

여행을 혼자서 시작하는 것을 결심하기만 해도 여행 과정에서 새로운 사람들과 만날 수 있다. 그래서 혼자지만 외롭지 않다.

참고문헌

안현영 · 배연주, 〈미코노미(Meconomy)현상에서 1인 가구의 여행 안전, 긍정심리자본과 여행 만족에 관한 연구〉, 《동북아관광학회》 17(1), 동북아관광학회, 2021.

이상봉 · 류시영 · 송운강, 〈여행경험과 심리치유 간의 관계〉, 《한국관광산업학회》 38(1), 한국관광산업학회, 2013.

이상협, 〈나홀로족의 관광 형태와 소비 행동 분석 산업혁신연구〉, 《경성대학교 산업개발연구소》 38(2), 경성대학교 산업개발연구소, 2022.

현은지 · 정양미, 〈1인가구의 여행정보채널 이용 특성 분석과 시사점: 국민여행실태조사를 바탕으로〉, 《관광경영학회》 23(5), 관광경영학회, 2019.

Almudena Otegui-Carles, Noelia Araújo Vila, and José Antonio Fraiz Brea. 〈Solo Travel Research and Its Gender Perspective: A Critical Bibliometric Review〉, *Tourism and hospitality*, 3(3), 2022.

Hatice Sari Gök, Fatmanur Kübra Aylan, Simge Şalvarci, 〈Yalnız Seyahat Eden Turistlerin Seyahat Motivasyonu ve Deneyimi: Z Kuşağı Örneği〉, *Yasar University Journal*, 16(62), CrossRef, 2021.

노아윤. "[Tourism Topic] 마음만 먹으면 언제, 어디든 떠난다! 이제는 라이프스타일로 자리 잡은 혼행, 여행 1인분시대의 서막이 열리다". Hotel & Restaurant, 2022.07.13. http://www.hotelrestaurant.co.kr/news/article.html?no=1080

백현우. "부산관광공사, 여성 여행자 위한 온라인 '부산여행 가이드북' 발간". 문화뉴스, 2022.02.17. https://www.mhns.co.kr/news/articleView.html?idxno=521614

석용현. "나를 찾아 떠나는 여행, '혼행(혼자여행)시대'". 투데이충남, 2022.03.14. http://www.todaychungnam.net/news/articleView.html?idxno=207436

역쟁이. "가끔은 혼자 떠나고 싶은 사람들을 위한 혼자 여행 코스북". 역쟁이 블로그, 2019.07.26. https://blog.naver.com/PostView.nhn?blogId=overroad89&logNo=221596455913

예스24. http://www.yes24.com

한국관광 데이터랩. "빅데이터를 활용한 2022 관광트렌드 분석". 2021.12.13. https://datalab.visitkorea.or.kr/site/portal/ex/bbs/View.do?cbIdx=1129&bcIdx=299411&pageIndex=2&tgtTypeCd=SUB_CONT&searchKey=&searchKey2=&cateCont=tlt03

______. "빅데이터를 활용한 혼행(혼자 하는 여행) 인식변화 및 행태 분석". 2022.02.22. https://datalab.visitkorea.or.kr/site/portal/ex/bbs/View.do?cbIdx=1129&bcIdx=300133&pageIndex=1&tgtTypeCd=&searchKey=&searchKey2=&ca

teCont=tlt03

혼자 아닌 여행, 혼행. https://honhang.app

Apple Appstore. "Travel Smart – TGuardian 24/7". https://apps.apple.com/us/app/travelsmart-safety-info/id1373054776?ls=1

———. "Couchsurfing Travel App". https://apps.apple.com/us/app/couchsurfing-travel-app/id525642917

———. "Nomadher: Solo Female Travel". https://apps.apple.com/kr/app/nomadher-%EB%85%B8%EB%A7%A4%EB%93%9C%ED%97%90-%EC%97%AC%EC%9E%90-%ED%98%BC%EC%9E%90-%EC%97%AC%ED%96%89/id1473787837

Couchsurfing. https://about.couchsurfing.com/about/about-us/

Laure wanders, [6 SOLO TRAVEL MOVIES THAT WILL INSPIRE YOU], https://www.laurewanders.com/6-movies-that-will-inspire-you-to-travel-solo/

NomadHer, [If you are asking about my two favorite topics? "Woman Empowerment" and "Travelling."], https://nomadher.com/team

Radical storage. "Solo Travel Statistics: 2022 Guide". 2022.07.15. https://travel.radicalstorage.com/solo-travel-statistics/

Solo traveler. "Solo Travel Statistics, Data 2023: Historical Trends, Sources Cited". 2023.04.21. https://solotravelerworld.com/about/solo-travel-statistics-data/

14
랜덤박스 마케팅
Random Box Marketing

종근유

#랜덤 #마케팅 #소비심리 #2차 구매 #소비 트렌드

사회의 발전에 따라 소비자의 소비의식도 끊임없이 변화하고 있다. 원래의 외부 수요 소비에서 점차 내부 만족 소비로 전환되고 있다. 마케팅은 소비자의 요구를 만족시키는 것을 기반으로 하고 있으며, 소비자의 요구에 따라 마케팅 방식도 진화한다. 이때 소비자의 내재된 감정만족도를 위주로 작용하는 랜덤박스 마케팅 전략이 부각되고 있으며, 매우 빠른 속도로 다양한 분야에 확장되어 '랜덤박스 붐'이 일고 있다.

몰입감 있는 소비 경험

물질적으로 사회가 점점 더 풍요로워지고, 소비자의 소비 개념도 달라졌다. 특히 20~30대 젊은 세대는 물질적 욕구에서 정신적·정서적 만족으로 변모했다. 랜덤박스 마케팅도 등장했는데, 이러한 도박 및 복권 같은 개념의 소비 방식, 불확실성 및 무작위성은 소비자의 소비 요구를 충족시키는 동시에 소비자의 호기심을 이용하여 제품 구매를 유도하는 방식으로 매출을 증가시킨다. 최근 몇 년 동안 국내외에서 매우 대중화되어 랜덤쇼핑 붐이 형성되었다. 초기에는 간단한 먹거리와 화장품 등 저렴한 상품을 시작으로 수백만 원을 호가하는 명품백이 무작위로 담겨 있는 랜덤박스를 구매하는 일종의 '뽑기 놀이'로 조성된다. 이는 소비자가 쇼핑 전 물품 선택뿐만 아니라 소비할 때 어떤 물품인지 궁금해하는 마음, 혹은 소비 후 랜덤박스를 열어 원하는 물품을 뽑았는지 결과에 대한 기대나 설렘으로 가득 차게 한다. 소비자는 그 결과가 원하는 것이든 아니든 소비 과정 전반에 걸쳐 몰입감 있는 쇼핑을 경험한다.

포켓몬 빵 열풍과 시장 변화

랜덤쇼핑이라는 새로운 소비 패턴은 요즘 젊은 세대에게 재미있는 게임으로 작용한다. 이들은 소비의 결과보다 쇼핑 과정을 더 즐긴다. 얼마 전 불었던 포켓몬 빵 열풍도 마찬가지다(그림 14.1). 소비자는 주로 포켓몬 빵의 '랜덤 띠부씰(떼고 붙일 수 있는 스티커)'을 얻기 위해

그림 14.1 포켓몬 빵

그림 14.2 포켓몬 띠부씰

빵을 구매하는데, 같은 맛의 포켓몬 빵 속 띠부씰도 각기 달라 소비자에게 큰 즐거움을 준다(그림 14.2). 따라서 편의점이든 슈퍼마켓이든 대형마트든, 소비자가 포켓몬 빵을 사기 위해 오픈 시간 전부터 줄을 서는 현상이 발생한다. 또한 많은 곳에서 포켓몬 빵이 매진되고, 어떤 사람들은 자신이 소유한 포켓몬 빵을 비구매자에게 비싼 가격에 판매하기도 한다. 구매하지 못한 소비자는 미지의 것이라는 랜덤쇼핑의 매력에 구매 욕구가 더욱 상승하고, 포켓몬 빵의 랜덤 띠부씰은 몰입감을 즐기는 젊은 소비자의 소비심리를 만족시킨다.

'윈윈(win-win)'하는 랜덤박스 마케팅

중국과 일본에서 매우 인기 있는 랜덤박스는 일종의 장난감 스타일이다. 그러나 제품 외향의 동일성으로 제품 간의 차이를 전혀 알 수 없다. 따라서 소비자의 운과 감각에 따라 해당 제품을 선택해야 한다. 랜덤박스를 구매하기 전에 소비자가 기대하는 스타일이 있을 것이다. 하지만 구매 후 마음에 드는 스타일을 얻지 못하는 상황도 발생하기 때문에 이러한 상황을 기점으로 소비자가 2차 구매할 가능성이 높다. 판매자는 소비자의 내부 감정을 이용하여 심리를 만족시켜 구매자와 판매자 사이의 '윈윈'을 촉진한다.

장난감 랜덤박스 마케팅뿐만 아니라 경험 중심 마케팅은 점차 다른 분야로 확장되면서 예상치 못한 여행상품에까지 랜덤박스 마케팅이 적용되었다. 〈그림 14.3〉과 같이 랜덤박스 형태로 항공권을 판매하며, 소비자 스스로 출발지를 선택하고, 목적지와 출발시간을 알 수 없는 상태에서 자신의 여행상품을 구매한다. 이는 정상적인 상황에서 구매한 항공권보다 가격이 저렴하고, 예상할 수 없는 여행 구성을 판매하여 소비자의 정서적 소비심리를 충족시킨다.

음악산업에서도 랜덤박스 마케팅이 유용하게 쓰인다. 아이돌 그룹이 앨범을 선보일 때, 한 앨범에 멤버 한 명의 랜덤카드를 넣는 식으로 기획사 마케팅으로 활용되며, 현재는 아이돌 그룹 전용 카드

그림 14.3 중국에서 판매되는 랜덤박스 상품

세트로 발전했다. 알다시피 팬들이 한 그룹의 모든 멤버를 좋아하는 것은 아니다. 따라서 이 랜덤카드를 구매할 때 좋아하는 한 명 혹은 다수의 아이돌 카드를 뽑기 위해 처음에는 대량으로 구매할 가능성이 매우 높다. 또한 원하는 카드를 획득하지 못하면 어느 정도 다른 상황에서 랜덤박스를 구매할 경우보다 재구매 확률이 높아진다.

랜덤박스의 응용 가능성

랜덤쇼핑이란 물건을 열어 개봉하기 전까지 어떤 상품인지 모르는 상태로 물건을 구매하는 것을 말한다. 젊은 세대들에게는 추억의 놀이 중 하나였던 문구점의 완구 자판기 혹은 길에서 쉽게 볼 수 있는 랜덤박스 자판기 또한 이러한 랜덤쇼핑의 한 종류라고 볼 수 있다. 젊은 세대는 랜덤쇼핑, 랜덤박스를 오픈할 때마다 마치 복권을 긁는 것과 같은 긴장으로 떨린다고 한다. 이들은 대부분의 랜덤쇼핑이 구매한 금액 이상의 가치를 지닌 상품으로 되돌려 받을 수 있기 때문에 자신들에게 더 이득이라고 말한다. 랜덤쇼핑에 대해 긍정적 반응을 보이고 있는데, 만족스러운 상품과 랜덤으로 제품을 뽑는 과정에서 유발되는 궁금증 및 긴장감이 랜덤쇼핑의 재미를 더해주고 있는 것 같다.

소비자의 소비패턴과 소비심리의 변화는 '무작위 상자' 마케팅을 통해 소비자가 소비에 내재된 심리적 만족을 얻을 수 있도록 한다. 동시에 마케터가 특정 판매 목표에 도달하게 만드는 것으로 상호 윈윈하는 상황을 형성한다. 앞으로 랜덤박스 마케팅은 더욱 많은 분야에 응용될 것으로 예상된다.

#_

#뽑기

떼기. (명사) 예전에 하던, 제비뽑기 같은 놀음의 하나. 떼기판에 붙어 있는 과자나 엿 조각 따위를 떼어 숫자를 맞춘다(북한어).

참고문헌

유진은. 〈랜덤 포레스트: 의사결정나무의 대안으로서의 데이터 마이닝 기법〉. 《교육평가연구》 28(2), 2015.

중메이 · 한창완. 〈Z세대의 랜덤박스 소비 행동 연구 확장된 계획행동이론을 중심으로〉. 《애니메이션 연구》 18(4), 2022.

ZANG YUNONG. 〈Blind Box Consumers' Disappointing Blind Box Consumption Experience on SNS Posting and Their Reactions to Comments on Their Posting Based on Their Regulatory Focus〉. 중앙대학교 석사학위논문, 2022.

박종관. "뽑기 재미에 랜덤박스 열풍… '5000원 내고 명품 갖는다'". 한경경제, 2022.05.02, https://www.hankyung.com/economy/article/2022042263841

예스폼. "MZ세대 랜덤쇼핑에 빠지다!". NAVER포스트, 2022.06.14. https://post.naver.com/viewer/postView.naver?volumeNo=33941083&memberNo=9353678&vType=VERTICAL

우양. "중국 랜덤박스 마케팅, 레어템을 갈망하는 소비자들". Kotra해외시장뉴스, 2022.02.11, https://dream.kotra.or.kr/kotranews/cms/news/actionKotraBoardDetail.do?SITE_NO=3&MENU_ID=180&CONTENTS_NO=1&bbsGbn=243&bbsSn=243&pNttSn=193213

진포럼. "[이슈레포트] 다시 돌아온 포켓몬빵!". NAVER blog, 2022.04.12, https://blog.naver.com/ghinforum/222699000246

NAVER 국어사전. "뽑기". 2012.04.02. https://ko.dict.naver.com/ko/userEntry/koko/698373aa239f79efcd5af3b6095c5eff

tide3. "여행상품도 랜덤박스?" NAVER 블로그, 2021.05.06. https://blog.naver.com/tide3/222334647910

15
한정판 경험
Limited Edition Experience

한수연

#팝업스토어 #공간력 #경험 #0차 공간 #실제 공간의 아우라

체험 비즈니스 트렌드와 공간력을 잘 보여주는 곳 중 하나는 팝업스토어다. 팝업스토어는 짧은 기간 동안 일시적으로 운영하는 임시매장이다. 팝업스토어가 가진 '한정판 경험'은 신규 제품을 홍보하는 수단일 수도 있지만, 기존 브랜드에 새로운 인식과 이미지를 부여하는 장이 되기도 한다. 따라서 플래그십스토어(flagship store)* 보다 적은 비용으로 특정 상품이나 브랜드를 고객에게 제공함으로써 솔직하고 새로운 반응을 볼 수 있는 실험적 공간이다. 브랜드 이미지 각인, 즉각적인 시장 반응을 목적으로 한 팝업스토어가 눈길을 끌고 있다.

* 팝업스토어와 비슷한 용어인 '플래그십스토어'는 이미 시장에서 성공을 거둔 특정 상품의 브랜드를 중심으로 하여 브랜드의 이미지를 극대화한 매장 형태다. 대표적인 기업의 예시로 '애플스토어(Apple Store)'가 있다.

공간을 통해 '경험' 제공

기존의 유통업계나 백화점, 대형마트에서 진행되는 팝업스토어들은 판매에 중점을 둔 임시매장이나 신제품 프로모션에 가까웠다. 하지만 최근 팝업스토어 동향은 기업이 온라인과 오프라인 마케팅을 통합할 수 있도록 하는 마케팅 전략으로 변모했다. 오프라인 이벤트 매장으로 브랜드 이미지를 전달하고, 고객과의 만남을 통해 기업의 철학과 메시지를 효과적으로 전달하는 기업이 늘어나고 있기 때문이다. 또한 투자비용 대비 장기적으로 높은 효과를 창출할 수 있다는 장점이 있어 현재 우리는 다양한 브랜드들이 주도하는 팝업스토어 전성시대를 맞이하고 있다.

최근 팝업스토어의 의미는 계속해서 확장되고 있다. 팝업스토어는 한정된 기간에 특별한 '경험'을 제공하는 공간이다. 따라서 취향과 정체성을 드러내는 것에 관심이 높은 2030세대의 특징을 잘 담아내고 있다. 1980년대 초반에서 2000년대 초반 사이에 태어난 밀레니얼세대는 특별한 콘셉트와 구매방식으로 지불한 가격 이상의 큰 만족감과 자신의 경험을 공유하고 싶어 한다. 이러한 특징을 잘 반영한 용어인 '인스타그래머블(instargramable)'이라는 단어는 '인스타그램에 올릴 만한'이라는 뜻을 가지고 있다. 시각적으로 독특하고 트렌디한 의미를 지닌 형용사다. 또한 팝업스토어는 인스타그래머블 콘텐츠 중 큰 영향력을 받는 공간이며, 인스타그래머블 콘텐츠가 확산하는 과정에서 발생하는 바이럴 마케팅 효과는 어떠한 방법보다 강력하다. 따라서 오프라인 매장과 팝업스토어는 사람들을 끌어모을 만한 콘셉트와 차별화된 공간구성, 세세한 기획이 요구된다.

대기업의 리테일 스토어

브랜드 이미지 제고에 목적성을 두고 경험과 체험의 유니크함을 담은 팝업스토어 형태는 대기업의 '리테일테크(Retailtech)' 등장과도 연결된다. 리테일테크는 소매를 뜻하는 '리테일(retail)'과 기술을 뜻하는 '테크놀로지(technology)'의 합성어다. 이를 '유통 4.0'으로 표현하기도 하며, 현재는 다가올 '유통 5.0' 시대에 기업들은 디지털 생태계를 확장하기 위한 전략 수립이 필수다. 대기업의 오프라인 공간 형태로 리테일 트렌드와 공간기획이 주목된다. 고객은 제품이나 브랜드와의 관련성을 느낄 수 있고, 라이프스타일에 맞는 커뮤니케이션과 캠페인을 원한다. 특히 대기업의 리테일테크는 팝업스토어 형태로 고객과 소통하면서 전략적인 마케팅 도구로 활용된다. 여의도 더현대서울의 '언커먼스토어'를 예시로 들 수 있다. 10평 규모 공간에 패션잡화, 굿즈, 생활용품, 식음료 등 200여 가지 상품을 판매하고 있는데, 직원 없이 인공지능 카메라와 무게 감지 센서 기술을 도입한 무인매장이다. 언커먼스토어는 전통적인 백화점에서 볼 수 없는 독특한 쇼핑 경험을 제공한다. 이들은 현 세대가 선호하는 캐릭터와 협업하여 고객이 직접 제품을 찾아보고 탐색할 수 있는 새로운 방식의 쇼핑 환경을 창출하고 있다. 이러한 접근은 소비자에게 더욱 개인화되고 참여적인 쇼핑 경험을 제공하며, 전통적인 쇼핑 방식을 혁신적으로 변화시키고 있다.

이와 같은 변화는 유통 업계에서 '오프라인'에 대한 새로운 관심을 불러일으키고 있다. 이는 단순한 과거로의 회귀가 아니라 온라인 데이터를 활용하여 오프라인 쇼핑 경험을 강화하는 전략으로 볼 수 있다.

이러한 전략의 일환으로 온 · 오프라인을 통합한 'O4O(Online for Offline)' 접근 방식이 주목받고 있다. 예를 들어 배달의민족은 '배민 우리동네' 서비스를 통해 온라인 플랫폼을 활용하여 오프라인 매장 방문을 유도하고, 올리브영도 '오늘드림'으로 오프라인 서비스를 공략하고 있다. 결국 중요한 것은 고객에게 더욱 풍부하고 만족스러운 '차별화된 체험'과 '경험적 가치'를 제공할 수 있는가의 문제다. 그렇기 때문에 많은 대기업이 오프라인 스토어 확보와 팝업스토어 같은 도전적인 실험에 열을 올리고 있다.

기다림의 경험, '0차 공간'

이끌림 있는 공간의 힘을 의미하는 '공간력'은 지속적으로 증가하고 있는 팝업스토어의 인기에서 잘 드러난다. 이러한 공간들은 사람들이 몰려드는 화제의 중심지가 되며, 긴 대기 시간 조차 독특한 경험의 일부로 만들고자 하는 '웨이팅' 문화를 창출했다. 이러한 '웨이팅' 문화는 실제 공간인 오프라인의 독특한 매력과 함께 '0차 공간'이라는 새로운 개념을 만들었다. 원하는 핫플레이스 공간을 1차라고 했을 때, 그 주변의 놀거리, 둘러볼 공간, 거리 등이 '0차 공간'이라고 할 수 있다. 사람들은 공간력을 지닌 1차 공간에서만 기다리지 않고, 0차 공간 탐색도 한정판 기다림의 경험에 포함한다. 따라서 0차 공간을 활용하여 동네 자체를 무대로 하여 만든 브랜드들도 늘어나고 있다. 0차 공간의 키워드로는 '#웨이팅하기좋은', '#웨이팅하면서' 등이 있고 이 시간의 경험을 활용하여 브랜딩하는 기획도 기발한 아이디어이자 로컬마케팅의 전략이 되고 있다.

팝업스토어의 젠트리피케이션

대기업들의 온 · 오프라인 마케팅 주도로 인해 팝업스토어 유행에 제2의 젠트리피케이션이 생기는 것은 아닐까 하는 우려가 발생하고 있다. 서울의 경우, 대기업 팝업스토어의 연이은 흥행이 단기 임대료를 높이고 있다는 지적도 나온다. 〈그림 15.1〉과 같이 성수1 · 2가 건물 평당 실거래가를 보면 2018년 수천만 원이었다가 2022년에는 1억 원대로 올랐다. 그리고 성수역과 근처 연무장길 일대의 평당 임대료는 2018년 대비 2022년에는 50%나 상승했으며, 계속해서 상승

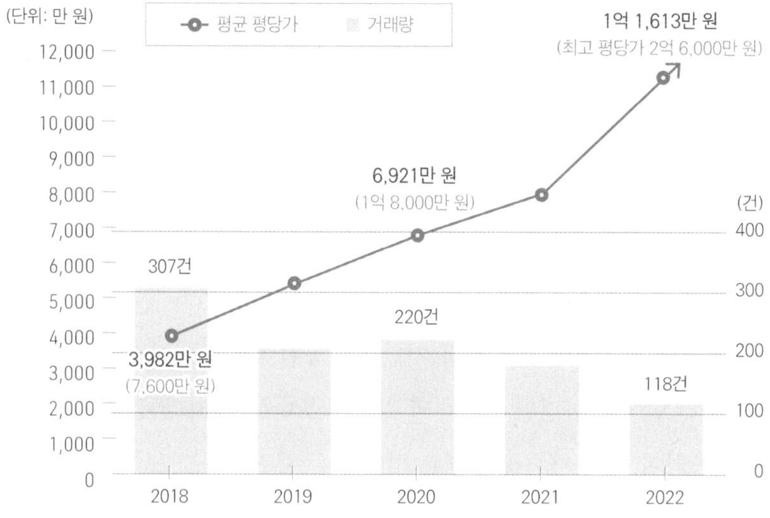

그림 15.1 성수동 건물 평당 실거래가

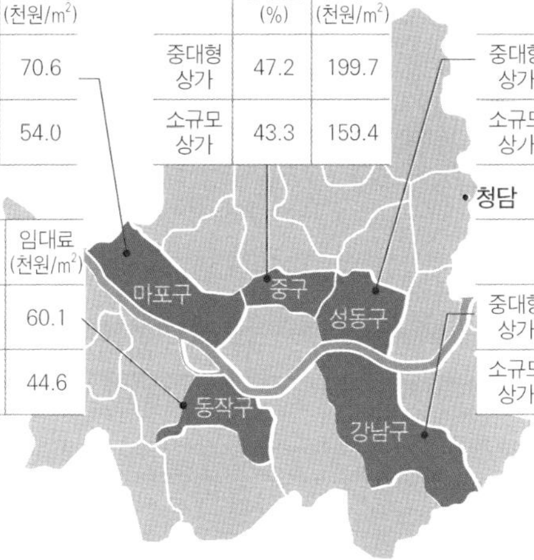

• 홍대 · 합정

	공실률 (%)	임대료 (천원/m²)
중대형 상가	17.7	70.6
소규모 상가	24.7	54.0

• 명동

	공실률 (%)	임대료 (천원/m²)
중대형 상가	47.2	199.7
소규모 상가	43.3	159.4

• 뚝섬(성수)

	공실률 (%)	임대료 (천원/m²)
중대형 상가	1.3	37.3
소규모 상가	0.0	44.0

• 사당

	공실률 (%)	임대료 (천원/m²)
중대형 상가	7.3	60.1
소규모 상가	6.0	44.6

• 청담

	공실률 (%)	임대료 (천원/m²)
중대형 상가	16.9	57.9
소규모 상가	0.0	53.0

그림 15.2 서울 주요 상권의 공실률과 임대료(2021년 3분기)

하고 있는 상황이다. 하지만 더욱 심각한 것은 지역마다 크게 차이 나는 공실률이다. 〈그림 15.2〉의 서울 주요 상권은 양극화가 심화되어 과거 핵심 상권이었던 곳이 코로나19 시대를 거치면서 침체기를 겪고 있고, 젊은 층의 핫플레이스로 떠오른 성수동과 청담동 근처는 공실률이 하락했다.

팝업스토어는 기업 입장에서 고객의 인사이트를 얻기 위한 실험공간으로 부담 없이 소비자의 반응을 즉각적으로 테스트해보는 공간이라는 장점을 갖고 있다. 팝업스토어의 일시적이지만 높은 효과가 입증됨에 따라 점점 더 많은 기업이 새로운 마케팅 채널로 차별화된 팝업스토어를 내세우고 있다. 팝업스토어는 임대료가 비싸 오프라인 매장을 열 수 없는 신규브랜드, 소규모 브랜드들이 공실을 활용해 소비자와 만날 목적을 가지고 시작했다고 한다. 하지만 대기업의 팝업스토어 범람으로 원래 사람이 몰리던 곳의 공간은 더욱 구하기 어려워져 제2의 젠트리피케이션 현상이 일어나고 있다. 온라인으로 상품을 판매하는 소규모 기업들은 오프라인 팝업을 통해 고객과 소통할 기회를 쉽게 만들 수 없게 되었다.

| 유휴공간 속 '경험'을 공유하는 콘텐츠 등장

이러한 문제를 해결하기 위해 뛰어든 창업자와 공간들이 있다. '공뿌마켓'을 운영하는 ㈜아치서울은 소규모 브랜드들을 위해 매장 자투리 공간으로 수익을 창출할 수 있는 새로운 유통 채널을 만들었다. 이미 보유한 공간 일부를 제공한 매장주들은 맞춤 컨설팅과 분석, 운영에 대한 서비스를 받을 수 있다. 이는 오프라인 매장이 대기업 유통업체의 전유물이 아닌 소규모 메이커스와 브랜드의 기회 창출이 되고자 하는 목적이 잘 드러나는 아이템이다.

팝업스토어의 본질은 '소비자와의 관계 만들기'의 한정판 경험에 있다. 대기업의 일방적인 소통 마케팅, 무분별한 팝업스토어 형식 프로젝트가 소리소문없이 사라지고 있는 이유는 브랜드나 상품의 이해 없이 오픈한 팝업스토어는 한계가 있기 때문이다. 이는 소위 말하는 '제품에 진심인 곳'이라는 후기를 이끌어내기 위해 팝업 기획자, 팝업 컨설팅, 팝업스토어 기획전문 플랫폼 등 새로운 팝업 전문가들이 생겨나고 있는 이유다. 한 예로 "매장을 빌려드립니다"라는 슬로건을 내건 '프로젝트렌트(Project Rent)'는 8곳의 팝업스토어 전용공간을 운영하고 있다. 공간을 빌려주고, 팝업스토어의 전반적인 과정을 함께 기획한다. 평양에서 잡화점을 내는 상상력을 갖고 만든 '평양슈퍼마케트', '가나'라는 브랜드보다 '초콜릿'을 즐기는 경험을 선사하는 '가나초콜릿하우스'가 예시다.

팝업스토어는 기업과 소비자 모두에게 다양한 혜택을 제공하는 공간이다. 이러한 팝업스토어가 직면한 주요 과제는 고객과 진정한 연결을 만들어야 한다는 것이다. 코로나19 팬데믹 상황에서 '오프라인의 종말'이라는 이야기도 나왔지만, 팝업스토어의 흥행은 오프라인 공간의 활성화를 면밀히 보여주고 있다. 그렇기 때문에 팝업스토어가 담고 있는 콘텐츠와 방식에 대한 질적인 부분이 많이 중요해졌다.

'진실성'의 갈증시대 속 '진짜' 경험 찾기

"재미비용이 비싸지고 있다." 최근 '펀플레이션(fun+inflation)'이라는 용어가 새롭게 등장하면서 소비자의 소비 이동에 주목하고 있다. '펀플레이션'은 공연, 여행, 외식 등 오락 비용이 치솟는 현상을 말한다. 또한 이는 오프라인 공간과 밀접한 관련이 있으며, 현대 소비자의 경험중심적인 소비경향을 반영한다.

계속해서 새로운 트렌드와 디지털 기술을 접목한 팝업스토어가 진화하고 있으며, 이러한 공간은 기존 고객과 새로운 고객 모두에게 브랜드를 알릴 기회를 제공한다. 고객의 경험을 중심으로 한 '한정판 경험' 제공은 팝업스토어의 성공적인 전략이 될 수 있다. 하지만 이는 '인스타그래머블'에만 초점을 맞춘 것이 아니라 시시각각 변하는 소비자의 니즈에 부응하고, 진정성과 세심한 디테일을 포함하는 공간이 되어야 할 것이다. 즐거움과 경험을 소비하는 것이 당연시된 현대사회에서 희귀성이 있는 새로운 공간은 장기적으로 브랜드의 충성도를 높일 수 있는 효과를 가져온다. 또한 팝업 전성시대는 지속가능한 공간과 실제 공간의 아우라에 대한 중요성을 재고하게 한다.

《리:스토어》에서는 '다시 방문하고 싶은 매장'이 주는 특별한 느낌과 가치를 '리스토어'라는 개념으로 정의하고 있다. 이는 오프라인 매장이 단순한 상품 판매 장소를 넘어 고객에게 깊은 인상과 지속적인 가치를 제공하는 공간으로 변모해야 함을 의미한다. 특히 이러한 변화의 최전선에 있는 오프라인 공간은 '다시 방문하고 싶은 브랜드'가 되기 위해 명확하고 구체적인 메시지로 소비자와 소통하는 것이 중요하다. 또한 '진실성 위기의 시대'에 살아가고 있는 현대사회에서 소비자가 추구하는 진정성과 실재감을 이해하고, 디지털 시대의 형식적인 상호작용을 넘어선 브랜드와 소비자 사이의 진정한 연결을 구축하는 것이 중요하다.

참고문헌

김현장 · 이재규. 〈체험 마케팅이 적용된 POP-UP Store의 공간적 특성에 관한 연구〉. 《한국공간디자인학회 논문집》 7(1), 2012.

번트 H. 슈미트. 《체험마케팅》. 박성연 외 역. 세종서적, 2002.

채희주 · 최현영 · 장진희 · 고은주. 〈팝업스토어의 점포속성이 브랜드 태도와 재방문의도에 미치는 영향〉. 《한국의류산업학회지》 14(3), 2012.

황지영. 《리:스토어: 언택트 시대, 오프라인 기업들의 8가지 진화 전략》. 인플루엔셜, 2020.

김은영. "[팝업의 시대] ③ 신동빈도 사로잡았다… '코시국'에도 사람들 줄세운 팝업 전문가". 조선비즈, 2023.01.18. https://biz.chosun.com/distribution/channel/2023/01/18/KQ7MHXTOSFB2DAXXQO5VN45D2Y/

박혜린. "뉴노멀 시대 가장 인기 있는 공간템, 브랜드 놀이터 팝업스토어". HS Adzine, 2023.03.20, https://blog.hsad.co.kr/3346

서용원. "성동구, '핫플' 성수동 · 연무장길, 젠트리피케이션 방지책 추진". 대한경제, 2023.02.21. https://m.dnews.co.kr/m_home/view.jsp?idxno=202302211019314290638

이미경. "컬리의 새로운 자기소개서 '리테일 테크'… 기술 강조하는 유통업계[긱스]". 한경경제, 2022.06.29. https://www.hankyung.com/economy/article/202206282869i

이지은. "모두 얼어붙었는데 여기만 뜨겁다… 공실률 '0'의 거리". 조선일보, 2023.01.31. https://realestate.daum.net/news/detail/all/20230131030249611

채민선. "매장 · 카페에 메이커스 제품 · 브랜드 매칭 '공뿌마켓'". 중기이코노미, 2022.10.09. https://www.junggi.co.kr/article/articleView.html?no=29370

DECONSTRUCTING BOUNDARIES

Hyper Society-Active Audience
Sustainable Creative Industry
Decentralized Gaming
Cinematravelgram

AI

AI-Creator
AI Communication
Unleashing Creativity

LOCAL

Local Aura
Local Travel
Old Store and Local Creator
Hyper Local

Cultural Content Trend Watch

Future society viewed through 5 issues,
from deconstructing boundaries to AI

넥스트 커뮤니케이션

NEXT COMMUNICATION

Text Communication
Abbreviated Culture
Fast Movie
Over the Screen

EXPERIENCE BUSINESS

Liquid Consumption
Solo Travel
Random Box Marketing
Limited Edition Experience

16. 텍스트 커뮤니케이션 김수민

17. 줄임 문화 종근유

18. 패스트 무비 심정애

19. 읽는 동영상 하정민

16
텍스트 커뮤니케이션
Text Communication

김수민

#텍스트 커뮤니케이션 #비동기 커뮤니케이션
#세대별 소통방식 #콜포비아 #의사소통

급격한 정보통신기술의 발달로 의사소통 방식은 대면에서 비대면으로 확장되었다. 방송통신위원회 조사 결과(2022년), 우리나라 휴대전화기 보유율은 세계 최고로 97%라는 결과가 나왔다. 물론 시기적으로 코로나19 또한 영향을 미쳤으니 사회적 거리두기를 일상화하며 대면에서 비대면으로 사람들의 커뮤니케이션 방향도 바뀌기 시작했다. 비대면이 일상화되면서 소통 도구인 '텍스트(문자)'는 입지가 더 중요해졌다. 젊은 세대일수록 전화보다는 텍스트나 SNS를 통해 소통하기를 선호한다. 우리의 커뮤니케이션 방식이 변화하고 있고 앞으로도 계속 바뀔 것이지만, 문자를 중심으로 하는 커뮤니케이션에 집중해보고자 한다.

커뮤니케이션의 흐름

우리 사회는 계속해서 변화한다. 기술, 정치, 경제, 문화, 가치관도 함께 변화하고 있으며 이런 변화를 잘 이해하기 위해서는 지금의 세대를 아는 것이 중요하다. 기성세대와 젊은 세대 간에 나타나는 인식과 가치의 차이를 파악하고, 커뮤니케이션 흐름에 따라 변화하는 모습을 알아보는 것이 필요하다. 예전에는 직접 사람들과 말하고 만나는 것이 주된 소통이었다면, 지금 우리는 온종일 다른 사람의 목소리를 듣지 않고 말하지 않아도 일상생활이 가능한 세상을 살고 있다. 음식 주문뿐만 아니라 쇼핑과 예약 관련 서비스는 앱을 통해 할 수 있다. 미디어의 발달로 언젠가 다가올 상황이었지만, 코로나19로 인해 비대면 환경이 순식간에 등장해버렸다.

비대면 상황에서의 텍스트 커뮤니케이션은 대면 소통의 대체재가 아니다. 정보통신기술이 급격히 발전하고 스마트폰이 대중화되면서 사람과 사람을 연결하는 관계적인 부분에서 텍스트 커뮤니케이션은 더욱 많은 역할을 하는 중요한 부분이다. 사람들은 하루에도 몇 번씩 SNS, 모바일 메신저, 이메일 등을 통해 의사소통한다. 전화기로 서로의 음성을 주고받는 통화(通話)보다는 스마트폰을 통한 텍스트 커뮤니케이션 형식의 채팅이 더 편하고 익숙해졌다.

우리나라 스마트폰 보급률은 97%(2022년 기준)에 달한다. 문자 데이터 사용량은 2000년 후반부터 음성 통화량을 앞질렀다(2022년 기준).

과학기술정보통신부가 조사한 〈무선통신서비스 통계 현황〉을 보면 2022년 5월 말을 기준으로 주민등록 총인구수는 5,158만 명이

그림 16.1 우리나라 전화 변천사

었다.

국내 이동전화 가입 회선을 보면 약 7,381만 개이고, 스마트폰 회선은 약 5,389만 개로 나타났다고 한다. 스마트폰은 통화만 가능한 일반전화기와 달리 문자가 가능하기에 텍스트 커뮤니케이션이 증가하는 요인 중의 하나다. 현대인은 문자를 이용해 소통할 수 있는 소셜 네트워크, 문자 메신저와 이메일 등을 소통의 주 도구로 사용하고 있다. 이러한 커뮤니케이션 방법은 새로운 형태로 변화되었고, 커뮤니케이션 도구 또한 음성에서 문자로 바뀌었다. 음성이 전화선을 타고 흐른 지 150년도 되지 않았는데, 지금 시대의 사람들은 문자메시지를 더 선호한다.

소통 방식의 변화

소통(커뮤니케이션)의 유형을 나누면 언어적 소통, 비언어적 소통, 서면을 통한 소통, 온라인 매체(카카오톡, 인트라넷) 등으로 구분할 수 있으며 각각의 소통 방식은 장단점이 있다. 〈그림 16.2〉에서와 같이 각

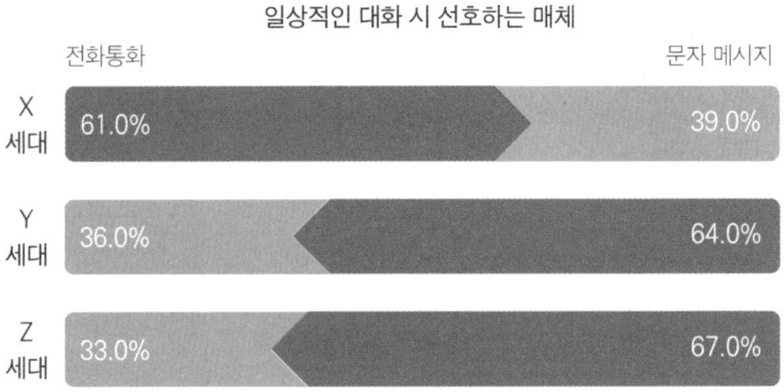

그림 16.2 세대별 커뮤니케이션 방식 선호도

세대는 주로 소통하는 방식에 차이가 있다. 기존 세대는 대면, 공식적인 문서, 전화 등 직접적인 소통을 선호하는 반면 MZ세대는 대면보다는 비대면, 온라인 소통, 빠른 피드백을 할 수 있는 소통 등을 선호한다.

방송통신위원회와 한국인터넷진흥원은 〈표 16.1〉과 같이 2023년 3월 31일(금) 〈2022년 하반기 스팸 유통현황〉을 발표했다. 결과를 보면 휴대전화 스팸 신고 탐지 결과는 2022년 상반기 대비 30.4% 감소했다. 이 중에서 휴대전화 음성 스팸과 문자 스팸을 비교한 결과 음성을 통한 스팸은 감소했지만 문자를 통한 스팸은 증가율을 보였다. 전화를 통한 음성보다는 텍스트 커뮤니케이션을 선호하는 흐름에 따라 변화한 것이다. 사람들은 전화를 통한 실시간 소통을 지양하고 자신이 판단할 수 있는 시간차를 통한 문자 커뮤니케이션을 택한다. 특히 모르는 번호로 전화가 걸려온다면 이에 응답하는 사람도 많지 않을 것이다.

표 16.1 2022년 하반기 스팸 유통현황(수신량)

구분		2022년 상반기	2022년 하반기	증감
수신량 (1인 일 평균)	휴대전화	0.26통	0.25통	0.01통↓(3.8%↓)
	음성	0.10통	0.08통	0.02통↓(20.0%↓)
	문자	0.16통	0.17통	0.01통↑(6.3%↑)
	이메일	0.15통	0.11통	0.04통↓(26.7%↓)
	계	0.41통	0.36통	0.05통↓(12.2%↓)

출처: 방송통신위원회 정책이슈, "휴대전화 음성스팸 줄고, 문자스팸 늘어", 방송통신위원회, 2023.03.31.

MZ세대의 콜포비아

초등학교 때부터 스마트폰을 사용하며 자라온 세대는 성인이 되면서 콜포비아를 느끼고 있다. 전화 통화를 하며 상대방과 커뮤니케이션하는 것을 두려워한다. 사전적으로 포비아(phobia)는 공포의 감정이 강박적으로 특정 대상에 결합하여 행동을 저해하는 이상 반응 증상을 나타내는 용어로 일종의 강박관념이나 신경질환 증세를 말한다. 콜포비아(call phobia)의 어원을 보면 전화를 뜻하는 call과 공포증을 말하는 phobia의 합성어로 구성됐다. 전화를 불편해하는 것뿐만 아니라 상대방과 통화할 때 불안감과 두려움을 동시에 느끼는 등 전화를 하기 전부터 마음이 초조해지는 긴장감을 말한다.

1994년 존 마셜(John Marshall)의 《소셜 포비아》에서 처음으로 '콜포비아'라는 개념이 나왔다. 콜포비아라는 개념이 나온 지 30년이 다 되어간다. 그런데 왜 지금 다시 주목받고 있는가? 앞에서 말한 것처럼 젊은 세대는 텍스트를 도구로 커뮤니케이션하는 것을 선호하고 편안하게 느낀다. 상대적으로 전화는 불편하고 익숙하지 않은 소통 도구가 된 것이다. 이렇게 새로운 미디어 매체를 사용하며 기존의 소통 방식에 잘 적응하지 못하고 있다. 인터넷과 휴대전화를 주로 사용하는 MZ세대에서 콜포비아 현상은 더 두드러진다. 현재 이 세대는 콜포비아로 인한 문제가 심각하다.

미국 립스콤대학(Lipscomb University)의 분쟁관리연구소 제프 톰슨(Jeff Thompson) 박사는 "대화를 나눌 때 동작, 표정, 눈의 움직임 등을 통해 비언어적인 의사소통을 하고, 이러한 비언어적 요소와 언어적 메시지가 서로 일치하는지를 살핀다. 하지만 전화상으로는 이러한 문맥들을 읽을 수 없기 때문에 불안이 치솟게 된다. 시각적 제한이 있는 전화 통화와 관련된 사회 불안장애는 전화 통화할 때 자신이 능숙하게 대처하지 못하거나 하지 말아야 할 말을 하게 될까 봐 하는 걱정에서 시작된다"고 말한다.

전화 불안감을 연구한 논문에 따르면, "스마트폰이 상용화되면서 사람들은 이동전화에 친밀감을 느끼게 되었으며, 특히 문자메시지의 주 사용자인 청소년은 커뮤니케이션 수단으로 음성 통화보다 메시지를 더 편하게 생각하게 됐다. 메시지 친밀도가 높은 사람은 상대적으로 음성 통화를 기피하는 전화 불안감 현상을 겪는다"고 밝혔다.

비동기 커뮤니케이션

커뮤니케이션도 동기 커뮤니케이션에서 비동기(asynchronous) 커뮤니케이션으로 시간적 개념이 바뀌고 있다. 비동기 커뮤니케이션이란 실시간 커뮤니케이션의 반대를 뜻한다. 보통 온라인에서도 비대면 대화를 할 때 실시간이 아닌 시간차를 두고 말하는 것을 선호한다. 텍스트 커뮤니케이션을 할 때도 서로 실시간으로 내용을 공유하지만 당장 답이 오지 않을 것을 예상한 상태에서 커뮤니케이션한다. MZ세대는 이러한 비동기적 커뮤니케이션에 더 익숙하다. '즉시성'에 익숙한 기성세대와 달리 자신의 생산성과 효율성을 더 중요시하는 MZ세대는 실시간 커뮤니케이션에 피로감을 느낀다(표 16.2).

비동기 커뮤니케이션은 곧 텍스트 커뮤니케이션이다. 상대방에게 얻고자 하는 것에 대한 메시지를 명확하게 보내야 한다. 구술문화에서 이제는 기록의 문화로 다시금 문자가 중요한 시대가 되었다. 커뮤니케이션의 패러다임은 비동기 커뮤니케이션으로 바뀌고 있다.

표 16.2 세대별 소통 방식

구분	세대별 특징		
	베이비붐세대	X세대	MZ세대
선호하는 소통 방식/수단	대면/ 전화	비대면/ 문자, 이메일	비대면/ 문자, SNS
피드백	공식적인 문서 피드백	즉각적이고 솔직한 피드백	실시간 빠른 피드백
멘토링	부정적인 의견을 다루지 않음	피드백 받을 필요 없음	마더링

출처: 허두영, 《세대 공존의 기술》, 넥서스BIZ, 2019.

텍스트 커뮤니케이션의 이해와 방법

1930년대에 새로운 미디어인 라디오와 영화가 등장하면서 미디어는 커뮤니케이션에 강력한 도구 역할을 했다. 이를 토대로 지금의 인터넷과 스마트폰의 확산은 일상적인 면에서 우리의 소통을 처리하는 방식에 큰 변화를 가져왔다. 미디어는 계속해서 새로운 기술을 갖고 등장한다. 커뮤니케이션은 이런 미디어 환경에 따라 변화하고 인간의 행동은 미디어의 발전 범위에 맞게 새롭게 형성된다.

일상에서 사람들은 타인과 상호작용하기 위해 끊임없이 커뮤니케이션한다. 미디어의 발전은 공감적인 소통을 하기 위한 도구를 제시하고 사람들은 그것을 가장 기본적인 소통 도구로 사용한다. 요즘의 텍스트 커뮤니케이션은 전체적인 문맥을 이해하기에 조금 어려울 수 있다. 소셜 미디어를 통한 소통은 고맥락적 소통이 익숙한 기성세대에게 더 난해하다. 단어 자체로 이해하는 것보다는 본질을 이해해야 한다. 그래서 소셜 미디어를 통해 텍스트로 커뮤니케이션할 때는 전체적인 의미에서 간결하게 전달해야 하고, 부정적 단어와 오해 소지를 불러일으킬 수 있는 단어를 최대한 지양해야 한다.

그러기 위해서는 다음 두 가지를 잊지 말아야 한다. 첫째, SES(Short, Easy, Simple)로 말하라. 텍스트로 커뮤니케이션할 때는 맥락을 파악하기 쉽지 않기 때문에 최대한 간단하고 쉽게 전달해야 한다. 둘째, 사실과 의견, 감정을 정확하게 구분하라. 텍스트 커뮤니케이션 소통에서 일반적으로 문제가 되는 것은 사실과 의견, 감정을 섞어서 전달하는 것이다. 상대방을 직접 보거나 목소리를 듣는 것이 아니어서 뉘앙스를 파악할 수 없으므로 정확하게 전달하는 것이 중요하다.

특히, 공적인 상황에서는 더 주의해야 할 부분이다.

음성이 소통의 전부였던 시절은 먼 과거의 이야기다. 그렇다고 텍스트 소통이 커뮤니케이션의 전부도 아니다. 유튜브에서 텍스트로 검색해 찾아보는 영상 콘텐츠 시대가 실현되고 있다. 여기서 인공지능은 텍스트로 입력한 것을 영상으로 바꿔 찾아주는 역할도 한다. 4차 산업혁명으로 신기술이 또 등장했으니, 이제는 AI(인공지능), VR(가상현실) 등을 통해 커뮤니케이션이 가능한 시대다. 음성이 텍스트를 만들고 텍스트는 또 다른 음성을 만들며, 심지어 영상을 도출하기도 한다. 이처럼 커뮤니케이션의 도구는 살아있는 유기체처럼 공유하면서 또 다른 새로운 것을 만들기도 한다. 텍스트 커뮤니케이션은 현 미디어 매체에 가장 적합한 언어로 사람들에게 선택되고 앞으로도 지속적으로 중요한 소통의 한 도구가 될 것이다. 텍스트 커뮤니케이션은 또 다른 전환점에서 중요한 역할을 할 것이 분명하다. 텍스트의 영상화는 텍스트 커뮤니케이션의 퇴보가 아닌 문자와 영상을 결합하는 새로운 메커니즘으로 자리 잡을 것이다.

#고맥락 커뮤니케이션

메시지의 맥락을 통해 정보를 전달한다.

#저맥락 커뮤니케이션

메시지에 대부분의 정보를 담아서 명확하게 소통한다.

#마더링(mothering)

신뢰할 수 있는 대상이 마치 엄마(mother)처럼 조언하고 때로는 학습하는 것을 의미한다.

참고문헌

김경희. 《매스 커뮤니케이션 이론》. 이화여자대학교출판문화원, 2019.

김수민. 《리더의 언어로 말하기》. 에이의취향, 2021.

김재휘. 《설득심리이론》. 커뮤니케이션북스, 2013.

김정현. 《설득커뮤니케이션의 이해와 활용》. 나남, 2020.

박천일. 《커뮤니케이션 이론》. 커뮤니케이션북스, 2022.

이경락 외. 〈모바일 O2O 커머스 지속이용의도에 영향을 미치는 전화 불안감에 관한 연구〉. 《디지털콘텐츠학회》 19(4), 2018, 661-671쪽.

허두영. 《세대공존의 기술》. 넥서스BIZ, 2019.

과학기술정보통신부 통계정보. "2023년 5월말 무선통신서비스 가입 현황". https://www.msit.go.kr/bbs/view.do?sCode=user&mId=99&mPid=74&pageIndex=&bbsSeqNo=79&nttSeqNo=3173558

방송통신위원회 보도자료. 〈2022년 하반기 스팸 유통현황〉. 2023.03.31.

방송통신위원회 정책이슈, "휴대전화 음성스팸 줄고, 문자스팸 늘어", 방송통신위원회, 2023.03.31. https://blog.naver.com/kcc1335/223060814896

서애리. "전화벨이 울리는 게 두려운 당신! 혹시 '콜 포비아'?". 하이닥 뉴스, 2022.12.05. https://www.hidoc.co.kr/healthstory/news/C0000751133

정윤혜. "[MZ트렌디스] X세대는 전화, Z세대는 메시지? … X · Y · Z세대별 SNS 소통 방식". 이투데이, 2020.11.23. https://www.etoday.co.kr/news/view/1965781

17
줄임 문화
Abbreviated Culture

종근유

#MZ세대 #유행어 #신조어 #소통 방식 #문화 흐름

우리 일상생활에서 단어는 사람과 얼굴을 맞대고 소통하거나 SNS에서 자신의 견해를 밝히는 데 중요한 역할을 한다. 인터넷 기술의 진보와 사회의 발전에 따라 사람과 사람 사이의 교류가 더욱 밀접해짐과 동시에 신조어가 하나의 시대적 흐름이 되면서 출현하게 되었는데, 그중 가장 대표적인 것이 줄임말이다.

생활 속 줄임말과 신조어 사용

사람들의 생활환경과 상황에 따라 줄임말과 신조어가 특정 장면에서 사용되는 빈도가 달라진다. 〈그림 17.1〉의 줄임말 및 신조어 사용 조사 결과에 따르면 메신저, SNS(페이스북, 인스타그램 등), 일상생

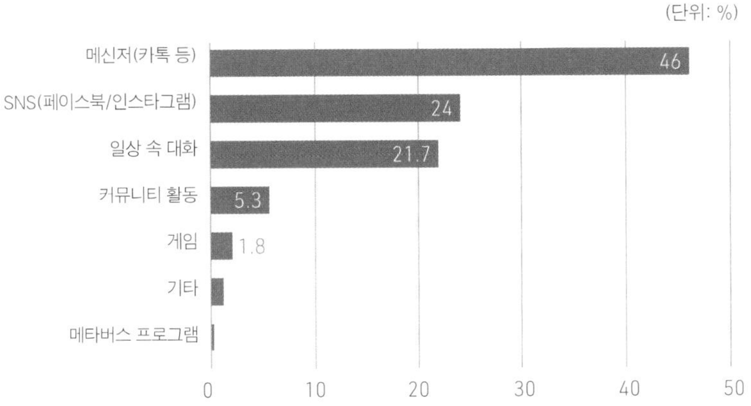

그림 17.1 줄임말 및 신조어 사용 조사 결과

활 속 대화에서 주로 사용되며 70% 이상이 줄임말과 신조어를 사용하고 있는 것으로 나타났다. 따라서 줄임말과 신조어는 새로운 문화 유행이 되어 사람들에게 받아들여진다.

신세대의 줄임말 활용

줄임말 사용 빈도가 가장 높은 그룹은 MZ세대의 젊은이들이다. 'MZ'라는 단어 자체가 줄임말이다. MZ세대는 1980년대 초에서 2000년대 초 출생한 밀레니얼세대와 1990년대 중반에서 2000년대 초반 출생한 Z세대를 통칭하는 말이다. 과학기술은 나날이 발전하고 있으며, 사람 간의 교류는 점점 더 밀접해지고 있다. 언어는 소통의 기초이자 연결고리를 만드는 것이다. 그리고 언어는 전파성이 있으며 사람은 언어 전파의 매개체다. 사람들은 소통이 즐겁기 때문에

SNS에 대화를 공유한다. 사람들은 말이 재미있기 때문에 같은 말이나 단어를 반복하게 되고, 시간이 지나면 유행어가 되어 널리 사용되고 퍼지게 된다. 우리의 일상 속으로 은연중에 들어와 무심코 입 밖으로 나오게 된다.

널리 유행하는 유행어는 여러 가지가 있는데, 그중 대표적인 것이 바로 줄임말이다. 일상생활 대화나 SNS 소통 등에 활용되는 것은 물론, 예능 프로그램도 줄임말을 게임의 하나로 내세우고 있다. 국내외에서 많은 사랑을 받은 〈신서유기6〉(tvN, 2018)에서 신세대 줄임말 퀴즈 게임이 진행되었다. 게임 시작 전, 출연자 중 MZ세대를 대표하는 피오가 바로 '갑분싸'라는 줄임말을 하고 '갑자기 분위기 싸해짐'이라는 뜻을 해석했는데, 기성세대를 대표하는 이수근도 '낄끼빠빠'라는 줄임말을 말한다. 낄끼빠빠는 '낄 때 끼고 빠질 때 빠져라'를 줄여 이르는 말로, 모임이나 대화 따위에 눈치껏 끼어들거나 빠지라는

그림 17.2 〈신서유기6〉 신세대 줄임말 퀴즈 장면

뜻으로 하는 말이다. 줄임말이 우리 일상에 스며들며 독특한 문화 트렌드를 형성해 사람들에게 받아들여지고 있다. 게임이 시작되자 '핵인싸'가 어떤 줄임말인지 물었더니 안재현은 〈그림 17.2〉 ①과 같이 "핵 인기 있는 스타"라고 말하고, 은지원은 〈그림 17.2〉 ②처럼 "핵급(?) 인간 싸이드!"라고 답하지만 정답은 아니다. 이때 MZ세대 대표 송민호가 정답을 제시했는데, 〈그림 17.2〉 ③에서 보듯 '인싸'는 '인사이더'의 줄임말이며, '주변과 잘 어울리는 사람'을 뜻한다. 그리고 〈그림 17.2〉 ④와 같이 '인싸'의 반대말인 '아싸'를 설명하며, 이는 '잘 어울리지 못하는 사람'이라는 의미라고 말한다.

신세대 줄임말 퀴즈 전체 코너를 보면 기성세대 출연자들보다 MZ세대 출연자들이 더 많이 답했고 정확했다.

줄임말의 출현

언어는 사람과 사람 사이의 커뮤니케이션을 유지하는 연결고리이며, 온라인에서 소통하든 오프라인에서 직접 대화하든 커뮤니케이션과 떼려야 뗄 수 없다. 동시에 언어의 표현도 현재 사람들의 생각과 행동을 반영하는 방법이다. 커뮤니케이션 과정에서 사람들은 시간을 절약하고, 더 간결하고, 더 빠른 대화를 위해 무심코 한 문장을 한 단어로 줄였다. 인터넷 시대가 발전함에 따라 사람들의 의사소통 방식이 다양화되었다. 이러한 언어 형식으로 더 많은 사람이 줄임말을 사용한다. 점차 줄임말은 대중문화의 트렌드가 되어 사람들에게 널리 알려지고 사용되었다. 그리고 사람들의 긴밀한 교류와 인터넷의 급속한 발전에 따라 점점 더 많은 형태의 줄임말이 나타났다.

어휘의 축약어는 단어의 긴축 형식(緊縮形式)을 가리키며, 축약어의 명칭과 정의에 대해 학자들 간에 어느 정도 인식의 차이가 있다. 우민섭(1974)에서는 약어를 광의, 협의 두 종류로 나누고 다시 생략(省略), 탈락(脫落), 변이(變異), 축약(縮約) 네 가지로 나누었다. 이석주(1988)에서는 “두 음절(音節) 이상으로 된 단어나 구를 줄여 간략하게 만든 형태가 약어형(略語型)”이라고 정의했다. 가장 흔히 볼 수 있는 몇 가지 명칭은 바로 ‘약어’, ‘준말’, ‘축약어’, ‘줄임말’ 등이다. 표준국어대사전에서는 축약을 “줄여서 간략하게 함”으로 정의한다. 줄임말은 일상생활에서 점점 더 널리 사용되고 있고, 새로운 문화의 흐름이 되었으며, 특히 젊은 층의 추앙과 사랑을 받고 있다.

중국의 경우 네트워크 줄임말은 사람들이 네트워크 커뮤니케이션 과정에서 사용하는 어휘, 구 또는 문장의 병음 첫 철자 형태다. 일반적으로 중국어 변환 중국어 텍스트의 줄임말 형식, 중국어 변환 병음 텍스트의 줄임말 형식 및 영어 변환 영문 텍스트 형식이 있다. 줄임말은 처음 팬덤에서 유행하여 직설적이지 않고 은근한 형태로 일부 공격적인 문제에 대한 자신의 감정과 견해를 표현했다. 그 후 줄임말이 점점 더 많은 사람들 사이에서 사용되었고 점차 인터넷에 퍼졌다. 오늘날에는 새로운 유형의 인터넷 유행어 카테고리가 형성되었다.

줄임말 생성 양상

먼저 줄임말 신어가 생성되는 양상을 형태론의 관점에서 그 원어의 결합 형태를 살피고, 줄임말이 어떠한 형태의 본래적 표현에서 줄어든 것인지 그 양상을 분석한다. 여기서 '원어'란 국립국어원의 신어 자료집에서 사용하는 용어로 줄어든 형태의 어종을 말하며, 이를 통해 줄임말 신어 생산에 관여하는 원어의 결합 유형 및 결합의 경향성을 알 수 있다.

① 한글 약자

일상생활에서 사용되는 줄임말의 경우 중 한 가지는 〈표 17.1〉

표 17.1 줄임말 영역 정답표

줄임말	뜻	줄임말	뜻
1. 버카충	버스 카드 충전	11. 전차스	전자파 차단 스티커
2. 맥날	맥도날드	12. 낄끼빠빠	낄 데 끼고 빠질 데 빠져
3. 안물안궁	안 물어봤고 안 궁금함	13. 팬아저	팬 아니어도 저장하는 짤
4. 따아	따뜻한 아메리카노	14. 빼박캔트	빼도 박도 못함
5. 치깅스	치마 레깅스	15. 대민만	대한민국 만세
6. 새터	새내기 배움터	16. 새등	새벽 등교
7. 번달번줌?	번호 달라면 번호 줌?	17. 어덕행덕	어차피 덕질할 거 행복하게 덕질하자
8. 연서복	연애에 서툰 복학생	18. 1958	일국오빠
9. 별다줄	별걸 다 줄여	19. ㅇㄱㄹㅇ	이거 레알
10. 현타	현실 자각 타임	20. 복세편살	복잡한 세상 편하게 살자

출처: 네이버.

과 같이 일반적으로 문장에서 중요한 단어의 첫 글자를 추출하여 원문의 뜻을 바꾸지 않는 한, 사람들은 더욱 빠르고 편리하게 의사소통을 할 수 있다.

② 모음 약자

다른 경우는 〈표 17.2〉와 같이 자음만 표기하는 단순화된 표기나 줄임말인 '자음 단순화 표기'로 메신저에서 가장 많이 쓴다. SNS를 자주 사용하는 사람이라면 줄임말은 쉽게 이해할 수 있다. 그러나 사용빈도가 적은 사람에게는 군사기밀 암호로 보일 수 있는 대화다.

'자음 단순화 표기'란 청소년이 많이 사용하는 언어에서 모음을 탈락시키고 자음만 표기하여 자신의 의사를 표현하는 행위를 말하는데, 몇몇 표기는 이미 약속처럼 굳어져 국어사전에 등재돼야 하는 게 아닌가 싶을 정도로 널리 쓰이고 있는 실정이다.

표 17.2 글말언어에서 자주 쓰이는 은어

은어	뜻	은어	뜻
1. ㅃ2	빠이(안녕)	9. 레알	진짜, 정말로
2. 찐따	바보, 찌질이	10. ㄴㄴ	노노(NoNo)
3. ㅅㄱ	수고	11. ㄷㄷ	덜덜(무섭거나 떨림)
4. ㅅㅂ	시×(욕설)	12. 평친	평생친구의 준말
5. ㅂㅇ	바이(안녕)	13. 귀척	귀여운 척의 준말
6. ㅆㅂ	씨×(욕설)	14. 돋다	소름돋다의 준말
7. ㅂㅅ	병신	15. ㅉㅉ	쯧쯧(혀 차는 소리)
8. ㅈㅅ	죄송		

출처: 국립국어원.

③ 영어 줄임말

한국어 대화에서 줄임말을 쓰는 것뿐만 아니라 영어 대화에서도 마찬가지다. 영어 줄임말은 두 가지 경우로 나뉘는데, 첫 번째는 〈그림 17.3〉 ①과 같이 문장의 첫 글자를 약어로 쓰는 것이다. 예를 들어 '바로 지금'이라는 한국어식 영어 right now의 줄임말로, 문장의 맨 처음 두 개의 알파벳을 추출하여 RN으로 줄인다. 또 다른 한 가지 경우는 발음에 따라 하나의 단어 대신 하나의 알파벳이나 숫자를 사용한다. 〈그림 17.3〉 ②에서 보는 바와 같이 숫자 '2'의 영어 'two'의 발음이 영어 단어 'to'의 발음과 같기 때문에 의사소통 과정에서 더 빠른 표현을 위해 숫자 '2'를 'to'로 대신 사용하는 경우가 많다. 예를 들어 'got to go'는 'got 2 go' 또는 'g2g'라고 쓴다. 마찬가지로 숫자 '4'는 'for'와 같은 발음이기에 'for you'는 '4u'로 자주 사용하고, 영어 'see you'는 'cu'와 같은 발음이기 때문에 대체하여 사용한다.

① ②

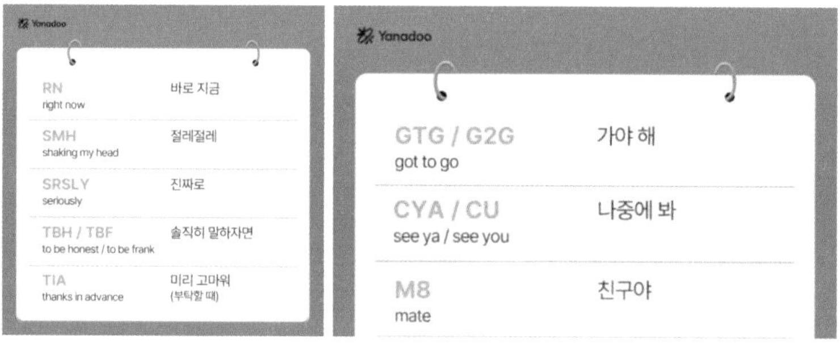

그림 17.3 영어 줄임말

출처: Yanadoo

줄임말에 대한 신세대의 관심

줄임말은 유행처럼 여겨질 정도로 젊은 층에 인기가 높다. 빠른 템포로 진행되는 일상으로 인해 식사는 더 짧은 시간에 마쳐야 할 뿐만 아니라 사람 간의 교류도 점차 더 빨라지고, 하고 싶은 말의 표현 방향도 변화하고 있다. 이때 줄임말은 커뮤니케이션에서 원하는 효과를 얻을 수 있다. 또한, 줄임말 자체의 단어 구성이 흥미롭고, 친구끼리 교류할 때 사용하면 친밀도가 높아지며, 공통의 화제를 더 쉽게 끌어낼 수 있다. 정보화 시대의 급속한 발전과 함께 일상생활에서 줄임말이 널리 사용되고 있으며 줄임 문화가 점차 형성되어 대중적인 문화 트렌드가 되었다. 그러나 정보를 얻는 능력과 받아들이는 능력은 연령대에 따라 다를 수 있다. 이때 줄임말을 널리 사용하는 젊은 세대와 정보 수용 능력이 그리 빠르지 않은 기성세대는 문화적 장벽이 생겨 세대 간 차이가 점점 심해지고, 기성세대는 젊은 사람들이 하는 말을 이해하지 못하고, 젊은이들은 줄임말 하나하나의 의미 설명을 꺼리게 된다. 이렇게 되면 기성세대는 점점 자신에 대한 불신을 갖게 되고, 시간이 지나면 젊은이들과 소통하고 싶은 생각을 잃어버리게 되어 좋지 않은 영향을 미치게 된다.

같은 나이의 친구 사이에서도 줄임 문화에 대한 수용도가 높지 않은 경우가 있는데, 이 경우 줄임말을 사용하면 의사소통이 잘되지 않아 친구 사이에 소외감이 생길 수 있다. 예를 들어, 친구들끼리 만나서 대화할 때 모르는 줄임말을 사용하면 슬쩍 옆에 있는 친구에게 물어볼 수 있지만, 단톡방에서 자신이 모르는 줄임말 초성을 사용한다면 당황스럽고 소외감을 느낄 수 있다. 친구들 간에 사용한 것이 아니라 웃어른에게 사용했을 경우에도 분위기가 안 좋아질 수 있다.

줄임 문화는 유행하는 문화 트렌드가 되어 사람들이 일상적으로 널리 사용하게 되었다. 그러나 이는 전통적인 언어문화에 나쁜 영향을 미칠 수 있다. 또한 줄임말 사용은 외국인이 한국어 공부를 할 때 문법적 혼란, 단어 기억 오류 등의 부작용을 야기할 수 있다. 하지만 줄임 문화는 계속 발전해나갈 것이다. 따라서 한국어가 모국어인 사람도, 한국어를 배우고자 하는 외국인도 줄임 문화에 대한 이해와 표현을 인지하는 데 더욱 촉각을 곤두세워야 한다.

#축약어

글자의 수를 줄여 간략하게 나타낸 말이다.

#신조어

새로 만들어진 단어 및 용어 가운데 표준어로 등재되지 않은 말을 뜻한다.

#혼성어

두 개 이상의 낱말이 합쳐져 혼합된 뜻을 가지게 된 낱말을 말한다.

참고문헌

강연임. 〈국어의 줄임말 현상에 따른 언어변이 양상과 문제점〉. 《한국언어문학회》 97, 한국언어문학회, 2016.

고애윤. 〈한국어 신조어에 나타난 축약어에 대한 연구: 2015년-2021년 신조어를 중심으로〉. 강원대학교 석사학위논문, 2022.

김성완. 〈외국어 발생 번역차용 축약어의 유형에 대한 연구〉. 《노어노문학》 30(2), 한국노어노문학회 2018.

박선옥. 〈줄임말의 형태적 구조와 생성 동인 분석 연구: 2015년 신어를 대상으로〉. 《동악어문학》 70, 동악어문학회, 2017.

杨一帆. 〈网络"缩写文化"的行为呈现与社会互动研究〉. 湘潭大学, 2023.

엄홍준. 〈줄임말의 수용성에 대한 양적연구〉. 《현대문법연구》 112, 현대문법학회, 2021.

이현희. 〈축약어 만들기 실험에 나타난 조어 양상 연구〉. 《어문학》 126, 한국어문학회, 2014.

최형강. 〈방송 프로그램명의 줄임말과 인터넷에서 사용되는 줄임말〉. 《어문학》 133, 한국어문학회, 2016.

김영통. "'줄임말' 사용 이대로 괜찮은가?". TODAY PEOPLE, 2022.04.25,http://www.todaypeople.co.kr/news/articleView.html?idxno=1895

김웅규. "'ㅇㄷ?' 'ㅃㄹㅇ'… 대한민국은 지금 '자음'으로 통한다". 대한민국 정책브리핑, 2013.04.25, https://www.korea.kr/news/reporterView.do?newsId=148758854

나무위키. "신조어". https://namu.wiki/w/%EC%8B%A0%EC%A1%B0%EC%96%B4

쌈마이 스토리. "줄임말 사용 문제점". https://jukgak.tistory.com/176

위키백과. "혼성어". https://ko.wikipedia.org/wiki/%ED%98%BC%EC%84%B1%EC%96%B4

이세영. "[쉬운 우리말 쓰기] 지나친 줄임말 사용 이면의 그림자". 연합뉴스, 2022.09.18. https://www.yna.co.kr/view/MYH20220917009600528

장진숙, "줄임말 및 신조어를 언제 가장 많이 사용하는가?", 터이터솜, 2021.10.21. http://www.datasom.co.kr/news/articleView.html?idxno=118501

해커스어학원. "영어 신조어 영어 줄임말 인기 슬랭 완전 정복!". 네이버 공식블로그, 2023.04.20, https://blog.naver.com/hacademia/223079116204

NAVER 국어사전. "낄끼빠빠". https://ko.dict.naver.com/#/entry/koko/15f9729bb6874afdb68bb02c11e91beb

______. "축약어". https://ko.dict.naver.com/#/entry/koko/f8eb84e795a040298da3012cb901f637

NAVER 지식백과 시사상식사전. "MZ세대". https://terms.naver.com/entry.naver?docId=5900733&cid=43667&categoryId=43667

18 패스트 무비

Fast Movie

심정애

#패스트 무비 #빈지워칭 #리뷰 콘텐츠 #온라인 문화매개자 #저작권 논쟁

영상 제작에 대한 기술이 발전하고 숙련된 인력이 증가하면서, 많은 영화와 시리즈물뿐 아니라 다양한 형태와 장르의 제작이 용이해졌다. 이에 더해 인터넷 서비스로 여러 미디어 콘텐츠를 제공하는 OTT(Over The Top) 서비스의 플랫폼 증가와 그에 대한 관심, 그리고 사용자 증가로 콘텐츠에 대한 유통·공유가 더욱 활발해졌다. OTT 서비스 플랫폼으로는 티빙, 쿠팡플레이, 왓챠, 네이버플러스 등 국내 플랫폼과 넷플릭스, 디즈니플러스, 아마존 프리미엄 비디오 같은 글로벌 플랫폼, 유튜브 채널 등이 있다. 영화나 시리즈물만이 아니라 예능, 시사, 교양, 다큐 등의 다양한 장르도 제공되고 있다.

콘텐츠 제공의 형태 변화로 인해 기존 시스템 운영 측면에서 문제점이 없는 것은 아니지만, 다양한 창구가 마련되고 있다는 점에서 의미가 있으며 다양한 플랫폼에서의 콘텐츠 제작을 위한 지원과 투자가 이루어지고 있다. 즉, 다양한 서사의 발견과 여러 장르에 대한 시도가 가능해졌다고 볼 수 있다. 다양하고 많은 양의 콘텐츠가 제작됨과 동시에, 이를 서비스받는 형태가 변화함으로써 콘텐츠를 접하고 소비하는 형식이 변화했다.

시청자는 원하는 콘텐츠를 원하는 장소와 시간에 시청이 가능해짐과 동시에 자신의 시간 내에 많은 양의 콘텐츠를 선택하고 소화해야 하는 상황을 맞이한다. 새로운 영상 플랫폼들의 발달은 다양한 영상 콘텐츠로의 접근성의 용이함과 영상 콘텐츠의 변화된 시청 형태를 가져오게 되었고, 이로 인해 새로운 트렌드들이 생기게 된다.

영상 콘텐츠 생태계 변화

OTT 서비스는 기존 시청 형태를 변화시켜 시청자가 정해져 있는 시간에 방영되는 프로그램을 TV로 시청하거나, 영화 개봉 기간에 맞춰 영화관을 찾아가야 하는 기존의 시청방식에서 벗어나 플랫폼에서 제공하는 콘텐츠를 선택해서 시간과 공간의 제약에 구애받지 않고 영상을 볼 수 있게 되었다. OTT 서비스의 콘텐츠 제공 방식은 영상 콘텐츠의 소비와 제작, 공유의 생태까지 다방면으로 영향을 끼치고 있다. OTT 서비스 발달과 이용자의 증가는 현재 영상 콘텐츠 생태계에 가장 큰 변화를 가져오고 있다. 한국 미디어 패널 조사의 OTT 이용률 추이(그림 18.1)를 보면, 2019년과 2020년 사이에 가파르게 증가한 것을 볼 수 있다. OTT 플랫폼의 보급 및 확장, 그리고 코로나19라는 상황에서 이동 제한 등의 요인들로 인해 급격하게 증

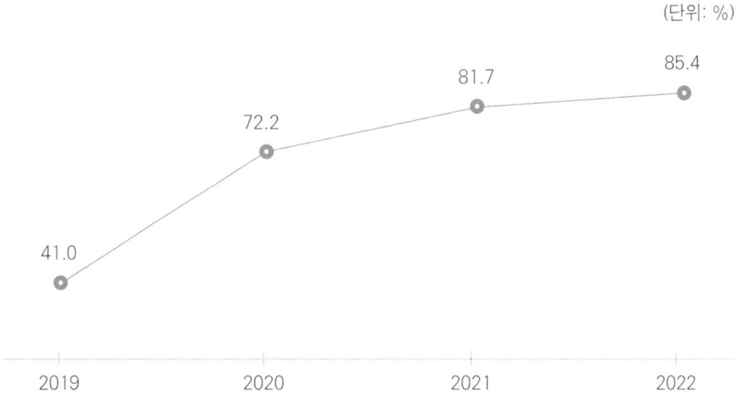

그림 18.1 OTT 이용률 추이(2019~2022)

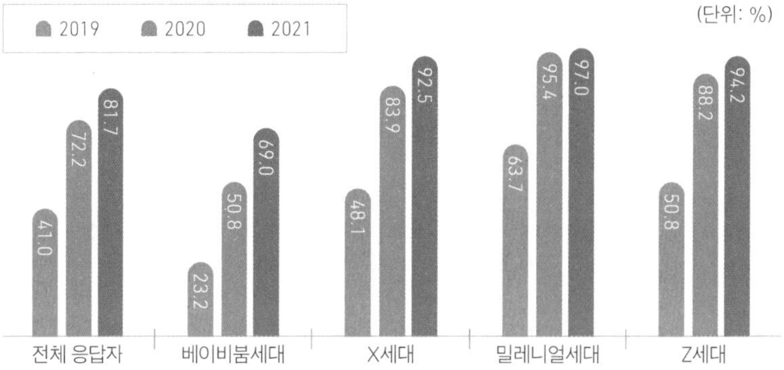

그림 18.2 세대별 OTT 이용률 추이(2019~2022)

가한 것으로 유추해볼 수 있다. 세대별 이용률 추이(그림 18.2)를 살펴봐도 2019년에서 2020년 사이의 격차가 확연하다. 전체적으로 세대별 이용률이 증가하고 밀레니얼세대와 Z세대는 거의 100%를 향하고 있으며, X세대도 90%가 넘는 이용률을 보이고 있다. 베이비붐세대마저 70% 가까이 OTT를 이용한다. 즉, OTT 플랫폼 환경은 새로운 시청 환경에 적응이 쉬운 세대에게만 적용되는 것이 아니라 전 세대에 걸쳐 이용하는 전 세대적 변화로 볼 수 있다.

OTT 서비스의 특징과 다양한 콘텐츠 제공으로 쏟아지는 많은 양의 영상 콘텐츠를 보는 행위는 관람이나 시청이라기보다 영상 콘텐츠를 '소비'하고, OTT 서비스를 '사용'한다는 말이 더 적합해졌다. 여러 플랫폼에서 제공하는 콘텐츠들을 파악하고, 자신의 취향에 맞는 콘텐츠를 선택해서 자신의 일정에 맞게 시청한다.

영화관에서 영화를 보거나 TV에서 방영하는 프로그램을 시청할 때는 온전히 그 콘텐츠에 할당된 시간을 소요하면서 봐야 하지만, OTT 서비스의 콘텐츠는 시간에 구애받지 않고, 놓친 장면은 다시 보는 것도, 보고 싶은 장면을 여러 번 보는 것도, 지루하거나 보고 싶지 않은 장면은 빨리 감기로 흘려보거나, 건너띄기로 보지 않고 넘기는 것도 가능하다. 사용자는 자신이 원하는 시간에 원하는 만큼 콘텐츠를 소비할 수 있게 되고, 더 많은 콘텐츠를 소비하기 위해 빠른 속도로 본다든지, 보고 싶지 않은 부분은 넘어가 버리는 등의 방법을 쓰기도 하면서 콘텐츠 소비량을 극대화하기도 한다.

영상 콘텐츠 소비자가 스스로 시청 시간을 관리할 수 있게 되면서, 이들은 다양한 형태와 많은 양의 영상 콘텐츠를 그들 나름의 효과적인 방법을 찾아 소비하는 경향이 두드러진다. 언제 어디서든 볼 수 있는 영상 콘텐츠 양의 확대는 콘텐츠를 효과적으로 혹은 더 많이 접하기 위한 특이한 '콘텐츠 보기 양식'을 가져왔다. 두드러진 특징은 '몰아보기'인데, 한 번에 끊김 없이 많은 양의 시리즈물을 많은 시간을 투자해 몰아보거나(빈지워칭), 아예 요약해놓은 콘텐츠(패스트 무비)로 대체하여 몰아보기를 하는 것이다.

빈지워칭(binge-watching)은 OTT 서비스에서 제공하는 시리즈물을 한 번에 몰아서 모든 콘텐츠를 보는 의미로, 영어단어 뜻대로 마구 먹어 치우는 식의 영상 보기 형태이자 소비 형태를 의미한다. 빈지워칭은 한 시리즈의 다음 내용을 궁금해하며 다음 회차를 기다리지 않고 바로 이어서 볼 수 있는 OTT의 가장 큰 장점으로 인해 가능하다. 이제 우리는 시간을 투자할 의향이 있다면, 시즌별로 10회가 넘는 시리즈물을 한 번에 혹은 며칠 만에 몰아볼 수 있으며, 동시에 너무 많은 시간을 콘텐츠 소비에만 쓰게 되어 일상에 좋지 않은 영향을 미칠 수도 있는 위험을 안고 있다.

패스트 무비

흔히 쓰는 말인 '몰아보기'는 '빈지워칭'을 의미하기도 하고 '패스트 무비'를 의미하기도 한다. 빈지워칭이 모든 콘텐츠를 정주행하는 몰아보기를 뜻한다면, 패스트 무비는 콘텐츠를 간략하게 파악하기 위해 몰아보는 것을 의미한다. 다시 말해, 패스트 무비는 영화나 시리즈물 전체 내용을 빠르고 효율적으로 전달하기 위해 줄거리를 요약해 편집한 영상 콘텐츠를 말한다. 2시간 러닝타임의 영화를 20~30분 분량의 요약본으로 제작하거나, 빈지워칭으로 봐도 며칠간 지속해서 봐야 하는 시리즈물을 1~2시간으로 요약해서 보여주기 위해 제작한 영상 콘텐츠가 패스트 무비다. 전체 콘텐츠를 좀 더 빠른 시간 안에 소비하기 위한 건너뛰기나 빨리 감기로 시청 시간을 줄일 수도 있지만, 더 효율적인 방법은 영화나 시리즈물을 요약해놓은 패스트 무비로 빠른 시간 내에 내용을 파악하는 것이다. 이러한 패스트 무비는 원작을 긴 시간 투자해서 보는 것을 대체할 수도 있고, 원작에 대한 궁금증을 유발하여 홍보 효과를 위해 제작되기도 한다.

패스트 무비는 스트리밍 서비스의 발전과 미디어들의 치열한 경쟁으로 인해 최근 몇 년간 증가하고 있다. 패스트 무비의 형태는 유튜브에서 '몰아보기' 혹은 '요약본'이라는 이름으로 찾을 수 있는데, 클릭을 유도할 만한 내용을 드러내는 주제 제목을 걸고 짧은 시간 안에 몰아볼 수 있는 요약본을 제공함으로써 줄거리와 결말까지 보여주기도 한다. 혹은 결말까지는 보여주지는 않지만 빠르게 자신의 취향과 맞는지를 파악하고 원작을 소비할지 말지를 결정할 수 있는 정도의 정보를 제공하기도 한다. 원작을 빠른 시간에 줄거리를 파악하고 궁금한 것을 남겨두지 않고 결말까지도 몰아보고 싶은 요즘의 소비 형태를 반영한 영상 콘텐츠 제작은 원작의 홍보와 광고 수익을 얻으려는 유튜버들의 조회 수를 높이기 위한 수단이 맞물려 계속해서 증가하는 추세다.

전체 내용을 간략하게 전달하기 위한 패스트 무비는 영화나 시리즈물의 완전한 콘텐츠를 대체할 수 없다. 패스트 무비는 영화의 장면들이 전개가 빠르도록 간결하게 편집되어 캐릭터와 서사의 디테일과 뉘앙스를 완벽하게 보여주지 못하기 때문이다. 즉, 내용을 대략적으로는 파악할 수는 있지만 작품 자체의 디테일한 전개는 놓치게 된다. 빠른 전개와 간결하게 편집된 장면들로 인해 시간이 절약되어 더 많은 콘텐츠를 접할 수 있는 장점이 있는 반면, 작가가 의도한 작품 자체에 대한 이해도와 상세한 디테일을 스스로 캐치해내는 재미는 떨어질 수 있다. 또한 원작의 의도보다는 원작을 요약한 사람의 해석과 시선으로 콘텐츠를 접하게 된다는 한계가 있다.

요약본이라는 콘텐츠 자체가 새롭게 창작된 내용은 없는 것이라 해도 서사에서 중요하다고 생각하는 부분을 선별적으로 취사선택하여 제작한다는 점에서 원작 작품과 시청자 사이의 적극적인 매개자 역할을 한다. 제작자의 원작 홍보를 위한 예고편, 트레일러와 달리 영상을 접하는 같은 시청자 입장에서 만들어진 패스트 무비는 이미 영상을 본 사람의 의견으로 줄거리를 이야기해주고 간단한 느낌을 붙여서 주관적 견해를 전달한다. 객관적인 줄거리를 전달하면서 자신이 시청한 경험을 공유한다는 의미에서 패스트 무비 형태는 영상에 대한 리뷰 콘텐츠 개념으로 볼 수 있다.

패스트 무비의 역할: 온라인 문화매개자

리뷰 콘텐츠라는 개념은 상품에 대한 리뷰부터 여러 종류의 소비형태를 통한 리뷰를 다양한 매체를 통해 전달하고 공유하는 콘텐츠를 뜻한다. 그중 영화, 영상에 대한 리뷰 콘텐츠에는 평론, 비평, 혹은 한 줄 댓글 등 글의 형태를 들 수 있으며, 영상 자체를 편집해서 만든 패스트 무비도 포함할 수 있다.

시청자가 몰아볼 수 있게 요약해둔 패스트 무비는 내용의 전체적인 줄거리를 전달하면서 빠르게 파악할 수 있도록 도와준다. 넘쳐나는 많은 양의 콘텐츠 중 해당 콘텐츠를 소개하고 그에 대한 개인적인 감상평이 추가되면서 리뷰의 기능을 한다고 볼 수 있다.

영상 콘텐츠에 대한 리뷰 콘텐츠는 피에르 부르디외(Pierre Bourdieu, 1930~2002)가 제시한 '문화매개자'라는 개념과 연관시킬 수 있다. 문화매개자란 문화자본을 가진 자들이 이미 경험한 예술문화를 다른 이들에게 소개하면서 그들이 선택할 수 있는 가이드라인을 제공하는 사람을 의미한다. 예술사회학에서는 전통적으로 예술 비평가를 예술 작품 생산과 수용의 중간 과정에 개입하면서 예술적 의미와 가치를 부여하고 유통시키는 '매개자' 혹은 '중개자'로 인식해왔다. 부르디외는 1960~1970년대 프랑스 사회에서 문화에 대한 친밀성과 상당한 문화자본을 갖추고서 다른 사회계급의 취향과 자신들의 취향에 거리를 두고 차별화하는 경향을 가진 중간문화를 대표하는 신흥 프티 부르주아지(petite bourgeoisie)에 주목하고 이들을 새로운 문화매개자 집단으로, 다른 사람들에게 가볍게 문화를 소개하는 매개자로서의 역할을 수행하는 것에 대해 주목했다. 이후 영미권에서는 문화매개자군이 소비재와 문화상품의 상징가치를 생산함으로써 젊은 층과 중간계층의 취향 및 정체성 형성에 영향을 미치는 현상에 주의를 기울여왔다.

문화매개자는 보통 출판사, 갤러리, 미술관, 박물관, 방송국 등에서 활동하는 사람이다. 이들은 문화콘텐츠를 제공하고 독자, 관람객, 청취자에게 문화적 경험을 전달하고 매개하는 역할을 한다.

문화매개자 개념의 연장선상에 있는 '온라인 문화매개자'는 오늘날의 콘텐츠 유통과 소비 환경에 적용이 가능하도록 인터넷이나 디지털매체를 통해 문화콘텐츠를 전달하거나 매개하는 역할을 한다. 소셜 미디어, 유튜브, 블로그, 팟캐스트 등을 통해 소비자에게 문화콘텐츠를 제공하고 이를 홍보하거나 해석해서 다양한 방식으로 전달한다. 이들은 여러 플랫폼에서 쏟아져 나오는 콘텐츠의 홍수에서 시청자를 큐레이션 해주는 매개적 특성을 가진 콘텐츠 자체 혹은 그것을 만드는 제작자들이다.

영화 리뷰 콘텐츠를 만드는 제작자는 온라인 문화매개자로서 영화를 소비하려는 사람들에게 그 영화를 소개하고 비평하는 동시에 하나의 새로운 형태의 콘텐츠를 만들어낸다. 영화 리뷰 콘텐츠는 영화 내용의 해석과 이해의 폭을 확장시켜주고, 외적인 정보까지 활용하기도 하며 흥미를 유발한다. 또한 함께 영화를 감상하는 것에 대한 공감대적 정서를 형성한다. 이들은 자신이 알고 있는 여러 정보를 원작과 연관해서 만든 콘텐츠를 제공함으로써 원작에 관심이 있는 이들에게 원작에 대한 거리를 좁혀주는 역할을 한다.

패스트 무비는 하나의 리뷰 콘텐츠로서 온라인 문화매개자 역할을 한다. 콘텐츠 소비자는 여러 플랫폼에 있는 각각의 콘텐츠를 살펴보는 데 너무 많은 시간을 쏟아야 한다. 많은 콘텐츠 속에서 하나의 콘텐츠를 선택하고 그 내용을 요약해서 소개하는 것만으로도 이용자의 콘텐츠 소비에 영향력을 미칠 수 있다. OTT 사용자는 이들 온라인 문화매개자에 의해 선택되고 간추려진 내용을 우선 접하고, 2차적으로 그 콘텐츠를 찾아 소비하게 된다. 온라인 문화매개자로서의 패스트 무비는 엄청난 양의 시리즈물과 영화를 선별하고, 긴 시간이 필요한 내용을 효과적으로 파악하도록 도와준다.

그러나 패스트 무비는 전문적인 내용을 포함한 다른 형식의 영화에 대한 리뷰 콘텐츠보다는 아마추어적인 경향을 가지고 있다. 영상 정보를 객관적인 내용 전달을 위한 형태로 요약하여 매개하기 때문에 기술적인 편집력만 있어도 누구나 접할 수 있는 매체를 통해 패스트 무비의 제작과 공유가 가능하기 때문이다. 또한 더 많은 사람들이 보는 것이 그들의 채널을 알리고 운영에 지원을 받을 수 있기 때문에 전문적인 내용 분석보다는 대중적인 흥미를 유발할 수 있는 내용을 담는 것이 패스트 무비의 특징이다. 영화 비평이라기보다는 소개와 요약을 속도감 있고 재밌게 전달하는 것이 패스트 무비의 중요한 조건이라 하겠다. 이러한 아마추어적일 수 있는 그들 나름의 관점은 오히려 이용자에게 친숙하게 다가가 공감의 폭이 넓어질 수도 있기 때문에 원작에 대한 매개의 역할이 더 커진다는 점도 간과할 수 없다.

패스트 무비의 문제: 원작 보호의 필요성

패스트 무비는 영화의 모든 내용을 담고 있지 않고 생략된 내용이 있기 때문에 원작을 궁금하게 만들 수 있다는 측면에서 광고로 이용되기도 한다. 요약된 줄거리 사이에 발생한 간극으로 인한 궁금증이 광고의 효과가 된다. 또는 시리즈물 요약본의 경우에는 16회가 완결이라고 하면 1~6화 정도까지 패스트 무비로 요약본을 제공하고 뒷이야기는 원작을 보도록 안내하는 콘텐츠들의 광고 효과를 들 수 있다. 원작의 부분적인 내용을 패스트 무비로 제공하고 그 영상에 대한 관심을 유발해서 원작을 직접 보도록 유도하는 일종의 광고를 위한 상대적으로 긴 트레일러 형식을 가진다. 이러한 광고 효과를 가져오는 형태의 패스트 무비는 원작과의 관계가 원작 홍보와 리뷰 콘텐츠 자체의 광고 소득을 얻을 수 있다는 측면에서 긍정적인 윈-윈 관계로 볼 수도 있다. 그러나 원작을 그대로 사용해서 콘텐츠를 제작한다는 점에서 부정적인 영향을 미치는 경우가 발생한다.

패스트 무비가 원작의 영상을 기반으로 제작된다는 것은 축약된 요약본이 원작을 대체할 가능성을 가지게 되거나, 결말을 포함한 경우 원작을 보려는 시청자의 동기를 저하시킬 수 있기 때문이다. 원작자와 저작권 문제를 해결하지 않은 상태에서 상세한 내용을 전달하거나 결말을 포함한 패스트 무비의 경우에는 원작 홍보로서의 가능성보다는 원작의 권리를 침해하는 저작권에 대한 문제를 가진다.

패스트 무비가 요약본이기는 해도 영화의 전반적인 내용을 같은 형태의 영상으로 전달하기 때문에 원작은 그 고유한 권한을 침해당한다. 영화나 드라마 같은 영상물은 저작물로서 이를 창작한 사람에게 저작권이 있다. 그리고 원칙적으로 저작권이 있는 저작물을 사용하려면 저작권자에게 이용 동의를 구해야 한다. 그런데 패스트 무비를 제작하는 유튜버의 대다수는 자신이 취득한 원작 콘텐츠를 편집할 수 있는 여건이 되면, 원작자의 허락 없이 원작을 사용해서 줄거리를 요약하는 편집 영상을 제작하고 이를 자신의 채널에 업로드하기도 한다. 이렇게 유튜버가 원작 저작권자의 허락 없이 제작해서 업로드하는 행위는 〈저작권법〉 중에서 복제권, 전송권, 2차적저작물작성권, 동일성유지권 침해로 볼 수 있다고 한다.

우선 원저작자가 1차적으로 만든 영상을 타인이 무단으로 사용하여 편집하는 패스트 무비의 제작 행위 자체는 '복제'와 '2차적저작물작성'이 쟁점이다. 그리고 그다음은 그 2차 저작물을 독자적으로 유튜브 채널에 업로드하는 '전송'이 문제가 된다.

첫 단계에서 확연하게 문제가 되는 '복제'에 대한 법적 책임뿐 아니라, 〈저작권법〉에 따르면 영화나 드라마 등의 콘텐츠를 무단으로 편집 · 요약하는 제작은 동일성유지권과 2차적저작물작성권이 침해될 수 있다. 원저작물은 작가나 감독의 창작 의도와 개성이 반영된 일정한 고유의 분량을 가지는 영상이다. 패스트 무비는 원작의 요약과 편집을 통해 창작자의 개성과 창작 의도와 거리가 멀어질 수 있다. 시리즈물의 경우도 방대한 양의 내용이 단 2시간 정도로 축약되기 때문에 디테일한 에피소드들을 건너뛰게 되면서 원저작물과 간극이 생긴다. 이처럼 원작자의 의도와 다른 템포를 가진 2차 저작물이 된다는 것은 저작인격권 중 동일성유지권 침해가 될 수 있다. 동일성유지권은 "저작자가 그의 저작물의 내용, 형식 및 제호의 동일성을 유지할 권리"를 뜻하는데, 편집된 요약본의 경우는 동일성을 그대로 지닐 수 없기 때문에 동일성유지권 침해가 된다. 그리고 영상의 내용을 최대한 침해하지 않았다 하더라도 이를 무단으로 업로드하는 행위는 복제권과 전송권을 침해하는 것이 된다.

따라서 패스트 무비와 같이 1차 저작물의 영상물을 가지고 콘텐츠를 만들 경우에는 항상 원작자에 대한 사전 동의와 협의가 있어야 한다. 〈저작권법〉에 저촉되지 않게 패스트 무비를 제작하고 업로드하려면, 한국저작권협회에서 제공하는 저작물 이용단계(그림 18.3)를 참고해야 한다. 우선 저작물의 보호 유무를 확인하고, 저작권자의 허

1단계	2단계	3단계	4단계	5단계
어떤 저작물을 이용할 것인지를 결정한다.	그 저작물이 보호받는 것인지 확인한다.	저작물 이용 방식이 저작권법상 허용되는 방식인지 확인한다.	저작권자에게 저작물 제목과 이용하려는 방법 등을 자세히 알리고 허락을 받는다.	허락을 받은 범위 내에서만 이용한다.
어떤 저작물을 어떤 방법으로 이용할 것인지	- 보호기간이 지났는지 - 저작권법에서 정하고 있는 보호받지 못하는 저작물인지	저작권법에서 정하고 있는 저작권자의 허락이 없어도 이용할 수 있는 경우의 조건에 맞는지	허락을 도와주는 단체 - 저작권신탁관리단체 - 저작권대리중개업체	저작권 표시, 출처 표시를 명확히 하고 사용
	보호받지 못하는 경우: 이용	허용되는 방식: 이용	허락을 받고 다음 단계로	

그림 18.3 한국저작권협회에서 제공하는 저작물 이용 단계

락 없이도 이용할 수 있는 이용방식이 있는지 확인한다. 그 후 저작권자에게 저작물의 제목과 이용하려는 방법을 자세히 알려야 하며, 그를 통해 저작권자에게 허락받은 범위 내에서 원저작물의 이용이 가능하다. 단순히 이미 완성된 창작물 자체를 이용해 만든 콘텐츠가 원저작물을 위한 마케팅이나 소개로서의 단독 창작물이 아님을 인식하고, 원작자에 대한 권리를 고려하고 저작물을 이용함에 있어서는 허락을 구하는 것이 필요하다.

일본에서 2021년 11월 센다이지방법원과 2022년 11월 도쿄지방법원에서 영화사와 배급사가 유튜버를 상대로 패스트 무비와 관련해 손해배상을 청구한 사건이 있었다. 무단으로 영화를 요약한 패스트 무비를 만들어 이익을 본 게시자에게 센다이지방법원에서는 그 죄에 대해 가볍게 계도 차원으로 판결을 내렸지만, 그 뒤 도쿄지방법원에서 해당 사건에 대해 5억 엔이라는 손해배상을 청구하는 재판이 열린 것이다. 이에 일본 도쿄지방법원은 스포일러가 있는 영화 리뷰를 무단 제작한 유튜버에게 영화사에 5억 엔을 배상하라는 판결을 내렸다.* 이 사건의 판결에 언론들은 물론 유튜버들도 주목하고 있다. 이에 이수지 변호사는 "영화제작사들이 처음으로 패스트 무비 유튜버에게 강경대응한 사례"라면서 "우리나라의 영화제작사 및 저작권자들이 향후 패스트 무비에 대한 입장을 정리하는 데 참고 사례가 될 것으로 보인다"고 예측했다.

지금까지는 원작을 그대로 활용해서 만든 콘텐츠들을 일일이

---

* 판결문 원본(일본어), https://www.courts.go.jp/app/files/hanrei_jp/545/091545_hanrei.pdf

단속하기 어렵다는 이유와 인기 있는 미디어와 법정 분쟁을 만들 때 오히려 원작의 흥행에 방해가 될 것이라는 우려가 있어 간혹 제작사가 소극적인 대응을 하기도 했다. 그러나 일본의 판례를 시작으로, 여러 저작권 다툼 분쟁이 생길 수 있고 앞으로 원작을 보호하는 차원의 판결이 나올 것으로 전망된다. 원작에 대한 우호적인 입지를 가지고 있다고 하더라도 영상 리뷰 콘텐츠가 원작과 연관된 콘텐츠로서의 의무를 책임 있게 이행할 때 영상콘텐츠의 창작과 생태에 긍정적인 선순환이 가능하다는 것을 인식하는 게 중요하다 하겠다.

참고문헌

김지현 · 이상길. 〈문화매개자로서 아마추어 영화비평 블로거 연구〉. 《한국여성커뮤니케이션학회》 21, 2012.

오윤석. 〈OTT 서비스 플랫폼별 이용행태 비교〉. 《KISDI STAT Report》 23(6), 2023.

이나다 도요시. 《영화를 빨리 감기로 보는 사람들》. 황미숙 역. 현대지성, 2022

이용설 · 김공숙. 〈영화 리뷰 콘텐츠의 현재와 〈스타워즈: 라스트 제다이〉 논쟁을 통해 본 영화비평의 방향성〉. 《디지털영상학술지》 18(1), 2021.

최나빈. 〈패스트 무비의 시대, 저작권자의 권리는 어디까지〉. 《W방송작가》 204, 한국방송작가협회, 2023.

장예영, 〈'패스트 무비' 5억엔 손해배상 판결의 의의〉. 《저작권문화》 342, 한국저작권위원회, 2023. http://webzine-copyright.or.kr/copyright_2302/7

정연호. "'결말 포함' 드라마 · 영화 요약 영상에 울상인 콘텐츠 업계". IT동아일보, 2023.02.13. https://it.donga.com/103454/

한국저작권위원회, "올바른 저작물 이용방법". https://www.copyright.or.kr/education/educlass/learning/correct-use/index.do

19
읽는 동영상
Over the Screen

하정민

#자막 #텍스트 #미장센 #과몰입 #리터러시

자막은 '배리어프리'를 위해 제공되어왔다. 그러나 수많은 콘텐츠가 쏟아지고, 현대사회에서 사람들의 시간은 한정되어 있다. 그런데 동영상의 경우 무성영화 시대가 아님에도 소리를 들을 수 없는 때가 있다. 이때 소리가 없어도 볼 수 있는 영상이 있다. 예를 들어 SBS의 3분 뉴스는 소리 없이 자막으로 영상뉴스를 시청할 수 있다. OTT의 경우 명확하지 않은 소리는 화면 위 자막을 통해 정확한 뜻을 인지할 수 있다. 동영상 속 텍스트(문자)는 연출적으로 활용되기도 한다. 디지털 기기의 확산은 인간을 문자로 소통하게 만들었다. 이러한 현실을 반영하여 영상 콘텐츠에서 텍스트를 활용한 미장센이 증가하고 있다. 시청자 혹은 관객은 '화면 위에' 있는 텍스트를 통해 '화면 너머'의 의미를 인식한다.

| 화면 위에 편의성 부여

① 배리어프리

청각장애인들을 위한 자막 서비스는 일반 TV 화면에서는 보이지 않지만, '폐쇄자막방송'의 형태로 수신되어왔다. 모든 방송업자에게는 장애인의 방송접근권을 보장하기 위해 장애인 방송 제공 의무가 주어진다. 방송통신위원회의 2021년도 장애인 방송 편성실적 평가 결과에 의하면, 장애인 방송 제공 의무 중 자막방송의 경우 편성 의무 대상사업자 132개 사 중 미달성은 13개 사뿐이다. 이 중 주요 방송 3사는 100% 자막방송을 제공하고 있다.

자막은 TV에서만 구현되지 않는다. 서울역사박물관의 경우, 2015년부터 '배리어프리영화관'을 열어 시·청각장애인 누구나 문화콘텐츠를 즐길 수 있도록 상영을 이어오고 있다(그림 19.1). 여기서

그림 19.1
2023년 배리어프리영화관
홍보자료

우리가 주목할 지점은 배리어프리를 실천할 경우, 단순히 '약자'로 칭해지는 이들만의 편의가 아니라 모두가 편리해지는 현상이 나타나는 지점이다. 최근 OTT나 방송사에서 제공하는 자막을 즐기는 일반인이 증가하고 있다. 이는 많은 사람이 언어 전달력에 있어 해소되지 못한 욕망이 있었던 것으로 추정된다. 따라서 사람들은 더욱 정확하게 전달받기 위한 욕구를 해소하는 방법으로 자막을 선택한다.

② 타임 & 스페이스 프리

영상 시청 문화가 변화하고 있다. 요약본을 보거나, 몰아보거나, 같이 보는 등 이전과는 다른 양상을 보인다. 가성비와 가심비 모두를 추구하는 소비자는 자신의 환경에 맞추어 영상을 소비한다. KT미디어플랫폼사업본부장 김훈배 전무는 "새로운 시청패턴에 맞춰 주요 작품을 중심으로 한글 자막 지원의 범위를 넓혀나갈 계획"이라며 "시간과 장소를 가리지 않고 누구나 최고의 환경에서 콘텐츠를 즐길 수 있는 플랫폼을 구축해 디지털 포용의 가치를 실현하겠다"고 말한다.

산업적 움직임과 더불어 콘텐츠 제작 현장에서도 자막에 대한 변화가 구체화되고 있다. 본래 콘텐츠 속 자막은 예능 프로그램에

그림 19.2 예능 〈무한도전〉(2006~2018) 속 텍스트 연출

그림 19.3 예능 〈피지컬 100〉(2023) 속 비텍스트 연출

서 많이 활용되었다. 예능에서 벌어지는 상황을 자막으로 설명하기도 하고, 〈그림 19.2〉처럼 속마음을 텍스트로 설명하는 등 프로그램 속 캐릭터를 다각적으로 바라보게 한다. 그런데 이와 같은 텍스트 활용은 점점 줄어드는 추세다. 예능 시장의 확장으로 제작자는 한국뿐만 아니라 해외 시청자층을 고려하여 프로그램을 만들어야 한다. 따라서 이전 같은 텍스트로 상황과 내면을 설명해주는 '복화술 예능'이 아닌 〈그림 19.3〉과 같이 카메라로 인물들의 움직임을 중점적으로 다루는 예능이 증가하고 있다. 반면 드라마와 영화의 경우 텍스트를 화면 속으로 가져와 하나의 '심리표현 메타포'를 형성한다.

이러한 소비패턴의 움직임은 시간적 · 공간적 환경의 변화와 관련된다. 자막으로 인해 소음이 심한 장소나 조용히 영상을 시청해야 하는 환경에서도 정확하게 정보를 전달받을 수 있다. 따라서 자막을 화면에 띄우고 콘텐츠를 즐기는 시청자가 점차 증가하고 있다. 이는 특히 출퇴근하는 직장인이나 육아 중인 부모들의 시청패턴에 맞는 변화다. 누군가는 대중교통으로 이동 중 다른 사람에게 피해를 주지 않기 위해 자막방송을 시청하기도 하고, 또 누군가는 잠든 아이가 깨지 않게 조심하기 위해 시청한다.

③ 기술의 변화와 텍스트

시간적 · 공간적 요인이 사회의 변화 때문이라면, 과학기술의 발전으로 생성된 문자 이미지가 있다. 전화기로 통화만 하던 시대에서 텍스트 메시지를 보내는 시대로 변모했다. 여기에 정보통신기술의 발전은 하고 싶은 말을 언제든지 누구에게나 보낼 수 있게 만들었다. 이러한 성장은 영상 콘텐츠에도 반영되었다. 초기에는 〈그림

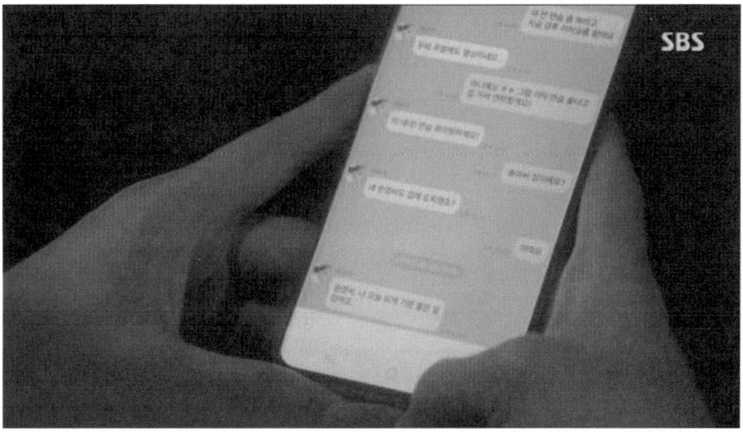

그림 19.4 드라마 〈브람스를 좋아하세요?〉(2020) 속 텍스트 메시지 연출

19.4〉와 같이 메시지를 주고받는 모습을 영상 내에 보여주는 데 그쳤으나 문자가 생활화되면서 영상 내에서도 문자 이미지 자체를 제시하는 모습으로 변모하기 시작했다. 배우들이 화면 가운데, 혹은 화면 양옆 중 한 위치에 정지되어 있으면, 그들이 주고받는 문자 이미지가 배우의 표정과 함께 빈 화면을 채우는 양상을 보인다.

화면 너머 감정 과몰입 유발

영상 속에 등장하는 텍스트는 관객의 시선을 이끈다. 이는 단순히 눈길을 끌어 영화를 '보는' 것이 아니라 관객이 영화를 '응시'하도록 작용한다. 관객의 영화 응시는 화면 너머에 내포된 것을 인식하게 한다. 따라서 영상 속 텍스트는 하나의 미장센 요소로 서사를 추동하며, 관객의 감정을 더욱 몰입하게 만든다.

그림 19.5 영화 〈헤어질 결심〉(2022) 중 한 장면

영화 〈헤어질 결심〉(박찬욱, 2022)에서 해준은 서래의 문자를 받고 집을 나선다. 이전의 연출이라면 해준이 혼잣말로 문자를 읽거나, 텍스트를 온전히 화면에 드러내는 것으로 상황을 설명한다. 그러나 영화는 관객이 마치 대화창에서 해준을 바라보는 것 같은 위치에 상정하면서, 〈그림 19.5〉처럼 영상 속 텍스트를, 그리고 해준의 눈을 응시하게 만든다. 이러한 미장센으로 관객은 서래의 유혹과 해준의 유혹-당하기 속으로 동시에 빠져든다.

텍스트의 활용은 스릴러 영화에서 더욱 유용하게 쓰인다. 영화 〈비밀은 없다〉(이경미, 2016)는 사라진 딸이 남긴 알 수 없는 텍스트들을 가지고 엄마가 딸의 행방을 추적한다. 〈그림 19.6〉과 같이 영화 속 텍스트는 엄마의 시선에서 발견된 단서들로, 탐색의 서사를 추동하게 만든다. 관객에게도 함께 제공되는 텍스트들로 인해 관객은 엄마와 함께 딸의 실종을 해결하기 위한 탐정이 된다. 여기에 수많은 정보 제공으로 맥거핀이 되는 텍스트도 함께 등장하기 때문에 관객은 사건 해결이라는 탐정 놀이에 더욱 몰입하게 된다.

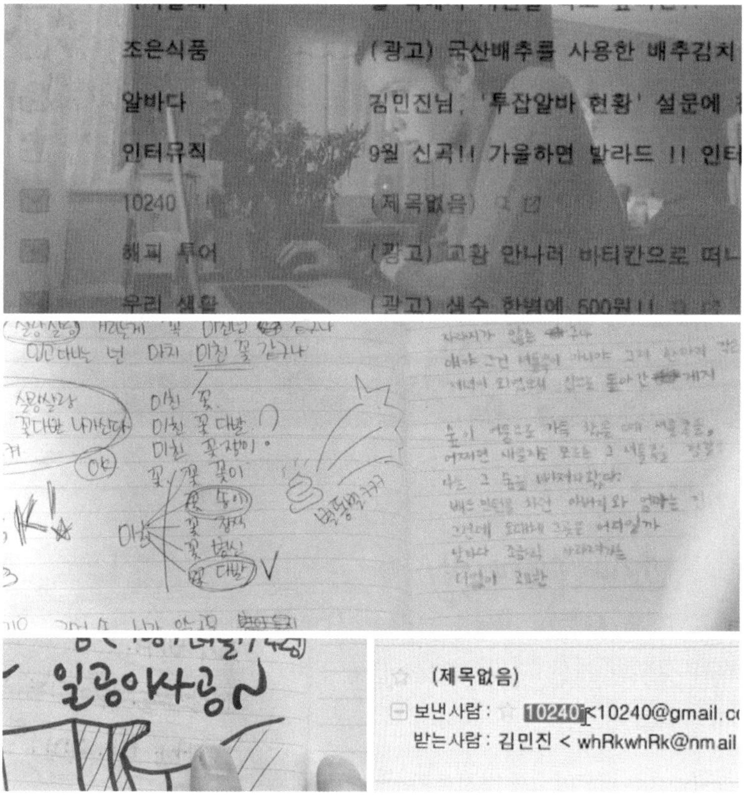

그림 19.6 영화 〈비밀은 없다〉(2016) 중 네 장면

무성영화와 외화 자막

뤼미에르 형제의 영화에서 시작된 영상 콘텐츠의 진화는 다큐멘터리-무성영화-유성영화로 이어진다. 여기에 시각적 특성에 더욱 중점을 두어 나누면 흑백영화와 컬러영화, 3D영화로 분류된다. 자막의 등장은 무성영화에서 시작되었다. 〈그림 19.7〉은 영화 〈칼리가리

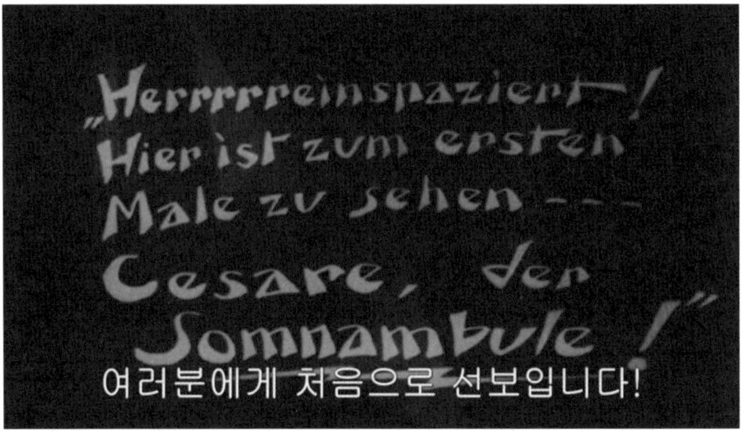

그림 19.7 영화 〈칼리가리 박사의 밀실〉 중 한 장면

박사의 밀실(Das Cabinet Des Dr. Caligar)〉(로베르트 비네, 1920)에서 중간중간 등장하는 텍스트다. 소리가 없기 때문에 영화의 전개는 배우들의 연기와 세트의 표현, 그리고 "여러분에게 처음으로 선보입니다!"와 같이 중간중간 등장하는 짧은 텍스트로 흘러간다. 따라서 무성영화의 자막은 하나의 미장센이자 서사 전개의 징검다리가 된다.

영화에서의 자막은 미장센이 아닌 정보 전달을 위한 요소로 작용하기도 한다. 외국 영화들은 언어적 특성상 자막이 요구된다. 외화 자막은 관객이 다양한 국적의 영화를 즐길 수 있게 만들어준다. 여기에는 전문적인 번역가의 손길이 필수다. 그러나 번역가의 주관이 들어간 자막은 세심한 주의가 요구된다. 그 번역어만을 보는 관객에게 주관적 자막은 하나의 안경으로 작용하여 잘못된 관람을 유발할 수 있다. 마블 시리즈의 영화 〈어벤져스-인피니티워〉(안소니 루소, 2018)는 국내에서 번역 문제로 논란이 있었다. 마블 영화팬들은 번역가의 잘못된 번역으로 영화의 감성과 서사의 의미가 깨진 것을 지적했다.

영상 언어의 진화: 잃어버린 조각을 찾아서

한글 자막방송에 대한 콘텐츠 시장의 움직임이 빠르게 변화하고 있다. 자막 제공의 선두 주자였던 넷플릭스는 더 나아가 'TV 자막 설정 기능'을 추가해 자막 크기 조정, 색 변형 등 투자에 힘쓰고 있음을 강조한다. 즉, 시청자가 더욱 편하게 콘텐츠를 향유할 수 있도록 진화하고 있다. 이는 OTT만의 변화가 아니다. 드라마 속 인물이 생각하고 있는 내용을 소리가 아닌 텍스트로 연출하는 경우도 증가하고 있다. 또한 방송사들은 일부 드라마의 재방송 시간에 한국어 자막을 화면에 띄우고 있으며, 심지어 본방송에서도 이를 적극 활용하는 추세다. 이에 시청자의 반응은 긍정적이다. "드라마를 이해하기 더욱 쉽다", "자막이 추가된 재방송을 본 후 확실히 보기 편하다" 등 콘텐츠 향유에 있어서 시청자는 자막 서비스를 지지하고 있다. 최근 전문용어가 다수 등장하는 의학 드라마 혹은 법정 드라마 등 장르 소재의 비중이 증가하면서 청각만으로는 시청자의 몰입이 불가능해졌다. 여기에 추가된 자막은 시청자의 궁금증을 해소하는 장치로 작용한다.

한편, 미장센 차원에서 화면 속 텍스트의 등장과 얼마나 다양한 혹은 축소된 텍스트를 화면 위에 연출할 것인지는 제작자가 결정할 일이다. 이는 시청자에게 과몰입을 줄 수도 있으며, 오히려 시청에 방해 요소로 작용할 수 있다. 2023년 방영된 〈닥터 차정숙〉은 수술 장면, 혹은 의사들의 대화에서 전문용어를 배제하는 것으로 구체적인 상황의 묘사보다는 배우들의 연기로 시청자의 감정에만 호소하는 연출을 했다. 이와 같은 방법에 감정적으로 더욱 감명받는다는 의견도 있지만, 용어 설명이 부족해 이해할 수 없다는 의견도 존재한다. 즉,

수용자와 제작자의 영상에 대한 기대 폭을 좁혀나가는 지점이 읽는 동영상의 주된 논의가 된다.

미디어의 변화와 함께 인간의 시각적 욕망을 채우던 영상 콘텐츠의 진화는 2D와 3D를 지나 다양한 경험을 나누는 4D의 형태까지 도달했다. 그럼에도 인간의 시각에 대한 욕구는 채워지지 않았다. 우리는 끊임없이 화면 너머를 욕망하고, 화면 위에 있는 것을 더욱 자세히 그리고 다양하게 보려고 한다. 여기에는 새로운 역량도 요구된다. 영상 속 텍스트가 주는 의미는 방대하다. 그러나 영상을 향유하는 관객 혹은 수용자는 텍스트를 무분별하게 받아들이는 것을 지양해야 한다. 따라서 이제 디지털 리터러시는 새로운 사회에서 필수적인 역량이다.

> "그는 원하는 건 뭐든 얻었어. 그리고 잃었지. 어쩌면 로즈버드는 그가 잃지 않은 그 어떤 것일지도 몰라. 아니면 로즈버드는 마치 직소퍼즐 같은 것일지도 몰라. 잃어버린 조각."
>
> – 〈시민 케인(Citizen Kane)〉(오손 웰스, 1941)

오손 웰스가 〈시민 케인〉에서 말하는 잃어버린 조각 담론은 중요한 요인으로 작용하는 그 어떤 것(La Chose)을 의미한다. 이 조각은 주체에게 결핍된 무언가를 채우기 위해 존재하는 것일 수도 있으며, 이미 주체 안에 내재된 무언가일 수 있다. 결국 잃어버린 조각 담론은 인간의 채울 수 없는 욕망과 관련된다. 타자 없이 온전히 주체의 결여를 만족시키는 욕구와 달리 욕망은 타인과의 관계 속에서 주체가 자신의 결핍을 충족하려는 행위다. 그렇다면 자막 혹은 영상 내

텍스트의 미장센이 과연 잃어버린 조각 중 하나로 작용하여 인간의 욕망을 채울 수 있는지 더욱 궁금해진다.

참고문헌

김태호. 〈무한도전〉. MBC, 2006~2018.

로베르트 비네. 〈칼리가리 박사의 밀실〉, 1920.

박찬욱. 〈헤어질 결심〉. 모호필름, 2022.

백상현. 《라캉미술관의 유령들》. 책세상, 2014.

이경미. 〈비밀은 없다〉. CJ ENM, 2016.

이경식 · 임종화 · 정여랑. 〈닥터 차정숙〉. JTBC, 2023.

이단 · 장영석 · 오상호. 〈모범택시2〉. SBS, 2023.

장호기. 〈피지컬 100〉. 넷플릭스, 2023.

조영민 · 김장한 · 류보리. 〈브람스를 좋아하세요?〉. SBS, 2020.

김효실. "'이젠 한국 드라마도 한글 자막 없인 못보겠어' 새 표준 됐다". 한겨레, 2022.09.26. https://www.hani.co.kr/arti/culture/culture_general/1060129.html

나상현. "'디지털 포용' KT올레tv, 한국 영화 · 드라마에 한글 자막 입힌다". 서울신문, 2023.03.23. https://www.seoul.co.kr/news/newsView.php?id=20220323500063

임혜선. "넷플릭스, 'TV자막 설정기능' 도입". 아시아경제, 2023.03.20. https://view.asiae.co.kr/article/2023032010154858283

최보윤. "자막, 드라마는 늘고 예능은 줄었다". 조선일보, 2023.03.02. https://www.chosun.com/culture-life/broadcast-media/2023/03/02/D3UYTTE43ZB2TPSGC5KDKCU6XM/?utm_source=naver&utm_medium=referral&utm_campaign=naver-news

이미지 출처

그림 1.1 저자 작성.

그림 1.2 tvN. 〈코미디빅리그〉 '진호야 놀자'(2023.03.04.) 화면 캡처.

그림 1.3 저자 작성.

그림 1.4 저자 작성.

그림 2.1 저자 작성.

그림 2.2 CJ ENM tvN 〈XX+XY〉(2022) 스틸컷.

그림 3.1 메타월드 홈페이지. https://metaworld-mycity.netmarble.com/en

그림 3.2 미네랄허브 홈페이지, Marketplace. https://www.mineralhub.org/market-page

그림 3.3 엑시인피니티 홈페이지. https://iloveaxie.com/category/introaxie/

그림 4.1 한국관광공사 공식 블로그 '대한민국 구석구석'. https://blog.naver.com/korea_diary/221158317170

그림 4.2 저자 작성.

그림 4.3 블로그 '거녕이일기장'. https://blog.naver.com/rude920/221692732206

그림 4.4 블로그 '사진은 권력이다'. https://photohistory.tistory.com/14910

그림 4.5 한국관광공사 공식 블로그 '대한민국 구석구석'. https://blog.naver.com/korea_diary/221158317170

그림 4.6 부산영상위원회 공식 인스타그램. @busan_film_commission.

그림 4.7 이미화, 《당신이 나와 같은 시간 속에 있기를》, 상상출판, 2018.

그림 4.8 김현영 · 조경영 · 윤재은. 〈인스타그램의 기표적 관점에 의한 현대 소비문화공간의 특성연구〉. 《기초조형학연구》 17(2). 한국기초조형학회, 2016 참조하여 재작성

그림 5.1 Statista, "Threads Shoots Past One Million User Mark at Lightning Speed" By Katharina Buchholz. https://www.statista.com/chart/29174/time-to-one-million-users/(검색일: 2023.09.19.)

그림 5.2 저자 작성.

그림 5.3 챗GPT 실행화면 캡처.

그림 5.4 Kevin Roose, "An A.I.: Generated Picture Won an Art Prize. Artists Aren't Happy," The New York Times Articles, 2022.09.02.

그림 5.5 유튜브 채널 'demonflyingfox', "Harry potter by Balenciaga".

그림 5.6 트위터 @whitemirror_xyz.

그림 6.1 통계청, "2022 1인 가구 추이".

그림 6.2 YTN Science 화면 캡처.

그림 6.3 박진우, "말의 내용보다 말하는 태도가 더 중요하다고?", ㅍㅍㅅㅅ, 2023.01.18.

그림 7.1 저자 촬영 및 제작.

그림 7.2 저자 제작.

그림 7.3 크립톤 공식 홈페이지. https://ec.crypton.co.jp/pages/prod/virtualsinger/mikuv4x

그림 7.4 유튜브 채널 'Neuro-sama'.

그림 7.5 크리스 카슈타노바 인스타그램. @kris.kashtanova

그림 8.1 저자 촬영.

그림 8.2 저자 작성.

그림 8.3 저자 작성.

그림 8.4 "SPC그룹 쉐이크쉑, 론칭 6주년 기념 '더 헤리티지 370' 글로벌 단독 출시", SPC 매거진 보도자료, 2022.07.21; 스타벅스 홈페이지. https://www.starbucks.co.kr/menu/food_list.do

그림 9.1 한국관광 데이터랩, "빅데이터를 활용한 2023년 국내 관광트렌드", 2023.01.31.

그림 9.2 남도음식문화큰잔치 홈페이지. http://www.남도음식문화큰잔치.com; 어마어마 홈페이지. https://umum.co.kr/

그림 9.3 Apple Appstore. https://www.apple.com/kr/app-store/

그림 9.4 Local Alike 홈페이지. https://localalike.com

그림 9.5 Live Like Local 홈페이지. https://www.livelikelocal.app

그림 10.1 "30년된 신촌 유명 노포들도 줄폐업, 추락하는 자영업", 조선일보, 2023.01.17.

그림 10.2 저자 작성.

그림 11.1 서울연구원 홈페이지, "코로나19가 바꾼 2020년 서울 시민의 소비 I", 2021.04.12.

그림 11.2 유현준,《어디서 살 것인가》, 을유문화사, 2018 참조하여 재작성.

그림 11.3 © Paris En Commun Anne Hidalgo

그림 13.1 한국관광 데이터랩. "빅데이터를 활용한 혼행(혼자 하는 여행) 인식변화 및 행태 분석". 2022.02.22. 참조하여 재작성.

그림 13.2 Radical storage. "Solo Travel Statistics: 2022 Guide". 2022.07.15. 참조하여 재작성.

그림 13.3 한국관광 데이터랩, "빅데이터를 활용한 2022 관광트렌드 분석", 2021.12.13.

그림 13.4 이십세기폭스코리아(주).

그림 13.5 부산관광공사; 예스24.

그림 13.6 저자 작성.

그림 13.7 Apple Appstore. https://www.apple.com/kr/app-store/

그림 13.8 Apple Appstore. https://www.apple.com/kr/app-store/

그림 13.9 Apple Appstore. https://www.apple.com/kr/app-store/

그림 14.1 삼립 SPC.

그림 14.2 삼립 SPC.

그림 14.3 여행 어플 화면 캡처. https://baijiahao.baidu.com/s?id=1697897666711151642&wfr=spider&for=pc&searchword=机票盲盒

그림 15.1 이지은, "모두 얼어붙었는데 여기만 뜨겁다… 공실률 '0'의 거리", 조선일보, 2023.01.31. 참조하여 재작성.

그림 15.2 박창민, "[시사저널-알스퀘어 새해 공동 기획] 명동 · 가로수길 지고 성수동 · 판교 뜬다", 시사저널 1770호, 2022.01.12. 참조하여 재작성.

그림 16.1 대한민국역사박물관. https://www.much.go.kr/

그림 16.2 대학내일20대연구소.

그림 17.1 장진숙, "줄임말 및 신조어를 언제 가장 많이 사용하는가?", 데이터솜, 2021.10.21. 참조하여 재작성.

그림 17.2 tvN. https://tvn.cjenm.com/ko/

그림 17.3 Yanadoo. https://www.yanadoo.co.kr/

그림 18.1 KISDI. https://www.kisdi.re.kr/index.do

그림 18.2 KISDI. https://www.kisdi.re.kr/index.do

그림 18.3 한국저작권위원회. https://www.copyright.or.kr/

그림 19.1 서울역사박물관. https://museum.seoul.go.kr/www/NR_index.do?sso=ok

그림 19.2 MBC 〈무한도전〉(2016~2018) 화면 캡처.

그림 19.3 넷플릭스 〈피지컬 100〉(2023) 화면 캡처.

그림 19.4 SBS 드라마 〈브람스를 좋아하세요?〉(2020) 화면 캡처.

그림 19.5 CJ ENM. 영화 〈헤어질 결심〉(2022) 화면 캡처.

그림 19.6 CJ 엔터테인먼트. 영화 〈비밀은 없다〉(2016) 화면 캡처.

그림 19.7 영화 〈칼리가리 박사의 밀실〉(1920) 화면 캡처.

집필진 소개

이동미

건국대학교 문화콘텐츠학과 겸임교수. 문화콘텐츠라는 큰 범주 안에서 '문화'와 '콘텐츠'로 규정할 수 있는 다양한 갈래에 관심이 있다. 그것을 위해 여행작가와 동화작가, 영상영화심리상담사, 사진치료상담사, 대한민국여행작가협동조합 이사장 등의 역할을 함께하고 있다. 또한 학계와 현장의 연결을 컨설팅하며 지속가능한 여행에 많은 노력을 기울이고 있다.

김수민

커뮤니케이션 컨설팅을 원하는 리더들이 비밀리에 찾는 '리더스피치' 대표로 대기업과 스타트업 CEO, 정치인 등을 대상으로 강의하고 있는 15년차 아나운서다. 빠르게 변화하고 있는 시대의 흐름에 맞는 소통을 찾아 커뮤니케이션학과에서 박사과정 중이며, 인간이 AI와 커뮤니케이션하는 방법을 연구하고 있다. 리더들을 대상으로《리더의 언어로 말하기》라는 책을 출판해 리더의 필독서로 사랑받고 있다.

바란 로나히

이스탄불대학교에서 아랍어와 문학을 공부한 후 한국정부초청 장학금을 받고 서울에 왔다. 다양한 문화에 대한 관심 때문에 튀르키예어 외에 아랍어, 한국어, 영어를 배웠다. 여행은 사람의 지식을 넓히고 새로운 문화를 경험할 수 있는 기회를 제공하는 덕분에 삶을 의미 있게 한다. 사람들이 여행을 통해 새로움을 느낄 수 있도록 특히 지역의 문화적 매력을 창의적으로 드러내는 콘텐츠에 관심이 많다.

송주연

관광학 학사와 석사학위를 취득하고, 작은 농장 및 마을부터 전국 단위 정부의 정책까지 다양한 지역의 현장에서 관광을 연구하는 컨설턴트로 활동하고 있다. 현장에서 접한 각 지역의 고유문화에 관심을 가지고 현재 문화콘텐츠학 박사과정에 재학 중이다. 신진미래학자로서 로컬브랜딩을 연구하여 다양한 콘텐츠를 통해 많은 사람들이 우리나라 곳곳의 매력적인 지역문화를 체험하는 데 기여할 수 있는 전문가로 성장하고자 한다.

심정애

독일에서 철학과 영화학을 공부하다가 한국에 들어와서 문화콘텐츠학 전공을 선택하고, 조금 더 실용적인 안목을 기르면서 학문의 결실을 맺기 위한 학업을 이어가고 있다. 흘러간 긴 공백의 시간에 대한 압박감으로 조금은 급하게 석사학위논문을 마무리하고, 동 대학에서 박사과정 중에 있다. 철학자들과 영화, 문화 이론가들에 대한 지속적인 연구를 이어가고, 다양한 문화콘텐츠 이슈와 실무를 접하면서 논의의 영역을 확장해보는 중이다.

정상민

청소년기부터 게임에 중독 수준으로 빠져 지내다가 문득 게임 중독은 어떤 방식으로 연구되고 있을까 궁금해진 것을 계기로 문화콘텐츠학과에 진학했다. 낯선 대학원에서 여러 가지를 보고 배우며 적응해나가는 중이다. 게임과 관련된 다양한 콘텐츠에 관심이 많다.

종근유

1999년 중국 광둥에서 태어났다. 대학 졸업 후, 한국에 와서 미디어 커뮤니케이션을 전공하며 석사과정에 있다. 평소 사진과 동영상으로 삶을 기록하는 것을 좋아한다. 우연한 기회에 쓰기를 시작했는데, 글로만 전달되는 표현들이 있다는 것을 알게 되어 점차 글의 매력을 느끼게 되었다.

최재인

문화콘텐츠를 세 번째 전공 중이다. 눈 감았다 뜨면 바뀌어 있는 세상이 곧 나의 삶까지 바꾼다는 사실을 통해 깊이 공감하게 된 명제는 "세상과 나를 연결하는 매개체가 문화콘텐츠"라는 것이다. 연구관심 분야는 문화산업과 문화기술 그리고 이에 따른 정책과 거버넌스다.

하정민

텍스트와 독자 사이의 거리를 끊임없이 상기시키는 20세기 프랑스 문학을 공부했다. 그리고 "콘텐츠의 상상력을 통해 나와 주변 다시 보기"라는 더 큰 주제를 생각했다. 연구 초점에 수용자를 상정했을 때 최근 수용이 활발한 분야는 영상 콘텐츠였다. 그리고 자신 역시 미처 인지하지 못할 만큼 일상 깊숙이 침투한 영상 콘텐츠의 수용자였음에 희열을 느꼈다.

한수연

세상의 다양한 것을 보고 배우며 그것들을 뒤섞어서 기획하는 것에 흥미를 느낀다. 그래서 더욱 많은 것을 배우고 싶은 이 시기에 문화콘텐츠 분야에서 '지역'이라는 공간을 탐구하고 있다. 지역의 경쟁력 있는 이미지를 창출하는 '브랜딩'이 가능한 전문가로 성장하고 싶어 한다.